Johanna Schopenhauer

PROMENADEN UNTER SÜDLICHER SONNE

Johanna Schopenhauer

PROMENADEN UNTER SÜDLICHER SONNE

Die Reise
durch Frankreich 1804

Herausgegeben von Gabriele Habinger

FRAUENFAHRTEN
PROMEDIA

Die Deutsche Bibliothek – CIP–Einheitsaufnahme
Schopenhauer, Johanna:
Promenaden unter südlicher Sonne: die Reise durch Frankreich 1804/ Johanna Schopenhauer. Hrsg. von Gabriele Habinger.- [Nachdr. der Ausg.] Wien, [Kaulfuss und Krammer], 1825, 2., verb. und verm. Aufl. - Wien: Promedia-Verl.-Ges., 1993
(Edition Frauenfahrten)
ISBN 3–900478–63–5

Titel der Originalausgabe:
Reise von Paris durch das südliche Frankreich bis Chamouny von Johanna Schopenhauer, Wien 1825, 2 Teile
Umschlagentwurf: Gisela Scheubmayr
Druck: Wiener Verlag, Himberg
Printed in Austria
ISBN 3–900478–63–5

Vorwort

*Mit immer steigendem Interesse wandten indessen mein Mann und ich unsre Blicke nach Paris den dort beginnenden Kämpfen eines großen Volkes zu, das aus den Ketten des Despotismus sich loszuwinden strebte.... So stand ich denn an einem recht heißen Sommertage des Jahres 1789 in Oliva am Fenster in Erwartung des Boten, der mir die Zeitung bringen sollte, und sah zu meiner großen Verwunderung statt seiner meinen Mann in den Hof reiten; an einem Posttage! Nur eine wichtige Veranlassung konnte Heinrich Floris Schopenhauer an einem solchen zu diesem Besuch bewogen haben. Und so war es denn auch, er hatte Kontor und Geschäfte verlassen, um die Kunde des ersten Triumphs der Freiheit, der Eroberung der Bastille, mir selbst zu überbringen.** * So beschrieb Johanna Schopenhauer in ihrer Autobiographie rückblickend die damaligen Ereignisse.

Mit ähnlich großer Begeisterung wie das Ehepaar Schopenhauer begrüßten viele ihrer deutschen Landsleute, häufig wie sie Angehörige des gebildeten Bürgertums, die Ereignisse im revolutionären Frankreich. Johanna Schopenhauers Interesse für die Französische Revolution liegt einerseits in ihrer Herkunft begründet – als Tochter eines republikanisch gesinnten, selbstbewußten Bürgers der freien Stadt Danzig wuchs sie in einer Atmosphäre der Toleranz und Weltoffenheit auf – andererseits versuchte ihr Gatte Heinrich Floris, ein kritischer Freigeist und Anhänger Voltaires, sie für die Ideale der Aufklärung zu begeistern.

Paris wurde in den ersten Revolutionsjahren ein beliebtes Reiseziel aufgeklärter, freiheitsliebender Europäer, die vor Ort einen Wendepunkt in der Weltgeschichte miterleben wollten. Doch Terror und xenophobe Haltung der Jakobiner hatten die meisten ‚Freiheitspilger' vertrieben – die Zeit der politischen Reisen war vorbei. Nach dieser Phase der Ernüchterung wurde Paris jedoch bald wieder geistiger Anziehungspunkt der europäischen Eliten, auch der Strom deutscher Besucher setzte wieder ein und erreichte in der napoleonischen Ära einen Höhepunkt. In diese Zeit fiel die Frankreichreise der Schopenhauers, die klassische Unterhaltungs- und Bildungsinteressen verfolgte, nicht zuletzt um dem 15jährigen Sohn Arthur eine entsprechene Weltsicht zu eröffnen.

Johanna Schopenhauer hatte bereits als zwanzigjährige das Frankreich des Ancien régime kennengelernt und war wie viele ihrer Zeitgenossen dem Glanz des Hofes von Versaille erlegen – eine Prozession des Königspaares beeindruckte sie, trotz ihrer republikanischen Gesinnung, ungemein. Diese erste große Europareise, die sie gemeinsam mit ihrem

---

* Die Zitate aus Johanna Schopenhauers Autobiographie entstammen der 1986 unter dem Titel *Im Wechsel der Zeiten, im Gedränge der Welt* neu aufgelegten Ausgabe ihrer Jugenderinnerungen.

um zwanzig Jahre älteren Gatten 1787 angetreten hatte, war eine willkommene Abwechslung ihres eintönigen und oft einsamen Ehelebens, das sie seit zwei Jahren führte. *Endlich sah ich Paris! Paris, das Wunder der Welt!* – Doch glaubte sie schon damals Vorboten der kommenden Ereignisse wahrgenommen zu haben.

Wie groß aber war die Enttäuschung beim zweiten Besuch – Johanna Schopenhauer war empört über das ausschweifende Leben der *nouveaux riches*, der *Emporkömmlinge*, und auf allen Stationen der Reise erschütterten sie Spuren der revolutionären Greueltaten. Die Weltstadt Paris, damals nach London zweitgrößte Stadt, hatte aber durchaus auch ihre Reize, war sie doch für Schopenhauer *eine der häßlichsten und schönsten zugleich, die man sich denken kann*, und auch die Reise durch die französischen Provinzen bot einiges an gesellschaftlich und kulturell Bemerkenswertem.

Nicht nur die ausgedehnten Reisen machen Johanna Schopenhauers Lebensgeschichte zu etwas Außergewöhnlichem – nur wenigen Frauen war es an der Wende vom 18. zum 19. Jahrhundert vergönnt, derartiges zu erleben –, hervorzuheben ist auch der Salon, den sie nach dem Tod ihres Mannes in Weimar führte und in der Folge die literarische Tätigkeit. Bereits ihre umfangreiche Erziehung sprengte den damals für Mädchen üblichen Rahmen. Johanna Schopenhauer, geboren am 9. Juli 1766, wuchs in einer reichen Danziger Handelsfamilie auf und erfuhr hier vielfältigste Förderung, ermöglicht durch ihren Vater, den Ratsherrn Christian Heinrich Trosiener. Um nicht endgültig in den Verruf zu kommen, *für ein gelehrtes Frauenzimmer zu gelten*, schlug Johanna den Vorschlag ihres Nachbarn und Förderers Richard Jameson aus, Griechisch zu lernen, da Freunde und Verwandte es bereits als etwas Unerhörtes ansahen, wenn ein junges Mädchen Englisch sprach. Hier offenbart sich bereits Johannas Konflikt zwischen Emanzipation und Anpassung: Einerseits war sie stolz auf ihre gute Bildung, später auch auf ihre schriftstellerischen Leistungen, andererseits wollte sie aber nicht zu sehr Anstoß erregen. *Alles männliche Tun war und blieb mir von jeher an Frauen verhaßt; wenn es nottut, im Herzen männlicher Mut, übrigens aber kein Versuch, in Kleidung, Ansprüchen und Betragen uns den Männern zu nähern, schien allein mir geziemend und recht.* Obwohl ihre Aussagen immer wieder die bürgerlichen Normen bestätigten, handelte sie oft nicht diesen entsprechend.

Die wichtigste Lebensphase Schopenhauers waren die Weimarer Jahre. 1806 übersiedelte die Vierzigjährige dorthin und gründete einen literarischen Salon – es war der erste außerhalb der Hofgesellschaft –, in dem die geistige Elite Weimars, allen voran Goethe, gerngesehene Gäste waren. Die zweimal wöchentlich stattfindenden *Teeabende* waren so bekannt, daß sie sogar in Reisebüchern als *Merkwürdigkeiten der Stadt* angeführt wurden.

Der Name Schopenhauer ist uns heute vor allem durch Johannas Sohn Arthur ein Begriff, obwohl sich ihre Novellen, Erzählungen und Romane beim damaligen Lesepublikum großer Beliebtheit erfreuten. Gerade in ihren Reisebüchern konnte Johanna Schopenhauer ihre erzählerischen Fähigkeiten entfalten, ihr Talent zu genauer Beobachtung und Wiedergabe des Erlebten. *Jene Reisebeschreibungen sind Abbildungen nach der Natur, mit möglichster Wahrheit wiedergegeben*, schrieb sie im Vorwort ihres ersten Romanes *Gabriele* 1819. Hier nannte sie nicht ungerechtfertigt ihre Reiseschilderungen *Landschaftsgemälde*, verstand sie es doch, mit einfachen aber eindringlichen Beschreibungen die buntesten, lebhaftesten Bilder gleichsam vor das geistige Auge der Leserschaft zu zaubern.

Etwa zehn Jahre, nachdem Johanna Schopenhauer ihre zweite große Europareise unternommen hatte, verfaßte sie, angeregt durch Freunde, anhand ihrer Tagebuchaufzeichungen die *Erinnerungen von einer Reise in den Jahren 1803, 1804 und 1805*; der dritte Band, der 1817 erschien, beschrieb die Reise durch das südliche Frankreich. Nachdem die Schopenhauers Deutschland, England, Schottland, Holland und Belgien besucht hatten, kamen sie am 27. November 1803 in Paris an. Von hier aus traten sie am 27. Jänner 1804 die Reise in den Süden Frankreichs an, mit dem Besuch des Montblanc im Mai desselben Jahres, einem abschließenden Höhepunkt, endet die Reisebeschreibung. Nicht mehr enthalten ist die Weiterreise durch die Schweiz, Österreich, Böhmen und Mähren zurück nach Deutschland.

Das vorliegende Buch folgt der zweiten vermehrten Auflage des Reiseberichtes, die 1825 als *Reise von Paris durch das südliche Frankreich bis Chamouny* in der *Bibliothek der neuesten Entdeckungsreisen* in Wien erschien. Der Text wurde um einige wenige Passagen gekürzt, Orthographie und Zeichensetzung wurden aktualisiert, unverständliche oder veraltete Begriffe in Fußnoten erläutert.

Gabriele Habinger, Wien 1993

Die den Text ergänzenden Bilder entstammen folgenden Publikationen:
Baedeker, Karl: Le Midi de la France, 3. Aufl., Leipzig/Paris 1889. Abb. 14.
Gsell-Fells, Dr. Th.: Süd-Frankreich. Meyers Reisebücher, 2. Aufl., Leipzig 1883. Abb. 7.
Malte-Brun, V.A.: La France Illustrée. Géographie, Histoire, Administration et Statistique, 3 Bde., Paris 1855. Titelbild, Abb. 2, 3, 5, 8, 9, 10, 13.
Marchant, F.M.: Le nouveau Conducteur de l'Étranger à Paris, 24e Édition, 1845. Abb. 1.
Tastu, Amable: Voyage en France, Tours 1846. Abb. 4, 6, 11, 12.

Inhaltsverzeichnis

Einleitung

Beinahe acht Jahre sind verflossen, seit ich diese Beschreibung meiner Reise durch das südliche Frankreich dem Publikum zum ersten Male vorlegte, das mit nachsichtsvoller Teilnahme sie aufnahm; beinahe zwanzig, seit ich jenes schöne, von der Natur überreich gesegnete Land verließ, und die in diesem verhältnismäßig kurzen Zeitraum sich zusammendrängenden großen Begebenheiten haben gewiß auch dort manche bedeutende Veränderung herbeigeführt. Diese Veränderungen können indessen gerade auf die Hauptgegenstände meiner Beobachtung nur wenig Einfluß gehabt haben; denn das verworrene, leidenschaftliche Treiben des Menschen vermag es nie, die Natur aus ihrem ewigen Gleise zu bringen. Die Rebe grünt, die Rose duftet in glühender Farbenpracht, der steile Fels hebt das zackige Haupt stolz zu den Sternen empor im Kriege wie im Frieden. Das auf Erden vergossene Blut trübt den blauen Himmel nicht, er wölbt sich in ungestörter Klarheit über ein Schlachtfeld voll Leichen, wie über ein Tal voll glücklicher, arbeitsfroher Menschen. Die Werke der ewigen Kunst, die großen Überbleibsel einer mächtigen Vorzeit blieben ebenfalls von aller Verwirrung unangefochten, und trotz der Stürme, die an ihm vorübertobten, steht das *Maison Carrée* noch in Nismes* da, wie es vor tausend Jahren stand.

Auch mit den Bewohnern des Landes wird es nicht anders sein; das Gemüt des Menschen ist zwar ein leicht bewegliches, doch nicht so der durch Nationalität und lange Gewöhnung bedingte Charakter eines ganzen Volkes. Äußerlichkeiten können beide eine Weile unterdrücken, doch werden sie immer schnell wieder hervorbrechen, sobald eine ruhigere Zeit eintritt. Und überdies eignet unter allen Bewohnern von Europa sich gerade der Franzose am wenigsten dazu, fremde Sitten und Meinungen anzunehmen, wozu er freilich in der letzten Zeit Gelegenheit genug gehabt hätte. Ihm ist Frankreich noch immer das Universum und Paris die Hauptstadt der Welt. Vom Gipfel seiner Vortrefflichkeit blickt er mitleidig auf uns übrige Barbaren herab;

* *Nismes* – alte Schreibweise für *Nîmes*.

findet er bei uns etwas lobenswert, so erklärt er es für beinahe so gut, als sei es französischen Ursprungs, und glaubt ein großes Wort damit ausgesprochen zu haben.

In den französischen Städten mag sich indessen jetzt freilich, besonders im geselligen Leben, manche Abweichung von dem ehemals Gebräuchlichen spüren lassen, welche die veränderte Zeit herbeiführte; doch mehr in Paris selbst als in den größeren Städten der Provinz, in welchen der Handelsgeist dominiert. Die Hauptstadt von Frankreich war von jeher dem Chamäleon zu vergleichen, das im ewigen Wechsel die Farbe verändert; aber die Urform bleibt dennoch immer dieselbe, wie eben bei jenem Tier auch, wenngleich der Teil desselben jetzt weiß erscheint, der noch vor einigen Augenblicken blau war.

Zur Zeit unseres Aufenthaltes in Paris blendeten die größtenteils aus tiefer Dunkelheit plötzlich zu Reichtum und Ansehen gelangten Emporkömmlinge die Augen der Welt, und die glänzende Einrichtung ihrer Häuser wie ihrer Feste wurde in Zeitschriften und Reisebeschreibungen mit oft ermüdender Kleinlichkeit der deutschen Lesewelt auf das allerdeutlichste auseinandergesetzt. Ich mochte daher, als diese Blätter zuerst erschienen, auf jenem nur zu sehr betretenen Felde mich nicht ebenfalls antreffen lassen. Doch jetzt hat sich die Szene geändert, der französische Adel trat wieder in seine althergebrachten Rechte, und jene sogenannten *nouveaux riches** sanken größtenteils in ihr ursprüngliches Dunkel zurück, samt ihrem eitlen Prunken mit schnell und mühelos erworbenen Reichtümern, zu dem man so leicht sich verleiten läßt, wenn man nicht durch Gewöhnung von Jugend auf es lernte, die goldene Last würdig zu tragen. Ihre Zeit ist beinahe schon der Vergessenheit übergeben, und doch war sie in ihrer Art zu merkwürdig, um dieser ganz anheimfallen zu dürfen. Mein während jener Reise geführtes Tagebuch liegt noch vor mir, Erinnerung lebt noch frisch und lebendig vor meinem Geiste, und so versuche ich denn jetzt, was ich früher nicht unternehmen mochte, indem ich, wenngleich nur mit leichten, crayonartigen Zügen, ein skizzenhaftes Bild von Paris entwerfe, wie es mir damals erschien.

---

* *nouveau riches* (franz.) – Neureiche.

Paris

Noch nie hatte uns etwas seltsamer überrascht als die Einfahrt in Paris, doch wahrlich nicht durch ihre Pracht. Auf einer sehr schlecht gehaltenen Kunststraße fuhren wir von dem sechs Posten* von Paris entfernten Städtchen Peronne, wo wir die Nacht zugebracht hatten, an mehreren, aus lauter armseligen Lehmhütten bestehenden Dörfern vorbei. Keine prächtigen Villas, von weitläufigen Garten umgeben, keine hübschen Landhäuser, in welchen der arbeitsmüde Städter Erholung sucht, verkündeten uns hier, wie meilenweit vor London und Amsterdam, die Nähe der großen Hauptstadt. Auch kam uns hier weder das bunte Gewühl von Reisenden entgegen, noch weiter hin die Menge der schönen Equipagen und eleganten Reiter, welche rings um jene Städte das in diesen wogende rege Leben schon von ferne bemerkbar machen. Wir begegneten nur einigen schwer beladenen Frachtwagen, vielen schlecht gekleideten und noch schlechter beschuhten Fußgängern, die mühsam gegen die kotige Straße ankämpften, hauptsächlich aber mehreren großen Herden Ochsen, welche der Hauptstadt zugetrieben wurden und deren mitunter sehr beschwerliche Begleitung uns lebhaft an die Klagen erinnerte, welche *Boileau*** schon vor mehr als hundert Jahren bei einer ähnlichen Gelegenheit über sie laut werden ließ.

Immer erwartend, daß es anders und besser kommen werde, sahen wir uns mit einem Mal in einer von unansehnlichen Häusern eingefaßten Straße, wie jede Landstadt in Deutschland sie aufweisen kann. Ohne allen Aufenthalt fuhren wir an einem Schlagbaum vorüber, den wir eben deshalb kaum bemerkten, und nun öffnete sich uns ein Labyrinth von krummen und geraden, breiten und schmalen Gassen und Gäßchen, von denen eine immer schmutzi-

---

* *Posten* – früher verwendete Mehrzahl von Post; man bezeichnete damit u. a. auch die zur Beförderung dienenden Boten, Pferde und Wagen, aber auch die Poststationen und die zwischen ihnen liegenden Entfernungen.

** Der französische Schriftsteller und Kritiker *Nicolas Boileau-Despréaux* (1636 bis 1711) schilderte in dem zwölfbändigen Werk *Satires* mit Humor und Schärfe allgemeine Zeiterscheinungen, unter anderem das damalige Pariser Leben.

ger aussah als die andere. Das währte so wohl eine halbe Stunde lang. Verwundert sahen wir im Wagen einander an. Sind wir denn wirklich in Paris? fragten wir uns, ist dieses *la Capitale du monde**?

Doch jetzt bog der Wagen um eine Ecke, und wir befanden uns mitten auf den Boulevards. Die artigen Häuser, zum Teil mit Gärtchen davor, die vielen Buden, die Zelte, die von schönen Bäumen eingefaßten Alleen, das lustige Gewimmel der Spazierengehenden und Fahrenden; alles zeigte sich um so lebendiger, als es schönes Wetter und obendrein Sonntag war, und es freute uns, mitten unter die Pariser Volkslust uns versetzt zu finden. Doch die von unserer Reisegesellschaft, welche Paris vor der Revolution gekannt hatten, wollten auch hier, auf diesem allgemeinen Tummelplatz des Vergnügens, einen großen Abstand gegen ehemals gewahr werden; sie behaupteten, nur noch den Schatten von dem zu sehen, was es gewesen sei, und vermißten vor allem die prächtigen Equipagen, die sonst in langen Reihen hier zu glänzen pflegten. Wahr ist es, wir begegneten fast keinen anderen Fuhrwerken als Cabriolets und Fiakern**; letztere sahen aber ziemlich elegant aus, besser und reinlicher sogar als die in London, was ehemals in Paris nicht der Fall gewesen sein soll.

In dem großen eleganten Hôtel, in welchem wir bald darauf abstiegen, vermißten wir mehr als je die Komforts von Alt-England und dessen nie genug zu preisenden Gasthöfe. Das palastartige Gebäude, in welchem wir unsere Wohnung aufschlugen, war ehemals die der *Ducs de Gramont* gewesen, und die ganze Einrichtung desselben erinnerte uns täglich daran, daß weder der Erbauer noch die ehemaligen Besitzer desselben sich die Möglichkeit gedacht hatten, es könne zu seiner jetzigen Bestimmung herabgewürdigt werden. Die Duchesse selbst hatte die Reihe von Zimmern ehemals bewohnt, die wir jetzt einnahmen. Sie waren hoch und geräumig, die Fenster derselben gingen auf einen artigen kleinen Hausgarten hin-

* *la Capitale du monde* (franz.) – die Hauptstadt der Welt.

** *Cabriolet* oder *Kabriolett* – leichter, schneller, zweirädriger Wagen, der in Paris im 18. Jahrhundert große Mode wurde.
Fiaker – Mietkutsche; im 18. Jahrhundert soll die Zahl der Pariser *fiacre* 2.000 betragen haben, die sich aber nach der Französischen Revolution beträchtlich verringerte.

aus; denn wegen des ewigen Geräusches in den Straßen pflegt man in Paris gern die vordere Seite der Häuser zu meiden. Unsere Wände waren von oben bis unten mit seidenen Tapeten, mit Vergoldungen und großen Spiegeln bedeckt, von denen aber keiner so angebracht war, daß man beim Ankleiden sich bequem seiner bedienen konnte. Alles Gerät in den Zimmern war so kostbar, daß die Wirtin uns gern gebeten hätte, es gar nicht zu brauchen. Überall standen Uhren, Vasen, Bronzen und Kandelaber uns im Wege, lauter um einen Spottpreis erkauftes Raubgut, während der Revolution aus den Häusern der Reichen und Vornehmen entwendet; und dabei vermißten wir dennoch fast alles, was man zum eigentlichen Bequemsein bedarf. Von allen Seiten verstatteten Türen und Fenster der Luft freien Durchzug, das Kaminfeuer, von ziemlich nassem Holze, vermochte nicht, diese hohen Räume zu erwärmen, und die mit keinem Teppich versehenen gebohnten Parketts erinnerten uns ebensosehr durch ihre Kälte als durch ihre Glätte an die Freuden der Eisbahn auf der Hamburger Binnen-Alster.

Auch fanden wir es unbequem, daß wir genötigt waren, sowohl Frühstück als Mittagessen außerhalb des Hauses in Kaffeehäusern und Restaurationen suchen oder holen zu lassen. Doch diese Einrichtung mußte sich der Fremde von jeher in Paris gefallen lassen, und viele Einwohner dieser Stadt, besonders unverheiratete Männer, ergriffen sie aus freier Wahl: Denn der wahre Pariser befindet sich nun einmal überall besser und lieber als zu Hause.

Der weltberühmte Straßenkot, durch den diese Stadt seit ihrer ersten Entstehung sich auszeichnete, erlaubte uns nicht, sie, besonders im Winter, zu Fuß zu durchstreifen. Wir mieteten sogleich einen sehr anständig aussehenden Wagen, den wir monatsweise, ziemlich teuer, bezahlten, der aber auch dafür von früh neun Uhr bis Mitternacht stets angespannt vor unserer Türe stand, eine einzige Mittagsstunde ausgenommen. Es war eine sogenannte *Carrosse de Remise**, welche alle Vorrechte einer eige-

* *Carrosse de Remise* – in Paris damals die Bezeichnung für eine gemietete Kutsche; es handelte sich dabei um lackierte Fahrzeuge, die viel gepflegter und sorgfältiger instandgehalten waren als etwa die Fiaker und deren Kutscher auch saubere Kleidung trugen. Man mußte jedoch zusätzlich zur Wagenmiete dem Kutscher ein Trinkgeld bezahlen.

nen Equipage besitzt und deren es hier zum Dienste der Fremden viele Hundert gibt. Sie dürfen überall vorfahren, wo die Fiaker sich in bescheidener Entfernung halten müssen, zum Beispiel an den großen Eingängen der Theater und in das Innere der Höfe großer Häuser, die hier alle mit Torfahrten versehen sind.

Diesen Wagen benutzten wir fleißig, um in den Straßen von Paris herumzufahren und auch das Äußere dieser merkwürdigen Stadt kennenzulernen. Unsere Ansicht derselben konnte indessen in dieser Hinsicht nur unvollkommen bleiben, wie jede, die man nicht anders als fahrend einer Stadt abgewinnen kann, indessen müssen auch gerade im Äußern die größten Veränderungen in Paris seitdem vorgegangen sein. Der neue Kaiser* ließ schon während der Zeit unseres dortigen Aufenthaltes überall an der Verschönerung seiner guten Stadt auf das eifrigste arbeiten; unendlich vieles, das damals begonnen wurde, ist seitdem vollendet, und gewiß steht auch manches ausgeführt da, von dem wir nur als von einem noch weit entfernten Plan reden hörten. Dennoch liegt, bei dem großen Umfang der Stadt, eine schnelle, gänzliche Umwandlung derselben außerhalb dem Gebiet der Möglichkeit, und gewiß bleibt sie noch lange, was sie damals lange schon war: eine der häßlichsten und schönsten zugleich, die man sich denken kann. Immer werden in ihr schöne breite Straßen, große, von Palästen umgebene Plätze an enge, winklige und dennoch lebensvolle Gassen grenzen, in welchen der Fremde nur mit Zagen zwischen dem Gewühle rasselnder Wagen und eilig laufender Fußgänger sich durchzuwinden vermag, während das Getöse der ewig rollenden Räder, das Schreien der ihre Waren ausrufenden Verkäufer, das Lachen und Fluchen und Toben des Volkes alle seine Sinne betäubt. Hier gibt es keine breiten Fußwege an den Seiten der Straßen wie in London, die vor dem Überfahrenwerden schützen könnten, während das über allen Begriff schlüpfrige Steinpflaster jeden Schritt unsicher macht. Die echten

---

* Mit dem Staatsstreich des 18./19. Brumaire (9./10. 11. 1799) stürzte Napoleon Bonaparte das Direktorium und erhielt als Erster Konsul auf 10 Jahre de facto die Alleinherrschaft. 1802 machte er sich, gestützt auf Plebiszite, zum Konsul auf Lebenszeit und krönte sich am 2. 10. 1804 in der Kathedrale Notre-Dame in Paris selbst zum „Kaiser der Franzosen".

Pariser empfinden indessen wenig von dieser Unbequemlichkeit. Mit der Sicherheit eines Seiltänzers werfen sie sich zwischen die Wagen und winden durch alle Gefahren sich mutig hindurch. Selbst wohlgekleidete Frauen und Mädchen laufen behende über ungangbar scheinende Stellen hin, und selten verrät der Saum des Kleides, der feine weiße Strumpf, der nette Schuh, welche Wege sie zu überwinden gehabt haben.

Dennoch würden sicherlich viele Hunderte, vielleicht Tausende von Menschen alljährlich in Paris unter den Hufen der Rosse den Tod finden, was auch nach Merciers *Tableau de Paris** vor der Revolution der Fall gewesen sein soll, wenn nicht die allgegenwärtige Polizei ihren mächtigen Arm über die Fußgänger schützend ausbreitete. Wir selbst wurden einmal von einem ihrer Beamteten höflich gebeten, auszusteigen und in einen Laden in der Straße St. Honoré einzutreten, bis ein anderer Wagen für uns herbeigeschafft werden könne, während ein paar seiner Kameraden unseren Kutscher beim Kragen faßten, weil er beim Biegen um die Ecke mit einem der Räder einen alten Mann berührt hatte, ohne ihm jedoch den mindesten Schaden zuzufügen. Der Kutscher ward auf der Stelle nach dem Gefängnisse von Biçetre abgeführt, wo er vierzehn Tage bleiben mußte, und um den Herrn desselben ebenfalls zu strafen, wurden die Pferde auf einen Monat auf die Weide geschickt, ohne arbeiten zu dürfen. Dieses Gesetz ward überall auf das strengste und ohne Ansehen der Person in Ausübung gebracht, wie man uns versicherte.

Die Häuser in Paris sind fast alle vier bis fünf Stockwerke hoch, viele noch höher, und daß sie die breite und nicht, wie meistens in London und Amsterdam, die Giebelseite der Straße zuwenden, gibt ihnen im Durchschnitt ein Ansehen von bedeutender Größe. Doch trifft man mitten in langen Reihen palastähnlicher Gebäude auch oft auf kleine elende Baracken, die einen traurigen Abstich mit jenen bilden. Die größtenteils nicht breiten

* *Tableau de Paris* – das zwölfbändige Werk des französischen Schriftstellers *Louis-Sébastien Mercier* (1740 bis 1814) enthält Feuilletons und Tatsachenberichte und vermittelt ein detailgetreues Bild der Weltstadt Paris. Das Buch war einer der Bestseller des späten 18. Jahrhunderts, weil das europäische Publikum hier sein brennendes Interesse an dem damals in Politik, Literatur und Mode führenden Paris befriedigt fand.

Straßen im Innern der Stadt erhalten durch die gewaltige Höhe der Häuser etwas Düsteres, Kellerartiges, dennoch gewähren sie einen imposanten Anblick, besonders abends, wo man die Fenster oft bis hoch unter das Dach erleuchtet sieht, während das noch weit nach Mitternacht fortdauernde Getöse zu ihnen dumpf, gleich Meereswogen, emporbraust.

Wer niemals das immer rege Leben einer wirklich großen Stadt gesehen hat, kann sich unmöglich einen Begriff davon machen; in London schien es uns minder gewaltig, weil es über einen weit größeren Raum sich verbreitet: denn dort bewohnt fast jede Familie ein kleines Haus für sich allein, wodurch die Stadt an Umfang bedeutend gewinnt. Paris besteht aber aus drei bis vier übereinander aufgetürmten Städten, deren weit mobilere Bewohner sich alle unten, in einem verhältnismäßig kleinen Raume, herumdrängen müssen.

Solch ein großes Haus in Paris umschließt eine kleine Welt: denn nur wenige, auf fürstlichem Fuße lebende Familien bewohnen ein ganzes Hotel für sich allein. Das nämliche Dach bedeckt oft den ausschweifendsten Luxus neben der drückendsten Armut. Eine ganze Familie kämpft im fünften Stock gegen Hunger und Kälte mühsam an, während drei Treppen tiefer ein lukullisches Gastmahl gefeiert wird, und der fröhliche Klang der Geigen und Flöten, bei welchem im ersten Stocke der Namenstag einer schönen Frau mit einem glänzenden Ball gefeiert wird, dringt oft im zweiten bis an das Schmerzenslager eines mühsam und widerwillig vom Leben sich Abwendenden und mischt sich mit furchtbarer Ironie unter das laute Weinen seiner um ihn versammelten trostlosen Kinder. Man wird geboren, man lebt, man stirbt, man freut sich oder man verzweifelt, niemand im Hause, außer denen, die es zunächst berührt, erfährt etwas davon; und ich war kleinstädtisch genug, hierin etwas trostlos Unheimliches zu finden.

Die fast dem ganzen geplünderten Europa geraubten Kunstschätze waren zur Zeit unseres Aufenthaltes in Paris dort auf einem Punkte versammelt zu finden. Doch über diese hier etwas sagen zu wollen, wäre ebenso überflüssig als anmaßend. Sie gewährten uns den reinsten, bleibendsten Genuß; und wenngleich mühsam verhaltener Zorn in unsere Freude sich mischte, so konnten wir es doch nicht unterlassen, unsern Glücksstern zu preisen, der hier uns gewährte, wonach wir von Jugend auf die höchste Sehnsucht fühlten und was wir dennoch auf anderem Wege schwerlich errungen hätten. Wir mußten sogar die Liberalität lobend anerkennen, mit welcher hier dem Fremden es vergönnt ward, ohne Zwang, ohne Kosten, fern von jeder drückenden Beschränkung der Zeit, sich des Anblicks von Kunstwerken zu erfreuen, zu denen ihm früher, vielleicht im eigenen deutschen Vaterlande, wo sie die Zierde seines eigenen Wohnortes ausmachten, der Zugang auf mancherlei Weise erschwert worden war. Wir brauchten nur unsere Fremdenkarte vorzuzeigen, und zu allen der Kunst geweihten Galerien und Sälen wurden die Türen uns geöffnet, während dem eigentlichen Pariser nur an einzelnen dazu bestimmten Tagen der Zugang zu denselben erlaubt ward. Dieser aber behandelte dafür auch das ihm geöffnete Heiligtum wie eine gewöhnliche Promenade, die man besucht, um viele Leute zu sehen und von vielen Leuten gesehen zu werden. Das Gedränge war an solchen öffentlichen Tagen unerträglich, das laute, nichtssagende Geschwätz war es nicht minder; und nachdem wir einmal an einem solchen in das Museum des Louvre* geraten waren, so hüteten wir uns gar sehr davor, zum zweiten Mal ein solches Versehen zu begehen.

Ich habe schon früher erwähnt, daß die Zeit unseres Aufenthaltes in Paris in die der sogenannten *nouveaux riches* fiel. Ringsumher sahen wir uns von Leuten umgeben, die, geblendet von dem hellsten Sonnenschein des Glückes, der sich urplötzlich über sie ergossen hatte, nicht wußten, wie ihnen eigentlich geschehen sei. Sie wunderten sich über sich selbst und suchten daher auch die Bewunderung anderer zu erregen. Der Luxus, den sie in Hinsicht auf Wohnung, Tisch und Kleidung trieben, war bis zum Unglaublichsten gestiegen, leider aber ging über diesen jeder feinere Lebensgenuß verloren, jener zarte Takt der Geselligkeit, jene angenehme Urbanität der Sitten, durch die sich früher der echte Pariser ausgezeichnet hatte. Auch in der wahren Gastfreiheit blieben sie weit hinter dem

---

* Das 1793 eröffnete Museum des *Louvre* machte den zum Nationalbesitz erklärten königlichen Kunstbesitz allgemein zugänglich. Einen großen Zuwachs erfuhr das Museum durch die Einziehung der in Kirchen, Klöstern und Schlössern verwahrten Kunstschätze während der Französischen Revolution und den Kunstraub Napoleons in Italien, Deutschland und den Niederlanden.

gebildeten Norden zurück, obgleich die ersten Häuser in Paris entweder an wöchentlich dazu bestimmten Tagen ihre Diners gaben oder zu solchen einluden, sobald eine gewisse Anzahl an sie adressierter Fremder sich gesammelt hatte, was oft genug geschah. Die Freude führte bei solchen Festen nur selten den Vorsitz, oft aber die tödlichste Langeweile.

Man pflegte zwischen sechs und sieben Uhr sich zu versammeln, um dann sogleich mit etwa dreißig Herren und Damen, die einander wenig oder gar nicht kannten, an die Tafel zu eilen, welche mit silbernem und vergoldetem Tafelgeschirr, mit Kristall, Porzellan und einer Anzahl auf silberne Wärmebecken gestellter kleiner Schüsseln beladen war.

Nie hatten wir solche Esser gesehen, wie die bei solchen Gelegenheiten eingeladenen Pariser Gäste; selbst die Frauen nicht ausgenommen: denn die Zeit ist längst nicht mehr, in der es zum guten Ton gehörte, zu tun, als lebe man von der Luft. Ihre Virtuosität im Essen grenzte wirklich an das Unmögliche; und die Bedienten, welche jeder Gast mit sich bringen mußte und die hinter dem Stuhl ihrer Herrschaft stehen blieben, um jeden Befehl derselben auf das schnellste zu erfüllen, hatten vollauf zu tun. Wehe dem unglücklichen Fremdling, der bei solchen Gelegenheiten zu schüchtern war, um seine Wünsche laut werden zu lassen, oder dessen kurzes Gesicht ihn verhinderte, die Tafel gehörig zu überschauen, um das seinem Geschmack Passende für sich auszuwählen. Er stand in Gefahr, mitten im Überfluß darben zu müssen: denn außer der Suppe und dem Rindfleisch wurde nichts herumgereicht, alles übrige mußte man fordern. Auch waren rings um die Tafel Brillen und Lorgnetten* in ewiger Aktivität, und die nachdenklichen, kunstverständigen Blicke, mit denen alles betrachtet und gewürdigt ward, lockte manches heimliche Lächeln uns ab. Daß es bei so ernstlicher Beschäftigung weder zu einem allgemeinen, noch sonst einigermaßen lebhaften Gespräch kommen konnte, versteht sich von selbst; zuweilen flüsterte man aus Höflichkeit seinem Nachbarn ein paar Worte zu, doch immer ohne dabei den Hauptzweck der Zusam-

* *Lorgnette* – früher übliche bügellose Brille, die an einem Stiel vor die Augen gehalten wurde; Stielbrille.

menkunft aus den Augen zu lassen. Die Franzosen essen schnell; in anderthalb Stunden war alles abgetan, und als brenne das Haus uns über dem Kopfe, eilte nun jedermann seinem Wagen zu, um entweder in einem der vielen Theater ein paar Stunden auszuruhen oder bis gegen elf Uhr von einem Haus zum andern zu fahren und Visiten von zehn Minuten zu machen. Alle Welt klagte über diese Visiten, an denen niemand Freude hatte, weder die, so sie empfingen, noch die, welche sie gaben; doch niemand durfte dieser harten Pflichtübung sich entziehen, der nicht Lust hatte, als gesellig tot der Vergessenheit übergeben zu werden.

Das so sehr verspätete Mittagessen hat in Paris, wie beinahe in allen großen Städten, die Soupers verdrängt, die sonst gerade hier der Triumph heiterer, verfeinerter Geselligkeit waren; man erinnert sich ihrer nur noch wie einer Sage der Vorzeit. An die Stelle jener fröhlichen, aus einem kleinen erwählten Kreise bestehenden Zusammenkünfte, waren jetzt sogenannte *Soirees* getreten, zu denen man von zehn Uhr bis Mitternacht sich einstellen konnte: denn die Zeit des Kommens, Gehens und Dableibens war durchaus unbeschränkt; und wer sonst Lust dazu hatte, der konnte füglich drei bis vier derselben im Laufe eines Abends besuchen. In sehr brillanten Häusern fanden sie wöchentlich an dazu festgesetzten Tagen statt, an welchen die ein für allemal geladenen Gäste sich einfinden konnten, so oft sie es wollten. In vielen anderen Häusern wurde man jedes einzelne Mal förmlich eingeladen, und zwar immer im Namen der Frau vom Hause, nie von dem Herrn desselben. Die Freuden einer solchen *Soiree* waren indessen ebenso mäßig als die Kosten, die, außer der immer sehr glänzenden Beleuchtung, bei solchen Gelegenheiten aufgewendet wurden; und wer nur Raum genug hatte, ein paar hundert Personen bei sich zu sehen, der konnte auf keine wohlfeilere Weise zu dem Ruhm gelangen, ein vornehmes, glänzendes Haus zu machen, und, wie man es damals in Paris nannte, im *genre* zu sein.

Schon die zu den Zimmern führende große Treppe war an solchen Tagen festlich erleuchtet, und zuweilen blühte und duftete ein ganzes Treibhaus exotischer Pflanzen ihr zur Seite. Das Vorzimmer war angefüllt von den Bedienten sämtlicher anwesenden Gäste, die hier spielten oder sonst auf ihre Weise ebenfalls

Assemblee* hielten, ohne um die eintretenden Herren und Damen sich weiter zu bekümmern. Der mit seiner Herrschaft ankommende Bediente nannte deren Namen einem Bedienten des Hauses, dieser riß beide Flügeltüren auf, rief überlaut den eben vernommenen Namen in den Salon hinein, wobei die fremden Namen gewöhnlich auf eine höchst lächerliche Weise verstümmelt wurden; man trat hinein, die Flügeltüre schloß sich wieder, und nun stand man, vom blendendsten Lichte umflossen, vor einem wahrhaft furchtbaren *Areopag*** von Damen. Im höchsten Putze hintereinandersitzend, bildeten sie einen oft dreifachen Kreis rings um den Saal und hatten und erwarteten hier keinen anderen Genuß, als den, mit kritischem Auge und unerbittlicher Strenge ihre gegenseitigen Anzüge zu mustern. Die Dame des Hauses ließ sich gewöhnlich nahe am Eingang finden und war auch wohl so freundlich, den Ankommenden irgendein Plätzchen anzuweisen. Wer seine Nachbarinnen kannte, der suchte mit ihnen ein leises Gespräch anzuknüpfen, wer zwischen Unbekannte geraten war, der behauptete ein kaltes, vornehmes Schweigen, wenn nicht zuweilen die Frau vom Hause sich die Mühe gab, die Damen einander vorzustellen. Die Herren drückten in den Ecken sich herum, verteilten sich in den Nebenzimmern oder redeten zuweilen eine Dame von ihrer Bekanntschaft an, wenn sie bis zu ihr gelangen konnten.

In den Nebenzimmern waren Bouillotte-Tische*** aufgestellt, wer aber zum Spielen Lust hatte, mußte seine Partie sich selbst bilden, was denn nicht immer ohne Schwierigkeiten war, obgleich es die Rolle der Wirtin sehr erleichterte. Dieses Spiel, über welches hauptsächlich der Zufall waltete, war damals das einzig beliebte in Paris, und ich erinnere mich kaum, ein anderes gesehen zu haben. Der eigens dazu geformte Leuchter, auf welchem jeder ein neues Spiel Antretende einen bestimmten Geldbetrag legen mußte, war immer der gewinnende Teil;

---

* *Assemblee* – veraltet für Versammlung.

** *Areopag* – höchster Gerichtshof im Athen der Antike.

*** *Bouillotte* – Kartenglücksspiel, das sich in Frankreich gegen Ende des 18. Jahrhunderts entwickelte und in der Folge großer Beliebtheit erfreute.

und man sagte es vielen Frauen nach, daß sie mit dem Ertrag desselben einen Teil ihrer Toilette oder wenigstens die Kosten ihrer Soirees bestritten.

Wenn es in diesen Abendgesellschaften recht groß und herrlich zugehen sollte, so war irgendein durchreisender Virtuos, eine berühmte Sängerin oder Harfenspielerin durch Geld und gute Worte bewogen worden, sich mitten in jenem großen Kreise hören zu lassen, der denn gebührend allemal in Entzücken geriet. Zuweilen ließen sich auch wohl in einem der Nebenzimmer ein paar Violinen und ein kreischendes Flageolett* vernehmen, das in Paris beim Tanze nie fehlen darf. Doch diese gaben nie das Signal zu allgemeiner Lust. Man drängte sich zwar herbei, man stieg sogar auf die Stühle, um besser zu sehen, doch außer den schon vorher zum französischen Contretanz** bestimmten vier Paaren bezeigte niemand Lust, tätigen Anteil an dem Tanzen zu nehmen. Den Tänzern blieb, mitten im dichtgedrängten Kreise der Zuschauer, nur ein sehr beschränkter Raum, um ihre Kunstfertigkeit, wie auf einem Theater, zu zeigen. Die, welche es wagen mochten, sich auf diese Weise zur Schau zu stellen, mußten ihrer Kunst sehr gewiß sein und sich schon wochenlang vorher darauf vorbereitet haben: denn sie standen vor einem strengen Publikum, das, unerachtet des einmal eingeführten lauten Applaudierens, auch nicht den kleinsten Fehler unbemerkt durchschlüpfen ließ. Wehe der Tänzerin, die man nicht jung und schön genug fand, deren Fuß das einmal angenommene Maß vielleicht um eine Linie überschritt oder die vollends ihre Schuhe nicht bei dem berühmtesten Meister der edlen Schuhmacherkunst gekauft hatte! Nicht nur jeder Schritt, nicht nur die ganze Gestalt, auch jeder Teil ihres Anzuges mußte der schärfsten Kritik ohne Furcht sich unterwerfen können. Die Tänzerin, deren Anzug schon in der letztvergangenen*** Woche Mode gewesen war, und

* *Flageolett* – kleine, besonders hohe Flöte aus Elfenbein oder Horn.

** *Contretanz* oder *Kontertanz* – ursprünglich englischer Gesellschaftstanz zu zwei oder vier einander gegenüberstehenden Paaren, im 18. Jahrhundert in ganz Europa verbreitet.

*** *letztvergangen* – veraltet für jüngst, zuletzt vergangen.

die, welche sich nicht vollkommen dazu eignete, in ihrer Kunst mit den Operntänzerinnen wetteifern zu können, begingen gleich große, unverzeihliche Verbrechen. Wochenlang wurde in ihrem Zirkel von den *horreurs** gesprochen, die sie sich hatten zuschulden kommen lassen, und vielleicht waren diese nach Jahr und Tag noch nicht ganz vergessen.

Nicht immer ward bei diesen Soirees getanzt oder Musik gemacht, sondern nur heimlich gegähnt; immer aber wurde nach Mitternacht dünner Tee hereingebracht, nebst etwas Backwerk, Bonbons, Obst und dergleichen. Auch *Orangenblüthwasser, Orgeade* und *Syrop capillaire*** mit Wasser verdünnt, wurden herumgegeben. Etwa eine Stunde später endeten die Freuden eines solchen Abends durch das Wegfahren der Gäste, wenn nicht neue späte Ankömmlinge sie noch um ein paar Stunden verlängerten.

Die ganze lange Reihe von Zimmern, welche eine solche gastfreie Familie bewohnte und die man in Frankreich mit dem technischen Ausdruck *Appartement* bezeichnet, war bei solchen Gelegenheiten geöffnet und mit Hunderten von Wachskerzen und Lampen auf das glänzendste erleuchtet. Überall schimmerten Spiegel, von der Decke bis zum Fußboden reichend, schmückten Seide und reiche Vergoldung die Wände, glänzten Girlandolen von Kristall, kostbare Bronzen, Vasen von Marmor und Porzellan in allen Ecken; das ganze Ameublement*** vereinte fürstliche Pracht mit geschmackvoller Anordnung. Doch das die Reihe der Zimmer beschließende Schlafgemach der Frau vom Hause zeichnete sich immer vor allen durch die ausgesuchteste Eleganz aus. Es stand ebenfalls aller Welt offen und diente gewöhnlich auch an nicht für die Gesellschaft bestimmten Tagen zum Wohnzimmer der Dame, in welchem sie ihre Visiten annahm.

---

* *horreurs* (franz.) – Gräßlichkeiten; schreckliche, entsetzliche Dinge.

** *Orangenblüthwasser* – aus den Orangenblüten durch Wasserdämpfe gewonnene, fast durchsichtige Flüssigkeit, die stark nach diesen Blüten riecht und schmeckt.
Orgeade – Mandelmilch.
Syrop capillaire – aus dem Frauenhaar, einer Farnart, durch Einkochen mit Zucker gewonnener Sirup, der als hustenstillendes Mittel diente.

*** *Ameublement* – veraltet für: Zimmer- oder Wohnungseinrichtung.

Die Schlafzimmer der eleganten Pariserinnen sind indessen schon zu oft beschrieben worden, als daß wir ihrer hier noch besonders erwähnen dürften. Die zu weit getriebene, oft an das Feenhafte grenzende Eleganz derselben mußte für ihre Bewohnerinnen doch auch manches Unbequeme mit sich führen; und oft schien es uns, als trügen sie ihre Bestimmung nur zum Schein, besonders nach einer solchen Soiree, wo es ebenso unangenehm als für die Gesundheit nachteilig sein mußte, in der von der Ausdünstung so vieler Lichter und Menschen verdorbenen Luft wirklich die Nacht zuzubringen.

Die Kleidung der Damen, welche diese Soirees gaben und besuchten, war fast noch luxuriöser als die Einrichtung ihrer Wohnungen. Perlen und Diamanten, mit denen sie oft wie übersät erschienen, kostbare türkische Shawls*, mit denen sie einen ewigen Wechsel trieben, waren dabei das am wenigsten Kostspielige; denn diese Dinge behielten doch immer den ihnen eigentümlichen Wert. Ihre größte Verschwendung bestand in tausend fast namenlosen Kleinigkeiten, in Dingen, die kaum zu entstehen schienen, um auf das eiligste wieder zu vergehen; z. B. in Spitzenschleiern aus Brüssel für 100 und mehr Louisd'or**, in künstlicher Stickerei der Leibwäsche, bei welcher der feinste Batist aus Brabant durchgängig die Stelle der sonst üblichen Leinwand vertreten mußte. Keine Dame von gutem Ton trug in Gesellschaft das nämliche Kleid zweimal, ohne es wenigstens bis zum Unkenntlichen verändern zu lassen; keine mochte das schöne Haupt einem Haarkünstler anvertrauen, der nicht im eigenen Cabriolet angefahren kam und sich wenigstens zwölf Frank*** für jede einzelne Frisur bezahlen ließ, und viele bedurften seiner zweimal des Tages. Die Dame, welche sich einen ganzen Tag über mit einem einzigen Paar seidener Schuhe behalf, wurde schon für sehr ökonomisch gehalten, jede aber führte, wenn sie ausfuhr, um Visiten

* *Shawl* – veraltet für: Schal.

** *Louisd'or* oder *Louisdor* – französische Goldmünze, die zuerst unter Ludwig XIII. (1601 bis 1643) geprägt wurde.

*** *Frank* – Franc: der silberne Franc zu 100 Centimes wurde ab 1795 statt der bis dahin geltenden *Livre* geprägt; es gab aber auch den Goldfranc, der zum Silberfranc in einer festgelegten Tauschrelation stand.

zu machen, ein ganzes Magazin weißglacierter Handschuhe in ihrem Wagen mit sich, um die eine Stunde getragenen mit neuen vertauschen zu können.

So ging das bis ins Unendliche fort; der Gemahl einer solchen Frau bekümmerte sich wenig darum, auf welche Weise Madame es anfangen möge, um einen so unerhörten Aufwand zu bestreiten. Die große Welt stand in Paris zwar nie im Rufe strenger Sittlichkeit, doch suchte sie ehemals wenigstens den Schleier des Anstandes über ihre Verirrungen zu werfen; die für vornehm gelten wollenden Frauen und Männer dieser Zeit aber glaubten diesen Zweck am sichersten zu erreichen, wenn sie mit Verhältnissen prahlten, die man sonst den Augen der Welt sorgfältig zu entziehen suchte.

Es wäre eine zu unangenehme Aufgabe, Belege hiervon umständlich anzuführen; ich erlaube mir nur zu sagen, daß selbst angesehene Damen sich nicht scheuten, irgendein kostbares Stück ihres Anzuges öffentlich für ein erhaltenes Geschenk zu erklären. Die reichen Russen, deren sich damals viele in Paris aufhielten, spielten eine sehr glänzende Rolle in der Damenwelt, und manche Frau gab bei ihrem Manne den teuren Shawl oder Schleier, den sie eben selbst gekauft hatte, für einen Beweis der Aufmerksamkeit eines solchen nordischen Hausfreundes aus, um nur keine Vorwürfe über ihre Verschwendung hören zu müssen.

So lebten die Reichen in Paris, welche damals ausschließlich den Ton angaben. Andere, die es jenen an Pracht nicht gleichtun konnten, führten eine Art von Wirtshausleben. Zum Frühstück oder Mittagessen luden sie ihre Gäste zu irgendeinem berühmten Restaurateur* ein, und abends besuchten sie die Theater oder andere dem öffentlichen Vergnügen geweihte Orte, wo es an Musik, Tanz und großer Gesellschaft nie fehlte, deren es unter allerlei wohlklingenden Namen in Paris unzählige gab.

Viele tausend Familien führten ohne Zweifel, selbst damals noch, ein weit genußreicheres Leben in Paris, in einem kleinen Kreise erwählter Freunde, aus welchen jener fein gebildete Ton, jene heitere altfranzösische Geselligkeit noch nicht entflohen war, die früher in Frankreich vorgeherrscht hatte. Doch der Zutritt zu diesen

* *Restaurateur* – veraltet für: Gastwirt.

Häusern wurde dem Fremden nur in seltenen Fällen erlaubt, und wer nicht das Glück hatte, durch ganz besondere Verbindungen mit ihnen in Berührung zu kommen, dem blieb nichts übrig, als in dem unruhigen Treiben der sogenannten großen Welt sich mit herumdrehen zu lassen, in die es mit Hilfe einiger Empfehlungsbriefe sehr leicht war eingeführt zu werden, oder seine Abende in einem der vielen Theater zuzubringen, was unstreitig einen weit höheren Genuß gewährte, als jene ungesellige Geselligkeit.

Das Pariser Theater darf ich hier nur ganz im allgemeinen erwähnen, weil über dasselbe schon so unendlich viel geschrieben ist und noch täglich geschrieben wird. Sechzehn bis achtzehn Schauspielhäuser standen in jener Zeit dem Schaulustigen an jedem Abend offen, jedes von diesen hatte sein eigenes Publikum, seine eigenen Theaterdichter und seine eigenen Schauspieler, und dem Fremden ward unter ihnen oft die Wahl schwer, weil so vieles in seiner Art Gutes, sogar Vortreffliches, von so vielen Seiten lockte.

Alle diese verschiedenen Theater waren, nach dem Maß der Anforderungen, die man im einzelnen an sie machen durfte, ziemlich bequem und sogar elegant eingerichtet und dekoriert. Das Nationaltheater, die große Oper, das Théâtre Feydeau zeichneten durch edle einfache Pracht und großen Stil der Architektur sich aus. Nur die Dunkelheit, welche in dem für die Zuschauer bestimmten Teil dieser Häuser durchgängig herrschte, fiel uns, besonders anfangs, umso unangenehmer auf, als wir noch an die blendende Helle der Londoner Theater gewöhnt waren. Hier gab es keine Wandleuchter wie dort, keine Spiegel, die den Glanz des Lichtes verdoppelt zurückwarfen. Selbst die größeren Theater erhellte nur ein einziger Kreis von Lampen, bei deren Schein man kaum die in den Logen sitzenden Zuschauer erkennen konnte. Deshalb besuchten die Damen das Theater auch nur im Negligé, außer wenn in der Oper oder im Theater der Nation ein neues Stück zum ersten Mal gegeben wurde, wo sie dann von Juwelen strahlend sich zeigten. Wir vermißten ungern den Anblick der schönen geschmückten Frauen, die in London ein Schauspiel im Schauspiele gewähren, das an und für sich reizend genug ist, um manchen für eine langweilige Darstellung auf der Bühne zu entschädigen.

Bei weitem besser als die Beleuchtung gefiel uns im Theater das friedliche Betragen, die einem Deutschen vielleicht übertrieben scheinende Höflichkeit der Zuschauer, selbst aus den geringern Ständen. Nie wurden Zänkereien und Schimpfworte unter ihnen laut, wie sie in London so häufig vorzukommen pflegen, obgleich das Parterre seinen Unwillen nicht minder ungestüm äußert als das Londoner Publikum, sobald es Ursache zu haben glaubt, mit den Schauspielern oder dem Schauspiel selbst unzufrieden zu sein. Dem Beispiel des Parterres, in welchem die eigentlichen dramatischen Richter Sitz und Stimme haben, folgten die Zuschauer in den höheren und höchsten Regionen gewöhnlich nach. Der Lärm war oft furchtbar und wirklich betäubend; davon wurden wir selbst Zeuge, als ein neues Trauerspiel, Agamemnon betitelt, unbarmherzig ausgepfiffen ward, obgleich Talma und die Duchenois die Hauptrollen in demselben spielten. Doch dieses Toben galt nur dem Allgemeinen und hatte auf die zuvorkommende Höflichkeit der Zuschauer gegeneinander keinen Einfluß.

Ebensowenig als im Theater haben wir in den Straßen von Paris Schlägereien oder heftiges Zanken bemerkt, das in London so leicht in förmliche Faustkämpfe ausartet. Die der französischen Nation eigene Mäßigkeit im Trinken mag vieles zu diesen ihren friedlichen Gesinnungen beitragen; denn ein recht gründlich Betrunkener ist in Paris eine große Seltenheit und uns wenigstens dort nie vorgekommen. Entstand irgendwo einmal ein kleiner Zwist, so ward er doch immer schnell wieder ausgeglichen, oft durch irgendeinen lustigen Einfall, der die Streitenden lachend auseinandertrieb.

Auch der Ton der Freiheit und Gleichheit, den die Revolution eingeführt hatte, war schon damals verschwunden und vergessen. Alle Frauen und Mädchen hießen wieder Madame und Mademoiselle; von der vornehmsten Dame an bis zu der *Ravaudeuse**, die vor dem Hause jener, in einer echten Diogenes-Tonne sitzend, sich davon nährt, die zerrissenen Maschen alter Strümpfe in ihrem Quartier augenblicklich auf das künstlichste wieder zu ergänzen. Der Kommissionär**, der überall bereitsteht, für ein

* *Ravaudeuse* – Flickerin, (Strümpfe-)Stopferin.

** *Kommissionär* – Laufbursche, Bote.

paar Sous halb Paris zu durchlaufen, wurde ebensowohl Monsieur genannt wie der reiche Herr, der, im eigenen Cabriolet fahrend, jenen armen Teufel vom Kopf bis zu den Füßen bespritzte. Nur ein einziges Mal begegnete es mir, mit *Citoyenne** und Du angeredet zu werden; es war in der Vorstadt St. Antoine, wo wir ausgestiegen waren, um den Bastilleplatz zu betrachten, der jetzt zu einem Holzhof benutzt ward. Ein auffallend großes Weib, von männlichem, sehr widerwärtigem Ansehen, kam auf mich zu, packte mit starker Faust mich am Arm und beeiferte sich, mir die Stelle zu zeigen, wo einst die Türme der Bastille gestanden hatten. Ihre Rede sowohl als ihre Gestalt erinnerten mich sehr lebhaft an vergangene Greuelszenen, bei denen sie wahrscheinlich keine müßige Zuschauerin abgegeben haben mochte; doch ich befand mich hier auf dem eigentlichen Grund und Boden, von dem einst alle jene Schrecken ausgingen, und ein Wunder war es nicht, daß der Nachhall derselben noch nicht gänzlich im Gemüte der Einwohner dieses Quartiers** verklungen war.

Ehe ich diese Skizze beende, muß ich noch der Vergnügungen erwähnen, die in Paris den Morgen ausfüllen. Dieser ist dort sehr lang, obgleich die Sonne schon der Mittagslinie sich nähert, ehe es in der eleganten Welt Tag wird. Gesellige Frühstücke, Besuche, Spazierfahrten gibt es dort wie überall, die Hauptfreude aber bleibt immer die Promenade: denn diese, wie das Theater und das tägliche Brot, ist jedem Franzosen ein unentbehrliches Bedürfnis, von welchem Alter und Stande er auch sei. Seine Promenade ist aber von unsern Spaziergängen himmelweit unterschieden; ihm ist es dabei nur um das Gedränge vieler Leute zu tun, und er würde mit Vergnügen täglich in einem gepflasterten, von hohen Mauern umgebenen Hofe sich ergehen und draußen die anmutigste Gegend unangeblickt lassen, wenn Zufall oder Mode es wollten, daß die elegante Welt zur bestimmten Stunde in diesem Hofe sich zusammendrängte.

---

* *Citoyenne* (franz.) – Bürgerin; *Citoyen* und *Citoyenne* wurden in der Französischen Revolution als demokratische Anrede anstelle von *Monsieur* und *Madame* eingeführt und waren bis zu ihrer Abschaffung 1804 nach dem Sieg des Kaisertums einzig erlaubte Titel.

** *Quartier* (franz.) – Stadtviertel, Stadtteil.

Den schönen, oft und umständlich beschriebenen *Jardin de Plantes* fanden wir daher fast immer unbesucht, auch der Garten des Palastes Luxembourg stand verödet, und nur Greise und Kranke aus der Nachbarschaft konnten sich unter seinen prächtigen alten Bäumen auf dem grünen Rasen, über welchen der Winter in diesem milden Klima keine Gewalt üben kann. Doch den Garten der Tuilerien erfüllte immer das bunteste Gewimmel, und sowie nur ein winterlicher Sonnenstrahl sich blicken ließ, flogen die Pariserinnen scharenweise in der reichsten, anmutigsten Morgenkleidung herbei, verfolgt von dem Schwarm ihrer Bewunderer. Die in wahrhaft großem Geschmack erdachte und mit königlicher Pracht ausgeführte Anlage dieses Gartens macht ihn indessen des Vorzuges würdig, der ihm durchgängig erteilt wird. Das prächtige Blumen-Parterre* vor dem Schloß, der weite Rasenplatz, die von himmelhohen Bäumen umschatteten breiten Alleen unten im Garten wurden meistens den Kindern überlassen, die von ihren ewig plappernden Bonnen** bewacht, ihr lustiges Wesen dort trieben. Nirgends in der Welt ist die Kindheit anmutiger und lieblicher als in Paris; oft sahen wir den Spielen dieser wunderschönen kleinen Wesen zu, ohne uns davon losreißen zu können; ihr Jauchzen, ihr Freuen hielt uns fest, wenn die majestätischen Schwäne ihrem Locken folgten und mit hochgehobenem Flügel und zurückgebogenem Halse das weite Wasserbassin mit silbernen Furchen durchschnitten, um von hundert kleinen Händchen sich füttern zu lassen, die schmeichelnd sich ihnen entgegenstreckten. Die Terrassen, welche sich von beiden Seiten längs des Gartens hinziehen, sind dagegen der Sammelplatz der älteren Spaziergänger aus allen Ständen, doch mehr die in der Revolution berühmt gewordenen Terrasse der *Feuillants****, als die ihr entgegengestzte. Hier drängen sich oft viele Tausende hin und her in bunten Massen, die elegantesten und die barocksten Gestal-

* *Parterre* – kunstvoll angelegtes großes Blumenbeet.

** *Bonne* – früher Bezeichnung für Kindermädchen, Erzieherin; abgeleitet von der Anrede *ma bonne* (franz.) – meine Gute.

*** *Feuillants* – revolutionärer Klub, Sammelpunkt des liberalen früheren Adels und des Großbürgertums, die die Revolution mit der Verfassung von 1791 beenden wollten; die Feuillants wurden aber durch den Radikalismus der Jakobiner überrollt, ihre Führer im November 1793 guillotiniert.

ten, die man sich denken kann. Eine Menge kleiner Strohstühle steht an jedem von der Sonne warm beschienen Plätzchen bereit, um für wenige Sous zum Niedersetzen vermietet zu werden; und oft bildet sich im Nu eine lange Reihe eleganter Herren und Damen, die, als säßen sie in dem glänzenden Kreise ihrer Soirees, die Vorübergehenden mustern, während sie selbst auch ein buntes, unterhaltendes Schauspiel gewähren. Sonntags besonders wird bei schönem Wetter das Gedränge auf der Terrasse der *Feuillants* unglaublich groß, und noch schwebt ein solcher Morgen meiner Erinnerung vor, an welchem mehrere Türken aus dem Gefolge des Gesandten der hohen Pforte* dort gravitätisch lustwandelten. Die gelben asiatischen Gesichter starrten ganz verdutzt, beinahe gedankenlos, in die bunte lustige Menge, die sie rings umgaukelte und sich neugierig an sie herandrängte, und bildeten mit dieser einen gar zu eigenen, auffallenden Kontrast. Das größte Aufsehen aber erregte der, den Gesandten begleitende Imam mit seiner himmelhohen Mütze und dem kolossalen Rosenkranz, dessen Korallen er eifrig, beinahe ängstlich abzählte. *C'est le chapelain de l'Ambassadeur***, sprach belehrend ein vor uns gehender ehrlicher Bürger von Paris zu seiner Frau, die er sehr galant am Arm führte. *Les Turcs sont donc catholiques?****, fragte sie wißbegierig. Die zwischen uns sich drängende Menge verhinderte uns leider, die Antwort auf diese Frage zu hören.

Die Menge der elegant aufgeputzten Magazine aller Art kann in Paris nicht, wie in London, zu einem Morgenspaziergang durch die Straßen anreizen, weil letztere sich nicht dazu eignen, das Betrachten dieser Herrlichkeiten zu erlauben. Die einzige Ausnahme hiervon macht das *Palais Royal*, welches man wohl das Herz von Paris nennen könnte: denn hier ist ewige Bewegung, ewiges Ab- und Zuströmen, bis um Mitternacht die Lampen ausgelöscht und die in den Garten führenden Tore verschlossen werden.

Die Einrichtung dieses in seiner Art einzigen Gebäudes ist allbekannt. Jedermann weiß, daß dort, in dicht aneinander sich

* *Hohe Pforte* – Bezeichnung für die Regierung des Osmanischen Reiches.

** Das ist der Kaplan des Gesandten.

*** Die Türken sind also Katholiken?

Abb. 1: Palais Royal.

reihenden, auf das lockendste aufgeputzten Läden alles zu finden ist, was man bedarf und nicht bedarf; und daß man unter den dicht vor diesen Magazinen hinlaufenden Arkaden gemächlich gehen kann, ohne vom Regen oder Sonnenschein zu leiden. Aber alles ist hier weit teurer und weniger gut als in den andern Teilen der Stadt; auch gehört es durchaus nicht zum guten Ton, seine Einkäufe hier zu besorgen. Bei alledem aber geht dennoch der Handel seinen raschen Gang, wozu hauptsächlich die vielen Fremden beitragen, die sich täglich im Palais Royal versammeln und denen es schwer wird, dem blendenden Reiz zu widerstehen, dessen Gepräge hier allem aufgedrückt ist, was man erblickt.

Die Zahl derer, welche im Bezirk des Palais Royal leben, beträgt mehrere Tausende und übertrifft die Bevölkerung mancher Landstadt, wie man uns versicherte; indessen werden im Durchschnitt die Einwohner desselben eben nicht zu den achtbarsten Bürgern von Paris gezählt. Man sagt, daß hier Leute leben, vornehmlich alternde Hagestolze, die von einem Ende des Jahres bis zum andern dieses kleine *Eldorado* nicht verlassen, weil sie hier alles das auf einem Punkt beisammen finden, was sie zu ihrer Art von Lebensgenuß nötig haben. Der Garten, den die Arkaden umschließen, gewährt ihnen so viel an frischer Luft und freier Natur als sie verlangen, auch stehen Obst und Blumen aus allen Himmelsstrichen in einem der äußeren Höfe sehr zierlich zum Verkauf ausgestellt. Der Kunstfreund findet hier in mehreren Kunstmagazinen Gemälde, Statuen, Kupferstiche; der Leselustige in mehreren Buchläden die neuesten Erzeugnisse des Tages neben den klassischen Werken der älteren ausgezeichneten Schriftsteller. Was man an Schmuck und Kleidung vom Kopf bis zum Fuße bedarf, trifft man zu großer Auswahl in all den vielen Magazinen. In Restaurationen*, Kaffeehäusern und Konfekt-Bäckerladen ist ebenso überflüssig für Gesellschaft als für die Erhaltung des Lebens gesorgt; und sogar das Schauspiel wird nicht entbehrt: denn ein oder ein paar der kleinen Theater treiben im Bezirk des Palais Royal ihr lustiges Wesen.

Wer Glück hat, kann auf dem Platz selbst sogar das Geld gewinnen, dessen er freilich, um hier zu leben, nicht wenig bedarf, denn *Rouge et noir, Roulette* und alle Spiele dieser Art haben nebst dem König Pharao in den den Garten des Palais Royal umgebenden Gebäuden ihre Residenz aufgeschlagen, und eine Ecke des Gartens selbst war damals der Sammelplatz der *Agioteurs***. Manche blendende Fortune, die damals großes Aufsehen erregte, ging aus diesem Winkel hervor, in welchem sie champignonartig über Nacht aufgeschossen war.

Wer nicht Lust hat, mit so großen Dingen sich zu befassen, kann im Kleinen sein Glück in der Lotterie versuchen. Wir selbst begegneten hier einst der Göttin Fortuna, die in Gestalt eines alten Weibes sich heiser schrie, um die Leute zu bewegen, hunderttausend Franks für den geringen Preis eines armseligen kleinen Talers*** zu kaufen. Die Beredsamkeit war höchst ergötzlich, mit der sie der um sich versammelten Menge auseinandersetzte, wie es so gut sei, als habe man jene große Summe schon in der Tasche, wenn man das Lotterielos kaufe, das sie anbot; doch es ist eben kein Glauben mehr in der Welt, die Leute hörten sie an, lachten und gingen vorüber.

---

* *Restauration* – veraltet für Gastwirtschaft.

** *Agioteur* (franz.) – Spekulant, eigentlich Börsenmakler.

*** *Taler* – in der Zeit vom Ende des 15. Jahrhunderts bis ins späte 19. Jahrhundert wichtigste große Silbermünze, die, ursprünglich als Äquivalent des Goldguldens, in zahlreichen Ländern in den verschiedensten Varianten geprägt wurde.

Und so sei denn diese kleine Skizze hiermit beendet. Das Feld, auf das ich mich wagte, ist groß; je weiter ich vorwärts schreite, je unabsehlicher breitet es vor mir sich aus; und so bleibt es wohl am ratsamsten, beizeiten anzuhalten, ehe Ermüdung lähmend sich einstellt, und lieber die Schritte anderswo hinzuwenden.

Reise von Paris nach Bordeaux

Fröhlichen Mutes verließen wir in den letzten Tagen des Jänners unsere Wohnung in Paris, um die Reise ins südliche Frankreich anzutreten, von der wir uns großen Genuß versprachen. Die Luft war mild wie im Frühling; und da wir ziemlich früh ausfuhren, so gedachten wir an diesem Tage noch recht weit zu kommen, sollten wir auch den im Kalender verheißenen Mondschein zu Hilfe nehmen müssen, um nur des andern Morgens früh bei guter Zeit in Orléans zu sein.

Leider aber zeigte es sich bald, daß wir diesmal die Rechnung ohne den Wirt gemacht hatten: denn während wir noch ganz lustig durch die bisher uns ziemlich unbekannt gebliebene Vorstadt Saint Marceau hinrollten, zerstörte ein heftiger Stoß des Wagens alle unsere Pläne für den heutigen Tag. Erschrocken blickten wir um uns, sahen eines unserer Vorderräder weit von uns liegen und uns selbst so gut als umgeworfen mitten in der schmutzigsten aller Straßen der weltberühmten *Lutetia**.

Die liebenswürdige Lebhaftigkeit der großen Nation war Schuld an diesem Unfall. Sie, die keinem Franzosen erlaubt, Tür und Fenster gehörig zu schließen und überhaupt das, was er eben vorhat, mit langweiliger deutscher Bedachtsamkeit zu vollbringen, sie hatte auch den *Citoyen*-Wagenschmierer verhindert, das Eisen, welches das Rad festhalten sollte, ordentlich anzuschrauben. Es war verloren, und ein Artist, bei uns Grobschmied genannt, mußte gerufen werden, um ein neues zu schmieden.

Uns blieb für unsere Personen nichts übrig, als einstweilen aus dem Wagen zu klettern, so gut wir es konnten, und uns

* *Lutetia* – lateinischer Name von Paris.

in ein kleines Weinhaus zu flüchten, das eben in der Nähe lag. Laute, wortreiche Beileidsbezeigungen der schnell um uns versammelten Bewohner dieses berüchtigten Teiles von Paris verfolgten uns bis zu unserem gar nicht einladend aussehenden Zufluchtsort, in welchem wir mehrere Stunden verharren mußten, bis der Artist sein Kunstwerk vollendet hatte. Doch taten wir dies lieber und sahen einstweilen dem häuslichen Treiben der uns fast unbekannt gebliebenen ärmeren Klasse von Parisern zu, als daß wir in unser eben verlassenes Quartier zurückgekehrt wären. Dort hätten wir gewiß alles in der größten Unordnung gefunden, und der Anblick eines eben von uns noch bewohnten, jetzt ausgeräumten Zimmers, das Wegtragen der Betten und Möbeln, an welche man mehrere Monden lang gewöhnt war, ist gar zu unangenehm; man kommt sich selbst dabei fast wie gestorben vor.

Endlich war alles wieder zum Abfahren bereit, und es ging fort, doch nicht im sausenden Galopp, sondern ziemlich langsam auf verdorbenen Kunststraßen, die uns manche Stöße versetzten und für welche der Anblick der öden, flachen Gegend ringsumher uns keine Entschädigung bot. Die erste Nacht kamen wir nicht weiter als bis zum Städtchen *Arpajon*, wo wir ein erträgliches Nachtquartier fanden, den folgenden Tag erreichten wir *Orléans* ziemlich spät am Abend; auf dem ganzen Weg von Paris bis hierher war uns kein interessanter Punkt vorgekommen, auf welchem wir gerne verweilt hätten.

Warum wir uns Orléans immer als eine schön gebaute, große Stadt gedacht hatten, ist uns nicht klar; so viel ist aber gewiß, daß sie beides nicht ist. Alles, was wir davon sahen, kam uns schmutzig und ärmlich vor, und unser Gasthof, der beste in der Stadt, machte hiervon keine Ausnahme. Wir bescheiden uns gern, daß man in Frankreich an die Gasthöfe nicht denken kann, welche in England, selbst auf dem Lande, angetroffen werden. Aber auch im Vergleich mit denen, welche wir früher in Flandern und Brabant gefunden hatten, war der Abstand sehr bedeutend, besonders in Hinsicht auf Ordnung und Reinlichkeit; er wurde in der Folge immer größer, je weiter wir kamen. Als Merkwürdigkeiten des Orts wußte man uns nur ein paar Zuckerfabriken zu nennen, denen wir gern aus dem

Wege gingen, und dann die alte ehrwürdige Kathedralkirche, die wir nur von außen bewunderten. Wir zogen es vor, die Schwelle des alten, ehrwürdigen Tempels nicht zu überschreiten, der in seinem jetzigen Zustande uns doch nur den Anblick gewaltsam herbeigeführter Zerstörung bieten konnte. Denn auch diese Kathedrale teilt mit fast allen übrigen Kirchen im französischen Reich das traurige Schicksal, während der Schreckenstage der Revolution allen Schmuckes, aller Altertümer, aller Denkmäler beraubt worden zu sein, die im Laufe langer Jahrhunderte in ihr sich angehäuft hatten. Vieles davon wurde von unheiligen Händen zerstört, vieles der Raubsucht des verwilderten Volkes zur Beute, doch manches auch von besser Gesinnten beiseite geschafft und nicht ohne bedeutende Gefahr so lange verborgen gehalten, bis man es wagen konnte, wieder damit ans Licht zu treten.

Als in ruhigeren Tagen die große Nation einigermaßen wieder zur Vernunft kam, widmete sie das ehemalige Kloster der *petits Augustin* in Paris der Aufbewahrung aller im ganzen Lande dem Zerstörungsgeiste entgangenen französischen Monumente, die denn auch mit bedeutendem Kostenaufwand von allen Seiten dorthin geschafft werden mußten, wo sie sich aber freilich nicht viel besser ausnehmen, als der Laokoon im Salon des Louvre.

Das Lokal, das man ihnen eingeräumt hat, mit seiner alten Kirche, mit den vielen, an diese sich anschließenden Seitenkapellen, mit den düstern Kreuzgängen, würde zwar an und für sich recht gut zu einem solchen der Vergangenheit geweihten Tempel sich eignen, aber der Raum ist viel zu eng für die Menge zum Teil sehr bedeutender Bildwerke, die ohne sonderliche Rücksicht auf die Zeit ihrer Entstehung oder ihren eigentlichen Kunstwert hier zusammengedrängt stehen.

Hinter Orléans wird die Gegend höher und schöner; im Sommer mag es hier sehr angenehm sein. Bald kamen wir an die schönen Ufer der „prächtig strömenden Loire". Das junge Grün der Saaten, das sie schmückte, der breite Strom und eine schöne, sich über ihm wölbende steinerne Brücke gewährten uns manch reizende, malerische Ansicht; die Flecken und Dörfer aber, durch welche der Weg führte, erfreuten uns nicht. Alles, was wir darin sahen, trug das Gepräge der bittersten Armut. In Lumpen gehüllte Greise, bleiche

Jammergestalten von Weibern, umschrien von halb verhungerten Kindern, fielen uns mit ungestümem Betteln an, sooft der Wagen

Abb. 2: Kathedrale von Orléans.

hielt. Die Versorger und Ernährer dieser hilflosen Wesen waren alle zur Armee getrieben, und diese Zurückgebliebenen verschmachteten jetzt in dem von der Natur so reich begabten Lande, weil es an rüstigen Armen fehlte, es anzubauen.

In Paris hatten wir wenig von dem Elend bemerkt, welches die Revolution über dies einst so wohlhabende Land gebracht hat. Die, welche durch jenes plötzliche Umschwingen des Glükkes, auch wohl durch Raub und Plünderung reich wurden, leben dort in einem verhältnismäßig kleinen Raume zusammengedrängt; ihr Glanz blendet das Auge so, daß es nicht in das dicht daran grenzende Dunkel zu schauen vermag, in welchem doch die Mehrzahl der Menschen leben muß. Aber auf dem Lande und in kleinen Städten liegt alles offen da, und der Anblick des allgemeinen Elendes hier erregte unser innigstes Mitleid.

Auf dem ganzen Weg von Orléans bis *Blois* begegneten wir zwar vielen Frachtwagen, aber keinen andern Reisenden und überhaupt wenig Menschen. Außer den Bettlern umringten uns auch überall eine Menge Weiber und Kinder, um an uns Messer zu verkaufen, die in großer Anzahl ringsum in der ganzen Gegend recht gut gemacht werden. Mit augenscheinlicher Lebensgefahr stiegen die Mütter in die Speichen der Räder, sowie der Wagen einen Augenblick hielt, und reichten uns ihre halbnackten Kinder zum Schlage* hinein. Die Kleinen mußten uns die Messer in ihren Händchen zum Verkauf entgegentragen; und gern nahmen wir ihnen eine Kleinigkeit ab, um nur der Angst entledigt zu sein, sie so zu sehen.

In Frankreich muß ohnehin jeder Reisende sein Messer mit sich führen, denn er erhält keines in den Gasthöfen der kleineren Städte, zu denen man doch zuweilen seine Zuflucht zu nehmen sich gezwungen sieht. Gabeln dagegen und Löffel fehlen nie; gewöhnlich sind beide von Silber, ungeachtet der Armut des übrigen Gerätes. Auch Servietten sind da, nur keine Messer, oder wenn man auf vieles Fordern welche bringt, so sind diese gewöhnlich in einem so abschreckenden Zustande, daß man sich ihrer nicht bedienen mag.

Man wird in Frankreich fast noch schneller auf den Posten weiterbefördert als in England. Kaum daß die Pferde den letzten Schritt getan haben, so werden sie schon ausgespannt und andere gebracht. Der neue Postillion steigt flink in die kolossalen, mit Stroh gefütterten Courierstiefel, die sein Vorgänger beim Absteigen von sich warf, klatscht einigemal kurz hintereinander mit seiner kleinen Peitsche, und nun geht es fort im schnellsten Trabe, wenn der Weg es erlaubt. Man hat oft nicht Zeit, die Post ordentlich zu bezahlen,

---

* *Schlag* – Kutschentür.

und der Postmeister ruft nur in aller Geschwindigkeit dem forteilenden Postillion nach, wieviel der Reisende zuviel oder zuwenig gab; dies wird dann auf der nächsten Station berichtigt.

Die Posthäuser sind fast nie zum Empfang der Reisenden eingerichtet und sehen auch gewöhnlich so uneinladend aus, daß man gern vorüberzieht. Mit den Gasthöfen ist es ungefähr ebenso, daher saßen wir oft zehn bis zwölf Stunden wie festgebannt in unserem Wagen und wären ohne die wohltuende Industrie der Landbewohner oft halb verschmachtet im Nachtquartier angelangt. Diese aber kamen uns aus den benachbarten Häusern an den Posten überall mit guter Bouillon, Backwerk und schönem weißen Brot entgegen, wofür wir gern die geforderte Kleinigkeit zahlten, um ohne Aufenthalt weiterzukommen. Höher hinauf in den südlichen Gegenden von Tours bot man uns oft getrocknete Früchte, Pflaumen, Aprikosen, Birnen, Pfirsiche, die wie in Zukker kandisiert aussahen und schmeckten. Das Obst erreicht in diesem schönen Lande einen Grad von Süßigkeit und Reife, die wir in unserem rauheren Klima gar nicht kennen.

Die Stadt *Blois* erreichten wir am späten Abend des Tages, an welchem wir Orléans verließen. Sie schien uns noch armseliger, schmutziger und kleiner, hat aber eine höchst anmutige Lage hart am Ufer der Loire. Unser Gasthof lag am Quai; unerträglicher Schmutz und überlästige Messerverkäuferinnen, die uns bis in unser Zimmer verfolgten, machten ihn zu keinem angenehmen Aufenthalt, doch vergaßen wir dies Ungemach über den Anblick des Stromes, der, breit und prächtig, dicht unter unsern Zimmern hinrauschte. Lange standen wir noch am Fenster und sahen dem Spiel des Mondscheines mit den Wellen zu. Alles war totenstill auf dem Wasser, kein einziger Fischerkahn sichtbar auf der ganzen großen silbernen Fläche, die wir überblickten, nur das leise, fast klagende Rauschen der am Gestade sich brechenden Wellen flüsterte durch die Öde der Nacht. Wie anders ist das immer rege Leben auf der Themse bei London, der schiffreichen Elbe bei Hamburg, ja auf dem kleinsten Kanal in Holland, wo Tag und Nacht ein Gewühl der mannigfaltigsten Fahrzeuge die Wellen durchkreuzt.

Mit Tagesanbruch gingen wir weiter; es war der letzte Jänner, und warme Maienluft umwehte uns. Tausend Vögel trieben ihr lustiges Wesen in den Hecken; letztere fingen schon an, sich mit gelben, wohlriechenden Blüten zu schmücken; Lerchen wirbelten hoch über uns in blauer Luft und warmem Sonnenschein, und aus dem jungen Grase guckte manches Frühlingsblümchen schüchtern hervor. Die weißen Blüten der Mandelbäume erinnerten uns an den Schnee, der in unserem Vaterlande jetzt ebenso auf den Ästen der Bäume noch lastete. Sehr sinnig nennt das Volk in Frankreich den Mandelbaum den Baum der Torheit, *l'arbre de la folie*, weil der erste freundliche Sonnenblick ihn verführt, seine Blüten zu entfalten, wofür er denn oft später büßen muß. Im Gegensatz zu diesem nennen sie den im südlicheren Frankreich sehr gewöhnlichen Johannisbrotbaum* den Baum der Weisheit, *l'arbre de la sagesse*, weil er die Zeit abwartet, und, gleich unseren deutschen Eichen, die Knospen nicht eher durchbricht, bis keine Fröste mehr drohen. Jene beiden Bäume könnten in der Geschichte unserer Tage wohl auch als Symbol des deutschen und französischen Volkes gelten.

Die Gegend zwischen Blois und Tours ist entzückend schön. Wir fuhren auf dem hohen, geräumigen Damm längs dem Ufer der Loire hin; zur Rechten hatten wir den breiten, prächtigen Strom, zur Linken die wie ein schöner Garten angebaute Ebene. Näher an Tours wird das Ufer höher, mannigfaltig gestaltete zackige Felsen begrenzen es; Weinberge, Gärten, zierliche Landhäuser reihen sich hier überall aneinander; kein Flecken Land bleibt unbenutzt. Selbst im Innern der Felsen haben die Menschen sich Wohnungen bereitet. In Höhlen und alten Steinbrüchen hausen sie dort wie Kaninchen; sie haben sich zu ihrem Hausbedarf ordentlich eingerichtet; eine Tür mit Schloß und Riegel schließt den Eingang, Fenster mit gläsernen Scheiben glänzen hier und da an den Felswänden, und wirtlich steigt der Rauch aus den Schornsteinen, die sich vom Gipfel der Felsen erheben. Unwillkürlich dachten wir dabei des wunderlichen Vesuvs im Garten zu Wörlitz, den auch Fenster zieren und der in seinem Innern manch artiges Boudoir** verbirgt. So elegant sind diese Wohnungen nicht, aber doch wohl warm und gesund, wenig-

---

* *Johannisbrotbaum* – Im ganzen Mittelmeergebiet wachsender Baum mit gefiederten Blättern, dessen getrocknete zuckerhaltige Frucht, das Johannisbrot, gegessen wird.

** *Boudoir* – elegantes privates Zimmer einer Dame.

stens nach dem blühenden Ansehen der vielen Kinder zu urteilen, die munter wie junge Gemsen zwischen dem Gestein herumkletterten, das ihren väterlichen Herd einschloß. Je weiter wir fuhren, je häufiger wurden diese Troglodyten-Zellen, und wir ermüdeten nicht, sie zu betrachten, indem wir bewunderten, wie geschickt man gewußt hatte, die mannigfaltigen Gestaltungen der Felsen zu benutzen. Weinkeller und Magazine hatten wir schon früher in den felsigen Ufern des Stromes eingehauen erblickt, aber sie als vollständige menschliche Wohnungen eingerichtet zu sehen, blieb uns ein neuer, wunderbarer Anblick.

Ziemlich nahe von Tours kamen wir an den auch noch im Graus der Zerstörung großen, stattlichen Ruinen eines Karthäuserklosters dicht vorbei. Dieses prächtige Gebäude ward während der Revolution verwüstet und verbrannt. Sein Anblick erinnerte uns daran, daß eben hier, auf einem der lachendsten, glücklichsten Flecken der Erde, alle Greuel jener Zeit aufs furchtbarste wüteten. Ströme von Blut färbten damals die Wellen der Loire, tausend noch im Sterben verhöhnte Schlachtopfer fanden bei den entsetzlichen Najaden den schrecklichsten Tod. Jünglinge und Mädchen wurden paarweise zusammengebunden und in den Strom gestürzt, andere in Kähnen, welche mit Falltüren versehen waren, in die Mitte der Loire geführt, wo der Boden plötzlich unter ihren Füßen wich, und sie dann rettungslos versanken. Wenige Jahre sind seitdem an uns vorübergegangen, der Strom fließt silberhell wie zuvor, denn die unsinnige Wut der Menschen vermag nichts über die ewigen Gesetze der Natur; aber unbegreiflich schien es uns oft, daß diese Menschen wieder lachen, singen, fröhlich ihren Geschäften nachgehen konnten, ohne bei jedem Schritt von den schrecklichsten Erinnerungen ergriffen und gelähmt zu werden. Dies aber zeugt von der Macht der Zeit, von dem wohltätigen Vergessen, womit die gewaltigen Stunden den Menschen allmählich besiegen. Wohl uns, daß dem so ist, und kein Schmerz in unserm ohnehin so kurzen Leben dauernd bleiben kann!

Unter solchen Gedanken und Betrachtungen hatten wir *Tours* erreicht, ehe wir uns dessen versahen, und fuhren über die prächtige Brücke zur Stadt hinein. Diese Brücke schien uns zwar weniger breit, aber nicht viel kürzer als die Blackstairs-Brücke, welche in

London über die Themse führt. Die niedrigen Brustwehren erlaubten uns einen freien Blick hinüber auf das von der Loire durchströmte Paradies und die um die Stadt sich ziehenden Pappelalleen; eine der reizendsten Aussichten, welche wir jemals sahen.

Tours ist vielleicht die hübscheste, freundlichste, reinlichste kleine Stadt in Frankreich. Alles darin hat so ein sauberes, zierliches Ansehen, daß wir dadurch aufs lebhafteste an England erinnert wurden; auch hatten sich hier vor der Revolution viele englische Familien angesiedelt, die aus ökonomischen oder anderen Gründen ihr Vaterland verließen; und wahrscheinlich sind es noch die Spuren ihres ehemaligen Daseins, welche diese Stadt vor allen andern französischen Städten unterscheiden. Die Einwohner von Tours bilden sich nicht wenig auf dieses freundliche Ansehen ihres Städtchens ein und behaupten keck, daß selbst in Paris keine Straße wäre, die sich mit der Hauptstraße ihres Ortes vergleichen ließe. Das heißt im Munde eines Franzosen gar viel gesagt; denn ihm ist Paris die Krone der Welt. Diese gerühmte Straße ist wirklich von beiden Seiten mit schönen, modernen Häusern besetzt, an welchen, ganz nach englischer Art, ein breiter, etwas erhöhter, mit Quadersteinen belegter Fußpfad hinläuft; sie ist breit, schnurgerade und endet in einer schönen Pappelallee, welche dicht vor der Stadt einen bedeutenden Hügel hinaufführt.

Von diesem Hügel übersahen wir noch einmal die artige Stadt, den breiten Strom mit seinen grünen Inseln, die sanft sich erhebenden, mit Reben und Gärten geschmückten Ufer und eine zweite schöne Brücke, die in einiger Entfernung über den Strom sich wölbt. Welch ein Paradies muß hier grünen und blühen, wenn die Bäume ihre belaubten Kronen tragen, die Reben Kränze um sie flechten oder in schönen Gewinden sich über die sie einschließenden Mauern beugen; wenn tausend Blumen aus diesen freundlichen Gärten ihren Duft versenden! Jetzt deckte das frische Grün nur kaum den Boden; der Mandelbaum allein stand rötlich-blühend unter seinen noch schlafenden Brüdern, und doch ward es uns schwer, von diesem Anblick zu scheiden. Noch schwerer würde es uns gewesen sein, hätten wir ahnen können, wie unangenehm unsere Reise von jetzt an werden würde.

Wir fuhren weiter, weil wir es mußten. Nicht lange, so bog der Wagen um eine Ecke, und wie durch den Schlag einer Zauberrute sahen wir uns plötzlich in ein ganz anderes Land versetzt. Öde, flach, unwirtlich breitete sich eine Gegend vor uns aus, der auch nicht ein interessanter Punkt abzugewinnen war, so eifrig wir danach umherblickten. Die Wege wurden sehr schlecht, die Dörfer und Flekken, durch welche wir kamen, nahmen uns alle Lust, den Wagen zu verlassen; so erreichten wir denn, müde und zerschlagen an Seele und Leib, unser Nachtquartier. Es war schon sehr dunkel; dennoch verfolgten uns schreiende Weiber, weinende, halb verhungerte Kinder mit großem Ungestüm bis in unsere Schlafzimmer, um uns Stahlarbeiten und Zahnstocher zu verkaufen. Noch nirgends waren sie so zudringlich gewesen wie hier; auch sahen wir uns genötigt, jede Regung des Mitleids zu unterdrücken und ihnen gewaltsam die Türe weisen zu lassen, um nur zu der uns allen höchst nötigen Ruhe zu gelangen. Der kleine Ort, in welchem wir uns jetzt befanden, heißt *Châtellerault aux-Barres-de-Nintré*. Er liegt nahe an dem kleinen schiffbaren Fluß Vienne und war sonst ein freundliches, nahrhaftes Städtchen. Der starke Warentransport zu Wasser und sehr ergiebiger Fischfang machten die Einwohner zu wohlhabenden Leuten, die ohne große Sorge erwarben, was sie zum stillen, zufriedenen Leben für sich und die Ihrigen bedurften.

Jetzt hatte Bonaparte die Männer ihrem friedlichen Herd entrissen, um seine Marine mit ihnen zu besetzen, besonders die flachen Boote, welche ihn damals ausschließlich beschäftigten, weil er England damit erobern zu können wähnte. Die armen Weiber mußten wohl mit ihren Kindern betteln, um nicht zu verhungern.

Der Regen fiel in Strömen vom Himmel herab, als wir uns am andern Morgen, noch in der Dämmerung, auf den Weg machten. Wir kamen an *Poitiers* dicht vorbei. Die Stadt sah aber so wenig einladend aus, daß wir gar nicht hineinfahren mochten, sondern nur in der Vorstadt anhielten, um die Pferde zu wechseln. In Deutschland, oder gar in England und Holland, ist es unmöglich, sich eine solche kleine Landstadt in diesem Teil von Frankreich vorzustellen; besonders bei Regenwetter ist ihr Anblick das Scheußlichste, was wir kennen. Die elenden Häuser sehen aus, als wären sie aus Kot zusammengeknetet, die seit ihrer ersten Entstehung nie gewaschenen

Fenster vollenden das widrige Bild; oft fehlen sie ganz, und in Öl getränktes Papier oder schlecht zusammengenagelte, unangestrichene Läden ersetzen ihre Stelle. Misthaufen besetzen von beiden Seiten die engen, winkeligen Straßen; alles, was man sieht, läßt den Gedanken gar nicht aufkommen, als ob hier frohe Menschen in freundlich-häuslichen Verhältnissen glücklich leben könnten. Der Anblick einer solchen Stadt ist so traurig beengend, so ekelerregend, daß jeder Fremde die schnelle Beförderung der Posten als eine wahre Wohltat erkennen muß und dem Pariser dessen Verachtung verzeiht, mit welcher letzterer gewohnt ist, auf die Provinz und alles, was provinziell heißt, vornehm herabzusehen. Doch indem wir dies in der Vorstadt von Poitiers, in unserem Wagen sitzend, besprachen und man uns frische Pferde vorlegte, überzeugte uns eine dicht neben uns sich ereignende kleine Szene, daß doch wohl selbst in diesem abschreckenden Orte häusliches Glück und Liebe wohnen können.

Mehrere Fuhrleute fuhren eben mit ihren Karren von dem Hause fort, vor welchem wir hielten, und schlugen die Straße nach Bordeaux ein, die auch wir vor uns hatten. Nur ein einziger zögerte noch, als ob er etwas erwarte. Da kam ein junges, sehr hübsches Weib aus der Stadt, sie trug eine große Fuhrmannspeitsche in der Hand und ein kleines, etwa zweijähriges Mädchen auf dem Arm und eilte, trotz dem eben unbarmherzig strömenden Regen, auf den jungen Fuhrmann zu, der ihr auch einige Schritte entgegenging, sodaß er dicht neben unserem Wagen zu stehen kam. Sie sprachen miteinander recht lange und recht herzlich, doch was sie sagten, konnten wir in ihrem *Patois** nicht verstehen; dann küßte der Mann Frau und Tochter mehrere Mal, nahm dann zögernd die Peitsche und ging zu seinem Wagen, kehrte aber bald wieder, um Frau und Kind noch einmal zu herzen und zu küssen; endlich fuhr er ab, die Frau aber blieb im Regen stehen und sah ihm unverwandt nach. *Papa est déjà bien loin***, stammelte das Kind und zeigte mit dem Händchen nach ihm hin, die Frau weinte und trocknete die Tränen

* *Patois* – Mundart, Sprechweise der Landbevölkerung Frankreichs; im weiteren Sinn aber auch Bezeichnung für eine als unkorrekt und unklar angesehene Sprechweise.

** Papa ist schon sehr weit weg.

mit dem Kleidchen des Kindes, das sie fest an sich drückte. Da klapperte eine alte geschwätzige Nachbarin auf unförmlichen Holzschuhen zu ihr hin, um sie zu trösten, und redete ihr viel von einem großen Sack voll Geld vor, den der Mann aus Bordeaux mitbringen würde; die Frau aber schüttelte traurig und schweigend den Kopf, küßte ihr Kind und ging dann einsam zurück in die Stadt. Der Vorgang ist an sich sehr unbedeutend, für uns aber hatte er etwas Rührend-Erfreuliches, und da er das einzige war, was in diesen Tagen uns freundlich ansprach, so mag er denn auch hier in unseren Erinnerungen sein Plätzchen behalten.

Von Poitiers aus verdiente die Straße kaum noch eine Straße genannt zu werden. Wir fuhren so langsam vorwärts, daß wir in einem elenden Weiler, *maisons blanches* genannt, die Nacht zubringen mußten, weil es für diesen Tag unmöglich war, weiterzukommen. Am andern Morgen entdeckten wir, daß unsere Räder einer Reparatur bedurften, was bei den entsetzlichen Wegen, welche wir bis jetzt gehabt hatten, wohl nicht anders sein konnte. Wir fuhren also nur bis *Angoulême*, wo wir gegen Mittag anlangten, um dort dies Geschäft vornehmen zu lassen. Die eine Hälfte von Angoulême liegt auf einer Anhöhe, und die terrassenartig übereinander sich erhebenden Häuser gewähren, von unten gesehen, einen recht hübschen Anblick; in der Nähe aber ist dieser Teil der Stadt ebenso schmutzig und räucherig, wie die niedriger liegende Hälfte derselben, in welcher wir uns den besten, größten Gasthof des Orts zum Absteigequartier erwählten.

Angoulême ist die größte Stadt in diesem Teile von Frankreich, aber auch die schmutzigste und häßlichste, die wir bis jetzt gesehen hatten. Finster und armselig wie sie war auch unsere Wohnung; alles, was uns umgab, mit einer Kruste von Schmutz überzogen; und wenn wir die Betten ansahen und daran dachten, daß wir hier die Nacht zubringen sollten, so ergriff uns ein unwiderstehlicher Ekel. Selbst die Luft war kaum zu atmen; denn die Bewohner dieses Landes essen den ganzen Tag Knoblauch und verpesten damit die Atmosphäre, in welcher sie leben, bis zu einem fast unerträglichen Grade. Von Reinlichkeit, von allem, was das Leben angenehm und behaglich macht, hat man in diesen Gegenden keinen Begriff; die Leute im Hause verstanden gar nicht, was wir damit wollten, und meinten, alles wäre bei ihnen ganz vortrefflich. So blieb uns denn nichts übrig zu tun, als uns selbst einigermaßen einzurichten, so gut es anging, und fleißig nachzusehen, ob die Arbeit an unseren Rädern gehörig gefördert werde. Der Tag ward uns indessen in diesem unwirtlichen Aufenthalt sehr lang. Wenn wir die träge Unbehilflichkeit der Menschen um uns her betrachteten, so glaubten wir gar nicht mehr in Frankreich zu sein. Ähnliches findet man in Deutschland nicht einmal auf der Lüneburger Heide oder in den abgelegensten Winkeln Westfalens, und dennoch gibt es hier eine Erziehungsanstalt für junge Mädchen. Zu unserm großen Erstaunen vernahmen wir, daß in einem unserem Gasthof gegenüberliegenden großen Gebäude eine solche sich befinde; in jedem andern Lande hätten wir das Haus geradehin für einen Viehstall gehalten. Junge Mädchen aus allen Gegenden Frankreichs werden dahin geschickt, sogar aus Deutschland, selbst aus Amerika; und die Eltern derselben wissen sich wahrscheinlich in der Ferne viel damit, daß sie ihre Kinder in Frankreich erziehen lassen; ja, sie sind unverständig genug zu glauben, auf das trefflichste für die armen Wesen gesorgt zu haben, die sie aus dem Vaterhause in diesen traurigen Aufenthalt verbannten. Je länger wir das Haus uns gegenüber ansahen, aus dessen Türe wirklich zuletzt ein paar kleine verkümmerte Blondinen an der Hand einer ziemlich schmutzig und sehr mürrisch aussehenden Mabonne heraustraten, je höher stieg unser Mitleid mit diesen in die Fremde hinausgestoßenen Kindern. Wir wünschten zuletzt fast in vollem Ernste, daß es noch Zauberer gäbe, die den Eltern in einem Spiegel den Aufenthalt zeigen könnten, in welchem ihre Töchter das schöne Frühlingsleben, das nur einmal uns blüht, hinbringen müßten, um nur dereinst fertig französisch plappern zu können. Wann werden wir endlich aufhören, innerlich das Ausland zu überschätzen, während wir äußerlich, bis zur Ungerechtigkeit gegen dasselbe, mit deutschen Gesinnungen Parade machen? Kein mühsam erworbenes Talent, keine Fertigkeit im französisch Reden und Tanzen, vermag jemals unsern Töchtern die Jugendfreudigkeit und das geistige und körperliche Gedeihen zu ersetzen, welche nur eine im Vaterhause verlebte Kindheit gewährt.

Zwar jene ruhige, einfache Zeit ist nicht mehr, in der jeder hoffen durfte, daß die Bahre, die ihn einst zur letzten Ruhe trägt, an derselben Stelle zu stehen kommen werde, an der einst seine Wiege stand. Und deshalb muß der Sohn früh in die Welt hinaus, damit er den Boden kennenlerne, auf dem er seinen Weg durchs Leben sich wird bahnen müssen; doch das Los der Töchter blieb noch immer ruhigerer Art. Ihre schöne, milde Bestimmung ist, das eigene Glück nur in der Beförderung des Glückes der Ihrigen zu suchen und zu finden; und hier kann ihre Führerin nur die höchste, reinste Anspruchslosigkeit sein, die in der Fremde so leicht zerstört oder in beklommene Schüchternheit verwandelt wird. Die Töchter gleichen den Frühlingsblumen, die nicht durch viele Hände gehen können, ohne den zarten Duft zu verlieren, der ihnen den höchsten Reiz verleiht; darum lasse man sie doch ruhig auf dem heimischen Boden erblühen, den ein günstiges Geschick ihnen anwies, im Hause des Vaters, unter den Augen der Mutter, im Kreise von Geschwistern und Verwandten. Ruhen wirklich bedeutende Anlagen in ihnen, so entwickelt die Zeit sie gewiß; und auch die helfende Hand, deren sie zu dieser Entwicklung bedürfen könnten, wird in unseren Tagen, selbst in kleinen Orten, sich fast immer finden lassen, sobald man nur geschickt und behend sie zu ergreifen weiß. Daß man sehr liebenswert und geliebt, sehr geachtet, sehr glücklich sein könne, ohne fertig französisch Reden und französische Pas* tanzen zu können, leidet übrigens keinen Zweifel.

Unter solchen und ähnlichen Betrachtungen brachten wir den verdrießlichen Abend in Angoulême hin. Am folgenden Morgen war endlich alles zur Fortsetzung unserer Reise bereit, und wir bestiegen unsern Wagen, herzlich froh über die Erlösung aus all dem Elend. Aber gleich nach der ersten Station fanden wir die Wege völlig bodenlos. Unser gar nicht schwerer englischer Wagen, den sonst drei Pferde sehr bequem fortzogen, mußte mit sechsen bespannt werden; und auch diese vermochten es kaum, uns mit aller Anstrengung ihrer Kräfte aus den Löchern herauszuziehen, in die wir bei jedem Schritt aufs neue bis an die Achse des Wagens versanken. Die Kärrner**, denen wir begegneten, selbst die Bauern, die im Fel-

* *Pas* (franz.) – Tanzschritte, Tanzbewegung.

** *Kärrner* – veraltet für Fuhrmann.

de arbeiteten, alles lief geschäftig herbei, um unsern Postillionen die Pferde prügeln zu helfen. Es schien dies eine bei ihnen gewöhnliche Höflichkeitsbezeigung gegen Reisende zu sein, für welche sie auch ihrerseits ein kleines Gratial* erwarteten. So entsetzlich es uns auch war, die armen Tiere so martern zu sehen, so mußten wir es dennoch ohne Widerrede geschehen lassen, wenn wir nicht auf der Straße liegen bleiben wollten. Das Regenwetter hatte das Land umher in einen großen Morast verwandelt; im Sommer bei ganz trokkenem Wetter kommt man auf diesem aus lauter Lehm und Ton bestehenden Boden wahrscheinlich besser fort.

In *Montlieu* mußten wir übernachten; dort fanden wir alles im Superlativ: Unreinlichkeit, Knoblauchduft und die bitterste Armut. Zum Einheizen brachte man uns Hobelspäne statt des Holzes; Butter und Kaffee waren den Leuten Dinge, die sie kaum dem Namen nach kannten; im ganzen Hause befand sich kein einziges Fenster, zerbrochene Läden ersetzten ihre Stelle. Das übrige Ameublement war dem angemessen, die Betten mag die Phantasie des Lesers sich selbst malen.

Mit großem Geschrei drang ein halbes Dutzend Weiber ins Zimmer herein, um uns auf ihre Art zu bedienen. Aus den Lumpen, die um sie her flatterten, dem wilden Haar, das unter kleinen, weiß gewesenen Mützen ihnen übers Gesicht und über den Nacken herabhing, war es fast unmöglich, Spuren einer menschlichen Gestalt herauszufinden. Alle redeten zugleich auf uns ein, wir verstanden kein Wort von ihrem kauderwelschen Patois; sie ihrerseits verstanden uns ebensowenig, also konnten wir nichts weiter tun, als diese Nymphen fürs erste hinaus zu komplimentieren, und dann den Rest einer Flasche Lavendelwasser auszugießen, das bei ähnlichen Gelegenheiten uns schon treffliche Dienste geleistet hatte. Unser Bedienter hatte indessen in der Nachbarschaft fouragiert** und wirklich sechs Eier und einen uralten Hahn erbeutet, aus dem er uns eine Suppe kochte, ohne daß die Leute im Hause dabei helfen durften. Durch einen besonderen Glücksfall fand sich im Wagen auch noch eine Flasche Wein und die Überbleibsel einer kalten Pastete.

* *Gratial* – veraltet für Trinkgeld, Geschenk.

** *fouragieren* – Verpflegung besorgen.

So war denn unsere Wirtschaft für diesen Abend recht gut zigeunerhaft eingerichtet; wir trösteten uns dabei mit der Hoffnung, morgen in Bordeaux das Ende aller unserer Not zu erreichen.

Von Montlieu aus hatten wir noch sechs entsetzliche Meilen* bis *Cubzac* vor uns. Daß wir auf diesem Wege nicht umgeworfen wurden, grenzt an Wunder. Der Weg war weit ärger als alle, die wir bis dahin zu überstehen gehabt hatten, jeder Schritt drohte uns die augenscheinlichste Gefahr. Dennoch gelangten wir ohne allen Unfall bis an das Ufer der Dordogne, dicht bei dem Städtchen Cubzac. Hier mußten wir in einem Mittelding von Fähre und Nachen über den Strom setzen, der dort beträchtlich breit und ziemlich reißend ist. Zwei Stunden harrten wir am Ufer, ehe alles zur Überfahrt bereitet ward. Wir sahen uns hier plötzlich zu einem ganz andern Volk hinversetzt. Jede Spur des plumpen, dummen Phlegma der Bewohner von Poitou und Limoges war verschwunden. Wir befanden uns mitten unter den Gascognern, den leicht beweglichsten Bewohnern Frankreichs, vielleicht der Welt, das sagte uns alles, was wir sahen. Eine Menge Menschen von wildem Ansehen versammelte sich im Nu um unsern Wagen; Männer, Weiber, Kinder, die Schiffer, alles fluchte, schimpfte, lachte, schrie durcheinander, in rauhen, uns ganz unverständlichen Tönen, ohne daß wir begreifen konnten, warum der Lärm entstand. Es war, als ob gleich ein allgemeiner Faustkampf beginnen sollte; jeder Versuch, zu diesen Leuten zu sprechen, war vergeblich, sie hörten gar nicht auf uns. Ihr wüstes Geschrei, die Heftigkeit in all ihrem Tun gab uns im Kleinen ein schauerliches Bild von dem, was sie vor wenigen Jahren gewesen sein mochten, als sie mit blutigen Händen die Herrschaft im Lande übten. Wir stiegen also wieder in unsern Wagen, machten die Fenster dicht zu, um dem Knoblauchodem zu entgehen, mit dem sie ringsumher die Luft verpesteten, und erwarteten gelassen, was sie über uns beschließen würden. Nach unendlichem Toben brachten sie uns ziemlich ungeschickt in das zur Überfahrt bestimmte Fahrzeug und spannten ein Segel auf. Der

* *Meilen* – gemeint ist die *geographische Meile*, die rund 7,42 km beträgt.

Wind wehte heftig, der ohnehin reißende Strom schlug beträchtliche Wellen, und die Bewegung des kleinen Schiffes wurde dadurch so unangenehm, daß wir gewiß alle seekrank geworden wären, wenn die ziemlich lange Fahrt noch eine Viertelstunde länger gewährt hätte.

Endlich landeten wir unter ebenso großem Geschrei und Lärmen als bei der Abfahrt. Die Pferde standen schon bereit, wir hatten noch drei Meilen vor uns bis zur *Bastide**, welche Bordeaux gegenüber, diesseits der Garonne liegt. Der Weg war vortrefflich, und dies war uns etwas ganz Ungewohntes nach allen überstandenen Plagen und Leiden.

Der Landstrich, den wir jetzt durchstreiften, heißt *Entre-deux-Mers*, eine ebene Fläche, auf der kein vorzüglich guter Wein wächst. Dennoch bauen die Einwohner fast nichts anderes, und wir fuhren durch eine ununterbrochene Reihe von Weingärten hin. Es dämmerte schon, als wir die Bastide erreichten, deshalb fanden wir es geratener, noch diese Nacht in dem diesseitigen ganz erträglichen Gasthof zu bleiben, als so spät über die Garonne zu setzen und bei dunkler Nacht in Bordeaux anzulangen. Dort gedachten wir, uns mehrere Wochen aufzuhalten, und wollten deshalb lieber am Tage und mit Muße eine bequeme Wohnung aussuchen; auch waren wir so ermüdet, daß wir nichts anderes denken mochten als: ausruhen.

Ankunft in Bordeaux

In einem weiten Halbzirkel lag *Bordeaux* am andern Morgen vor uns, hart am Ufer des breiten Stroms, der hier eine große Krümmung macht. Die Morgensonne vergoldete die schönen Gebäude am Quai, das alte feste Schloß *Château Trompette*** und die bunten Flaggen und Wimpel der still vor Anker liegenden großen Seeschiffe; funkelnde Lichter spielten auf den hüpfenden Wellen der Garonne. Der Anblick war bezaubernd. Unzählige

* *La Bastide* – ehemalige Vorstadt von Bordeaux am rechten Ufer der Garonne, heute Stadtteil.

** *Château Trompette* – ehemalige Festung am Ufer der Garonne, deren Zerstörung 1785 begann; heute befindet sich an ihrer Stelle der *place des Quinconces*.

Schaluppen eilten geschäftig zwischen den Schiffen hindurch, Fischerkähne, ankommende Marktschiffe, Nachen von allen Formen vermehrten das bunte, lustige Gewimmel. Es war ein fröhliches Rufen, Jauchzen, Singen auf allen diesen verschiedenartigen Fahrzeugen, alles verkündete uns die Nähe eines Marktes der Welt unter dem schönsten Himmelsstrich, bewohnt vom lebendigsten Volk der Erde. Langsam wand sich die Fähre, auf der wir uns befanden, durch das lustige Leben auf dem Strome, ähnliches jauchzte uns vom Ufer entgegen, da war ein Treiben, ein Ein- und Ausladen, ein Rasseln der Lastwagen, das uns betäubend geworden wäre, hätte nicht alles, was wir sahen, uns durch heimatliche Erinnerungen immer wieder aufgeregt.

Im *Hôtel de Fûmel*, einem der schönsten Häuser der Stadt, fanden wir eine überaus bequeme, angenehme Wohnung. Sonst gehörte es der damals ausgewanderten, alten, angesehenen Familie, deren Namen es noch trug und die durch manche liebenswürdige Eigenschaft sich während der Zeiten der Emigration auch in Deutschland Achtung und Freunde zu erwerben wußte. Der jetzige Besitzer, ein ehemaliger Diener der vorigen, hatte es zu einem der besten und dabei billigsten Gasthöfe eingerichtet; die Ordnung und Reinlichkeit in diesem Hause setzte uns nach allem, was wir bisher gesehen hatten, in freudiges Erstaunen. Diese Ordnung und Reinlichkeit aber scheint uns ein Vorzug aller großen Seehäfen in jedem Lande; der häufige Verkehr mit Fremden, besonders mit Engländern und Holländern, ist wohl die Hauptursache desselben, und unerachtet der Entfernung vom Meer nimmt Bordeaux doch einen bedeutenden Rang unter den Seehäfen ein, denn selbst die Kauffahrteischiffe* finden auf dem Strome dicht an der Stadt einen bequemen Ankerplatz.

Unsere Wohnung gewährte uns eine der schönsten, belebtesten Aussichten, die nur irgendeine Stadt aufzuweisen vermag. Wenn wir aus den nach Landessitte bis auf den Fußboden hinabreichenden großen Fenstern hinaustraten auf den schmalen Balkon, der rings um das Haus sich hinzog, so übersahen wir mit einem Blicke den großen Strom voll Leben und über ihn hinaus die schönen, sanft

---

* *Kauffahrteischiffe* – veraltet für Handelsschiffe.

sich erhebenden Anhöhen des entgegengesetzten Ufers mit allen ihren Schlössern, Dörfern und einzelnen Landhäusern. Dazwischen grünten Felder und Wiesen. Zypressen, Pappeln, Fruchtbäume aller Art erheben fröhlich ihre Wipfel in die blaue, sonnige Luft. Nie vergessen wir den Anblick, wenn die sinkende Abendsonne die ganze himmlische Aussicht mit funkelndem Rosenlicht bestreute; nie den Frühling, dessen allmähliches Heranschleichen wir schon am Ende des Februar aus diesen Fenstern belauschten. Bald hier, bald da wagte ein Baum, eine Hecke, ein Busch ihre Blüten und Knospen hervor, bis ein grünlicher, duftender Schleier immer dichter und dichter alles leise überzog, und zuletzt die volle Pracht des Frühlings in Laubgewölb und Blütenranken plötzlich vor uns stand.

Bordeaux ist eine der größten Städte in Frankreich; damals zählte man über hunderttausend Einwohner darin. Verhältnismäßig aber ist die Stadt mehr lang als breit; denn am Ufer des Stroms ist ihr eigentliches Leben, und alles strebte, dort sich anzubauen. Frühmorgens wandelten wir gern längs der Garonne hin und ergötzten uns an dem emsigen, fröhlichen Treiben des arbeitsamen Volkes. Rechts von unserem Haus kamen wir zuerst am Weinmarkt vorbei, den wir auch von der einen Seite unserer Wohnung übersehen konnten. Hier nahm das lustige Gewimmel vom Morgen bis zur sinkenden Nacht kein Ende. Etwas weiter, immer längs dem Strom, kommt man an einen großen, freien Platz, an welchem die Börse erbaut ist, ein ganz modernes, großes, etwas wunderliches Gebäude. Kunstverständige wissen vieles daran auszusetzen, uns selbst erschien es nicht ganz tadellos, doch macht die Fassade desselben auf diesem Platz einen ganz angenehmen Effekt. In nördlicheren Handelsstädten, z. B. in London, in Amsterdam, in Hamburg, versammeln sich die Handelsherren unter freiem Himmel, auf Höfen ähnlichen, ganz offenen Plätzen, die eine oben bedeckte *Kolonnade* umgibt, unter welcher sie bei zu unfreundlichem Wetter Schutz suchen können. Hier aber hat man, der drückenden Sonnenhitze wegen, eine andere Einrichtung getroffen. Die Börse ist ein ungeheuer großer Saal. Uns schien es ein arger Mißbrauch, daß viele mit unzähligen Kleinigkeiten angefüllte Buden den Raum darin verengen und ihm das imposante Ansehen rauben, welches er ohne dieses haben würde. Eine wunderliche Art von Kuppel wölbt sich hoch über den Saal; eigentlich ist es keine Kuppel, wir können diese sonderbare Bedachung nur mit den altmodischen, aus Brettern zusammengenagelten Lauben vergleichen, die man noch hier und da in kleinen Hausgärten findet. Sie wölbt sich nur von zwei Seiten über den unteren viereckigen Raum, von den beiden andern steigen die oben abgerundeten, ganz flachen Seitenwände bis zu ihrer höchsten Höhe und schließen sich an. Die Fenster sind in langen, schmalen Streifen in den beiden gewölbten Seiten der Bedachung angebracht, und machen, von unten gesehen, einen ganz eigenen, feierlichen Effekt. Unter den Fenstern hin läuft eine ziemlich breite Galerie rings um das Gebäude, die aber zur Börsenzeit immer verschlossen bleibt. Ein großer Saal stößt an diese Galerie, den ein hiesiger Maler recht artig dekorierte; er wird bei feierlichen Gelegenheiten zu Volksfesten, öffentlichen Bällen und großen Mahlzeiten gebraucht, während des Jahrmarkts werden auch in diesem Saal eine Menge Buden errichtet.

Wenn wir die Börse und den großen Platz vor derselben verlassen, um den Strom weiter zu verfolgen, so führt uns der Weg zuerst auf den breiten, mit einer langen Reihe schöner, großer Häuser besetzten Quai. Der von ihm begrenzte Strom voll Getümmel und die entgegenstehenden Ufer gewähren auch hier eine unendliche Mannigfaltigkeit der lachendsten Aussichten; ja, nirgends wohl findet man das Gewühl einer großen Stadt so vereint mit allen Reizen ländlicher Natur. An die Häuser auf dem Quai reihen sich eine Menge Speicher, Magazine, *Chays*. Den letzten Namen führen hier die Weinniederlagen*, von denen aus Europa und die halbe Welt versehen wird. Auf diese folgen die Schiffswerften. Der Geruch von Teer und Pech verkündet sie schon von weitem. Ewig wird dort gehämmert, gesägt, Teer gekocht und ganz unbändig geschrien, denn ein schweigender Gascogner wäre im wachen Zustande etwas nie Geschehenes. Hier, wo bald ein neues Schiff vom Stapel läuft, bald ein altes kalfatert wird, wo es ewig zu schaffen, zu fragen, zu holen gibt, ist dies Volk ganz in seinem Element und übt die Gewalt seiner

* *Niederlage* – veraltete Bezeichnung für Stapelplatz, Lager, Aufbewahrungsort für Waren. Das französische Wort *chai* bedeutet Weinlager, ebenerdiger Weinkeller.

Lungen nach Herzenslust. Eine ungeheure Anzahl der platten Boote lag damals teils halb, teils ganz fertig da. Ob Bonaparte es sich selbst weismachte, daß er mit diesen Nußschalen England erobern könne, oder ob er die Welt absichtlich damit irreführen wollte, wird wohl ewig unentschieden bleiben. Damals wurde so eifrig daran gearbeitet, als müßten alle in der nächsten Woche fertig werden; ihre Anzahl lief ins Unglaubliche; ungenutzt sind sie jetzt spurlos verschwunden, mit ihnen die großen Summen, welche sie dem Land kosteten.

Abb. 3: Weinlager in Bordeaux.

An den Schiffswerften vorbei, am äußersten Ende der Stadt von dieser Seite, gelangt man an das Findelhaus, immer noch am Ufer der Garonne. Dieses schöne, große Gebäude macht durch seine sehr zweckmäßige Einrichtung den wohltätigen Gesinnungen der Bewohner von Bordeaux alle Ehre, obgleich dessen starke Bevölkerung nicht sonderlich für ihre Sitten spricht. Ein mit Betten versehenes Turniket*, dicht am Eingang, nimmt das von aller Welt verlassene, kleine, hilflose Wesen zu jeder Stunde des Tages oder der Nacht auf, und fast kein Tag im Jahr vergeht, an welchem nicht mehrere Kinder auf diese Weise dem allgemeinen Erbarmen übergeben werden. In dem vor unserer Ankunft verflossenen Monat waren allein siebenunddreißig Mulattenkinder in das Haus gebracht worden. Alle Kinder, schwarze und weiße und braune, werden mit gleicher Liebe aufgenommen und verpflegt, ohne Hinsicht auf Farbe oder Nation. Ein Zug an der neben dem Turniket angebrachten Klingel meldet im Hause sogleich den neuen Ankömmling; die Person, die ihn brachte, hat Zeit, sich ungesehen zu entfernen, ehe man kommt, das Kind hereinzunehmen, welches indessen doch sehr schnell geschieht. Die ganz jungen Kinder werden zu einer Amme auf das Land gebracht, wo sie bleiben, bis sie der ersten mütterlichen Pflege entwachsen sind. Dieses der Wohltätigkeit geweihte Haus ist eines der letzten in der Stadt. Verfolgt man noch ferner den Strom, so gelangt man bald an das freundliche Dorf *Bègles*, dessen mit Weinlaub überwebte weiße Häuser uns lebhaft an die Dörfer am Rhein erinnerten.

Der Charteron

Linker Hand vom Hôtel Fûmel, am Ufer der Garonne, stößt man zuerst auf das in den letzten Zeiten so oft von den öffentlichen Blättern erwähnte *Château Trompette*, ein uraltes, fast noch im maurischen Stil erbautes, festes Kastell. Zur Zeit seiner Entstehung war es gewiß eine recht bedeutende Veste**, zur Sicherung der Schiffahrt auf dem Strome erbaut. Jetzt wird es nur noch zu Kasernen und Kriegsmagazinen benutzt. Die uralten Türme, die dunklen, zackigen Mauern bilden einen gar angenehmen Kontrast mit den sie rings umgebenden, freundlicheren Gegenstän-

* *Turniket* – eigentlich *Tourniquet*: veraltet für Drehkreuz an Eingängen, Wegen.

** *Veste* – veraltet für Feste.

den und dem Strom, an dessen Ufer sie schon seit vielen Jahrhunderten dastehen, ernste Zeugen des Wechsels der Zeiten und manchen blutigen Kampfes. Vom jenseitigen Ufer nimmt sich das alte Schloß höchst malerisch aus, besonders da in seiner Nähe die Boote und die Fähren landen und abgehen und nirgends das Getümmel des Hafens sich lebendiger regt, als an dieser Stelle.

Wenige Schritte weiter kommt man in ein Gewimmel anderer Art. Dort thronen die furchtbaren *Poissarden** unter ihren ungeheuer großen, leinenen Regenschirmen, die, im Boden befestigt, sich wie ein Zelt über die Eigentümerinnen ausbreiten. Wer nicht gerade mit ihnen etwas zu verhandeln hat, macht gern einen Umweg, um nicht unter sie zu geraten, besonders an den bestimmten Markttagen, wo sie alle *in pleno* versammelt dasitzen. Diese Weiber geben an Wildheit und Rohheit ihren berühmten Schwestern in Paris, den *Dames de la halle***, nichts nach. Wie jene scheinen sie ihre Abkunft von einem eigenen Stamm abzuleiten. Riesenartig groß, von unglaublicher physischer Kraft, muß jeder Fremde sie auf den ersten Anblick für verkleidete Lastträger halten; ihr Benehmen, ihre rauhen Baßstimmen, ihre Physiognomie müssen ihn in diesem Irrtum bestärken. Die zotenartigsten Späße, ganz unerhörte Flüche und Schimpfwörter schreien sie den ganzen Tag einander mit der größten Vehemenz zu. Niemand, der nicht zu ihrer Klasse gehört, darf ungestraft an ihnen vorbei, und wehe dem, der nur die kleinste Notiz von ihren Neckereien nimmt, sei es im Ernst oder Scherz, und nicht ganz still seinen Weg weitergeht. Vollends verloren ist der Unglückliche, der eine dieser Damen beleidigt. Zwar leben sie untereinander in ewigem, oft blutigem Kriege, aber sobald es darauf ankommt, die allgemeine Ehre zu rächen, entsteht auch ein allgemeiner Waffenstillstand. Gleich sind alle ein Herz und eine Seele und fallen mit fürchterlichem Brüllen über den Frevler her, ohne Rücksicht auf seinen Stand; sie umzingeln ihn dicht von allen Seiten, und er hat von Glück zu sagen, wenn er mit ganz heiler Haut dem furchtbaren Kreise dieser Furien entrinnen kann. Viele

* *Poissarde* (franz.) – Fischverkäuferin, Marktfrau.

** *Dames de la halle* (franz.) – Pariser Marktfrauen.

ihrer auserlesensten Späße und Flüche sind von Liebhabern gesammelt und in Druck gegeben, aber nicht leicht wird jemand diese Lektüre lange aushalten. Manche dieser Redensarten sind durch Traditionen von der Mutter auf die Tochter vererbt, die pikantesten aber erfinden sie selbst gleich aus dem Stegreif für den Bedarf des Augenblicks, oft mit echt aristophanischem Witz. Treffend, geistreich sogar sind diese Ausbrüche ihrer guten und bösen Laune, je nachdem sie bloß necken oder Ernst machen wollen, besonders ihre Vergleichungen der einander fremdartigsten Dinge und ihre Gleichnisse. Am riesigsten zeigt sich ihre Phantasie in Erfindung der gräßlichsten Flüche; sie grenzen zuweilen ans Erhabene; die größten Hyperbeln sind ihnen wie ein Sandkorn, wenn sie so recht in Zorn geraten, und auf jeden neuen Fluch, jedes frisch ersonnene Schimpfwort folgt Schlag auf Schlag Erwiderung von der Gegenpartei im nämlichen Geiste. Es ist unmöglich, hier Beweise davon niederzuschreiben, aber Rabelais* selbst dürfte sich vieler ihrer Einfälle nicht schämen. Der Dialekt dieser wunderlichen Kaste ist ein Gemisch von gascognischem Patois und schlechtem Französisch, deshalb oft unverständlich, dabei sehr rauh und übelklingend.

Vom Fischmarkt kommen wir in den elegantesten und belebtesten Teil der Stadt, den *Charteron***. So heißt der sehr lange Quai, der auf dieser Seite sich längs der Garonne hinzieht. Er ist der eigentliche Tummelplatz des hier alles beseelenden Handels; unaufhörlich rasseln dort die mit den schönsten, großen, weißen Ochsen bespannten Lastwagen, werden mächtige Fässer in und aus den Kellermagazinen gerollt. Dort hämmern die Bötticher***, es wird geschrien, geflucht, gelacht, gearbeitet, vom frühen Morgen bis zur Dämmerung, ohne Rast und Ruhe. Nicht minder lebendig geht es auf dem Strome her, wo tausend mannigfaltig gestaltete Fahrzeuge einander immerfort durchkreuzen. Die un-

* *François Rabelais* (um 1494 bis 1553) – französischer Humanist, Arzt und Schriftsteller, dessen Bücher über den Riesen Pantagruel voll Witz und Phantasie waren.

** *Charteron* – eigentlich *Chartron*, mit dem Stadtteil St. Seurin damals die vornehmste Gegend von Bordeaux.

*** *Bötticher* oder *Böttcher* – Faßbinder.

absehbar lange Reihe stattlicher Häuser, welche dieser Quai von der Landseite begrenzt, wird fast von lauter fremden, hier ansässig gewordenen, bedeutenden Kaufleuten bewohnt, unter welchen wohl die Mehrzahl Deutsche sind. Diese hohen, aber selten über vier bis fünf Fenster breiten Häuser haben ein etwas reichsstädtisches Ansehen. Was ihnen an Breite abgeht, ersetzt die Tiefe; fast alle umschließen einen innern Hofraum, auf dem die hier so ganz unentbehrlichen Küper* ihr Wesen treiben. Selten wird ein Haus von mehreren Familien bewohnt, weil die Comptoire** viel Platz wegnehmen, und der überflüssige Raum zur Aufspeicherung der Waren benutzt wird.

Die schöne, breite Straße Chapeaurouge und die Straße Tourny, ganz in der Nähe des Charterons, werden zu demselben Quartier gezählt. Da sie nicht unmittelbar an die Garonne grenzen, so ist der Lärm in ihnen weniger groß. Es würde deshalb angenehm sein, dort zu wohnen, wenn nicht die Häuser des Charterons den Vorzug einer wunderschönen Aussicht auf den Strom voraushätten. Eine schöne Allee in der Mitte der Straße Tourny gibt letzterer einen eigenen Reiz, da das große, prächtige Theater an einem Ende der Allee gegenüberliegt. Dieses Schauspielhaus wird für das größte und schönste in Frankreich gehalten, selbst Paris nicht ausgenommen. Die große Hauptfassade, mit Säulen, Statuen und allem architektonischen Schmuck reich verziert, gewährt von der Allee aus einen schönen, imposanten Anblick. Ihr gegenüber, am andern Ende der Allee, liegt das mit einer artigen Kolonnade verzierte Kaffeehaus *de Foix*. Die Häuser zu beiden Seiten der Allee enthalten meistenteils Magazine, in welchen Bijouterien, Modesachen und andere zum Luxus gerechnete Waren verkauft werden. An schönen Morgen ist deshalb die Allee Tourny ein Lieblingsspaziergang der eleganten Bordelaiserinnen.

---

* *Küper* oder *Küfer* – Faßbinder; meist jener, der die Fässer zur Lagerung des Weines herstellt und instandhält; der Weinküfer überwacht auch den Vorgang der Gärung des Weines.

** *Comptoir* – veraltet für *Kontor*, Geschäftsraum eines Kaufmannes, Handelsniederlassung.

Die innere Stadt

Der ganze Teil von Bordeaux, dessen wir bis jetzt erwähnten, wird nur als eine Art Vorstadt betrachtet, obgleich er wohl der beträchtlichste ist. Die eigentliche Stadt ist hinter demselben landeinwärts gebaut und kann sich weder in Hinsicht der Schönheit noch der Lebendigkeit mit jenem vergleichen. Zwar ist die Stadt groß und weitläufig genug, aber ihre engen, winkeligen Straßen laufen in mannigfachen Krümmungen, wie durch Zufall entstanden, in und durch einander hin; sie sind schmutzig, nachts auffallend schlecht erleuchtet, und man atmet hier nicht die reine, stärkende Luft wie dort, wo die erquickenden Düfte der Blumen und Bäume vom andern Ufer über den Strom herüberwehen.

An schönen Häusern, großen, öffentlichen Gebäuden fehlt es auch in der inneren Stadt nicht, aber an sie grenzen stets elende, verfallene Hütten, Wohnungen des bittersten Elends und der empörendsten Unreinlichkeit. Mitten in diesem dunklen Labyrinth finsterer, verworrener Straßen bringt hier und da ein freier großer Platz Luft und Licht. Der merkwürdigste unter diesen war uns der Platz *Dauphine*. Hier stand während der Schreckenszeit die mörderische Guillotine. Das Blut vieler Hundert achtbarer Bürger und Hausväter, blühender Mädchen und edler Frauen floß hier unter dem Henkerbeil und strömte täglich, nach der Versicherung von Augenzeugen hell und klar wie ein Bach, durch die Abzugskanäle der benachbarten Straßen. Eine große Grube auf dem benachbarten Gottesacker der Kirche *St. Seurin* empfing die Toten; ohne Unterschied, ohne Sarg wurden sie hineingeworfen, bis das entsetzliche Grab angefüllt war und ein neues geöffnet werden mußte. Die Schranken, welche den Kirchhof von der Straße trennten, waren eingerissen und noch nicht wieder erbaut. Achtlos wandelte die Menge über diese Ruhestätten hin, deren niedrige, mit jungem Grün sich eben schmückende Hügel wir nicht ohne Schauer und Rührung betrachten konnten. Ziegen weideten darauf, und Kinder spielten vielleicht über den Gebeinen ihrer nächsten Verwandten. Die alte, von innen ganz zerstörte Kirche St. Seurin trägt auch von außen noch sichtbare Spuren jener dem Geiste der Verwüstung hingegebenen Zeit. Verödet steht sie bei den weiten Gräbern, ein dunkles, schauerliches Monument.

Es liegt ein unerklärbares Etwas tief in uns, welches uns zwingt, gern von Dingen zu hören, die mit Grausen erfüllen. Ein ähnliches Gefühl treibt uns, von vergangenen Schrecknissen und jammervollen Tagen zu sprechen, deren Erinnerung uns dennoch jedesmal mit neuem Schmerz ergreift. So kam es denn, daß auch unsere Freunde und Bekannten in Bordeaux uns oft mit Erzählungen ihres damaligen Elendes unterhielten, und wir aufmerksam, wenn auch schaudernd, ihren Erzählungen zuhörten. Viele von ihnen waren beim ersten Ausbruch des Sturms glücklich ins Ausland entflohen. Wie durch ein Wunder entkamen diese oft der Gefahr, auf der Flucht entdeckt zu werden; der schmählichste Tod wäre dann die sichere Folge davon gewesen. Die Unglücklichen aber, welche, gezwungen von häuslichen Verhältnissen, dableiben mußten, litten, nach ihren eigenen Geständnissen, zehnfach den Tod durch die grauenvolle Erwartung dessen, was ihnen die nächste Stunde bringen konnte. Morgens früh, wenn eben der Tag zu dämmern begann, horchten sie in ihren dicht verschlossenen Zimmern auf die weit durch die öde Stille schallenden Fußtritte der Todesboten, die allmählich sich ihrer Haustüre näherten. Jetzt waren sie ganz nahe, schon erwarteten die Opfer das entsetzliche Klopfen an ihrer Tür, es ging vorüber. Aber der furchtbare Schlag dröhnte an dem nahen Hause des Nachbars, des Freundes, des Verwandten, des Bruders. Sie hörten die Türen sprengen, das Weinen und Klagen der bekannten Stimmen der Frauen und Kinder, hörten das Opfer wegführen zum sicheren Tode, noch ehe die nächste Sonne sank, und erwarteten morgen das gleiche Schicksal.

Diese entsetzlichen Szenen wiederholten sich täglich mehrere Male und immer in der frühesten Morgenstunde, besonders auf dem Charteron, wo die Wohlhabenheit der Bewohner die Mörder unwiderstehlich anzog. Freiwillig folgten die Frauen ihren Männern ins Gefängnis, oft in den Tod, wenn nicht die Sorge für die Kinder sie zur Erhaltung des Lebens zwang. Alle Handlungsbücher*

---

* *Handlungsbücher* – veraltete Bezeichnung für Bücher, die über den Geschäftsgang einer Kaufhandlung geführt werden.

und Papiere der Verhafteten wurden, oft aus zehn verschiedenen Häusern zugleich, mitgenommen und ohne Unterschied auf Wagen geworfen, um dann in großen Haufen bald hier bald dort aufgeschüttet zu werden, so daß es hernach unmöglich war, sie wieder aufzufinden. Der Schaden, welchen allein dies ganz unnütze Verfahren den Handelshäusern brachte, ist unermeßlich.

Der Urheber aller dieser Greuel in Bordeaux war ein einziger, sonst ganz unbedeutender Mensch, ein abgesetzter Schulmeister, der die Gunst Robespierres zu gewinnen gewußt hatte und dann mit unersättlicher Mordlust die Gewalt benutzte, die ihm gegeben war. Robespierres Fall* zog auch den seinen nach, er endete fürchterlich auf dem nämlichen Platze, wo er das Blut so vieler vergossen hatte. Unter dem mordlustigen Geschrei des wütenden Pöbels mußte er auf einem Karren den Weg zur Guillotine antreten. Steinwürfe trafen ihn von allen Seiten, die furchtbaren Poissarden, in wirkliche Furien verwandelt, drängten sich um den Karren mit wütendem Geschrei, die Nationalgarden konnten oder wollten ihnen nicht mehr widerstehen. Das Ungeheuer wäre lebendig zerrissen worden, hätte sich der Karren nicht in diesem Augenblick der Guillotine genähert. Da nahm aber der Verbrecher einen günstigen Moment wahr und sprang mit *einem* Satz auf das Gerüst, in den Tod, als sei dort für ihn eine Freistatt.

Einen angenehmeren Eindruck als die öden, blutbefleckten Mauern von St. Seurin machte auf uns der Anblick der großen, im gotischen Geschmack erbauten, uralten Kathedralkirche. Auch hier sind zerstörende Hände geschäftig gewesen, doch ist vieles noch erhalten. Das hohe, wunderbar sich durchkreuzende Gewölbe wird noch von der Pracht der alten gemalten Fenster beleuchtet. Vieles alte, künstliche Schnitzwerk, viele Gemälde und die marmorne Kanzel sind noch unbeschädigt vorhanden. Man arbeitete fleißig daran, die Kirche wieder ganz herzustellen, und dies verhinderte uns, alles genauer zu betrachten.

Der ehemalige Palast des Bischofs steht unfern der Kathedralkirche. Dieses große, stattliche Gebäude war jetzt dem Präfekten

---

* *Maximilien de Robespierre* hatte eine fast unumschränkte Machtstellung während der Schreckensherrschaft der Jakobiner 1793/94. Er wurde am 27. 7. 1794 gestürzt und am folgenden Tag mit seinen politischen Freunden guillotiniert.

zur Wohnung eingeräumt, und der Bischof muß sich mit einer demütigeren begnügen. Ein großer Seitenflügel des Palastes, mit einem besonderen Eingang von der Straße her, war für die Gerichtspflege bestimmt; wir traten einen Augenblick hinein. Mit großer, heftig gestikulierender Beredsamkeit von seiten der Advokaten ward eben ein Kriminalprozeß öffentlich verhandelt. Dem Platz der Richter gegenüber saßen eine Menge Zuschauer, größtenteils aus den niedern Ständen, sehr aufmerksam da. Wir konnten gar nicht vernehmen, wovon eigentlich die Rede war, denn die Advokaten sprachen so schnell, so heftig, dazu in ziemlich gascognischem Dialekt, daß es uns Ausländern unmöglich ward, dem Strom ihrer Worte zu folgen. Dieses und der von den Zuhörern ausströmende Knoblauchduft vertrieb uns bald wieder. Draußen im Vorsaal standen auch viele Leute, und eine Menge von Advokaten lief geschäftig durch ihre Reihen und sprach bald mit diesen bald mit jenen, vermutlich mit ihren Klienten, die ungeduldig erwarteten, daß auch an sie die Reihe komme einzutreten. Die Advokaten waren ganz wie vor der Revolution gekleidet, so wie man sie noch auf dem französischen Theater sieht, schwarz, mit langen, fliegenden, schneeweiß gepuderten Haaren, die sich tief auf dem Rücken in Locken schlagen; dazu einen schmalen, von den Schultern herabhängenden Mantel.

Die Ruinen eines alten römischen Amphitheaters in diesem Teil der Stadt würden sehr interessant sein, wären sie nur besser erhalten und wäre es nur möglich, sie gehörig zu überschauen. Aber man bekümmert sich wenig darum, und viele Einwohner von Bordeaux kennen nicht einmal ihre Existenz. In den Zeiten der Revolution brach das Volk große Lücken in die alten Mauern, um die Steine zur Erbauung elender Hütten mitten im Bezirk des Amphitheaters zu benutzen. Diese stehen noch da, es dürfen aber keine mehr hingebaut werden, und auch dem ferneren Abbrechen ist einigermaßen gesteuert. Moderne, größtenteils sehr unansehnliche Gebäude umgeben rings diese ehrwürdigen Überbleibsel des Altertums, lehnen sich zum Teil an sie und benutzen sie als Umgebung ihrer Höfe. Sehr wünschenswert ist es, daß diese häßliche Nachbarschaft entfernt werde, denn gewiß ist weit mehr von diesen Ruinen vorhanden, als man in dieser Entstellung derselben bemerken kann. Ein großes Tor steht noch fast unversehrt; wir glaubten sogar Spuren einer Inschrift daran zu entdecken; auch von den felsenfesten Mauern und großen Schwibbögen* ist noch vieles sichtbar, sowie einige Überbleibsel der für das römische Volk bestimmten Sitze. Das Volk in Bordeaux nennt diese Ruine den Palast des Kaiser Gallienus, es ist aber augenscheinlich, daß sie die Überreste eines Amphitheaters sind.

Promenaden

Ausgezeichnet schöne öffentliche Spaziergänge findet man weder in Bordeaux selbst noch in der Nähe der Stadt, obgleich die Einwohner ebensoviel und so gern spazierengehen als alle Franzosen überhaupt. Doch, wie wir früher schon bemerkten, eine französische Promenade und ein deutscher Spaziergang sind zwei himmelweit voneinander verschiedene Dinge. Wir suchen dabei freie, frische Luft und den Genuß der Natur in einer angenehmen Gegend; das Lokale aber, in welches die Mode sie an bestimmten Tagen und Stunden zusammentreibt, gilt ihnen völlig gleich; die Promenade ist doch deliziös, wenn auch kein Grashalm darin sproßt, kein Baum Schatten bietet, sobald nur recht viel elegante Welt sich dort versammelt. Deshalb genügt auch den Einwohnern von Bordeaux des Morgens ihre Allee Tourny, zur Jahrmarktszeit der Platz vor der Börse und zu andern, ebenfalls bestimmten Stunden und Tagen der öffentliche Garten in der Stadt. Dieser beschreibt eine ziemlich große, ebene Fläche, deren ganze Schönheit in einem Paar recht großer Grasplätze und einigen schattigen Alleen besteht. Jetzt wurde er auch zum Exerzierplatz benutzt und hieß deshalb das Marsfeld, *le Champ de Mars*. Die recht schöne Reitbahn stößt dicht an diesen Garten und wird auch von bloßen Zuschauern fleißig besucht, besonders in Stunden, wo die schönen Bordelaiserinnen ihre equestrischen Übungen halten. Landpartien außer der Stadt werden selten angestellt, die Gegend ist nicht einladend dazu.

---

* *Schwibbogen* – eigentlich *Schwebebogen;* frei schwebender Bogen zwischen zwei parallelen Wänden ohne darüber lastendes Mauerwerk.

Sowie man das Ufer der Garonne verläßt, findet man lauter meist schattenarme Ebenen, deren ewige Weingärten das Auge ermüden. Einige wohlhabende Kaufleute besitzen in nicht zu großer Entfernung von der Stadt bequeme, oft recht schöne Landhäuser, besonders folgen die deutschen Familien der vaterländischen Sitte und bringen einen Teil des Sommers, vor allem aber die Zeit der Weinlese, dort zu. Das gibt denn Anlaß zu mancher froher Landpartie, gewöhnlich aber nur an Sonntagen, denn in der Woche sind die Männer an ihre Geschäfte gefesselt und können nur an Feiertagen ihre auf dem Lande wohnende Familie in Gesellschaft mehrerer Freunde besuchen.

Ein bedeutender Verlust für die lebenslustigen Bewohner von Bordeaux ist die Verödung der großen, etwa eine Viertelstunde von der eigentlichen Stadt entfernten Kartause. Dort bewohnten sonst die ehrwürdigen Väter ein palastähnliches Gebäude, lebten in Herrlichkeit und Freuden und öffneten gastfrei ihre Tore den sie besuchenden Freunden, zu welchen sich alle Gutschmecker von Bordeaux gesellten. Obgleich die Geistlichen dieses Ordens sich nur von Fischen ernähren dürfen, so war doch ihre Tafel weit und breit berühmt. Höchst tolerant zählten sie alle Arten wilden Geflügels, das auf dem Wasser schwimmt, mit zu den Fischen, dazu alle eßbaren Schnecken, Muscheln und Austern. Eigentliche Fische gibt es ohnehin hier in Menge und von allen Gattungen so vortrefflich als irgendwo in der Welt. Die ehrwürdigen Pater Küchenmeister wußten alle diese Gaben Gottes ganz vorzüglich zu bereiten: denn die Archive des Klosters enthielten seltene, von alter Zeit vererbte Küchengeheimnisse, die den Augen der profanen Welt ewig verborgen blieben. Leider aber brachte die Revolution auch das Ende dieser Herrlichkeit herbei; die frommen Väter mußten in die weite Welt auswandern, und ihre Verehrer betrachten seufzend das jetzt freudenarme große Kloster, in dessen Zellen und Sälen nun eine Kolonie rabenschwarzer, aus St. Domingo ausgewanderter Neger haust, denen es Bonaparte zur Freistatt* einräumte.

* *Freistatt* – Zufluchtsort, Asyl.

Nirgends weiter in Europa gibt es deshalb wohl so viele Neger als in Bordeaux; sie leben dort in vollkommener Freiheit von dem, was sie durch Fleiß und Industrie erwerben können, und scheinen die, wie man sagt, ihnen angeborene Trägheit ziemlich abgelegt zu haben. Die Negerinnen zeigen sich in Behandlung der Wäsche sehr geschickt, sie plätten und nähen vorzüglich gut und finden deshalb in vielen Häusern freundliche Aufnahme; sogar als Ammen und Wärterinnen scheut man sich nicht, ihnen ganz junge Kinder anzuvertrauen, die sie mit Liebe und Treue pflegen und warten. Die Neger tun jede Arbeit mit ausgezeichneter Geschicklichkeit, und viele von ihnen finden deshalb als Hausknechte und Bediente, sogar als Kutscher, in angesehenen Häusern leicht ihr Unterkommen. Andere verfertigen allerhand Kleinigkeiten für ihre eigene Rechnung; einer unter ihnen war damals der geschickteste Damenfriseur in Bordeaux. Er übte seine Kunst mit echtem Sinn für Schönheit und ordnete die Haare und Turbans der Damen sehr geschmackvoll nach Büsten, Medaillen, Kupferstichen, die er in den Kunstläden oft stundenlang für sich allein studierte. Auf den Bällen fehlt er nie, um mit Haarnadeln und Kamm bereit zu sein und jeder sinkenden Locke aufzuhelfen, die er früher aufgebaut hatte. Der arme pechschwarze Dominik war wirklich ein Friseur, wie er sein sollte; und da es wohl wenigen Menschen so ganz ernst mit ihrem Geschäft ist, als es ihm war, so wird es uns hoffentlich niemand versagen, daß wir hier in Ehren seiner gedenken.

Die Einwohner von Bordeaux

Aus allen Provinzen Frankreichs, allen Ländern Europas, ja der ganzen kultivierten Welt, kamen die Bewohner von Bordeaux dort zusammen und lebten nebeneinander in recht behaglicher, geselliger Häuslichkeit, als wäre es immer so gewesen. Der mächtige Reiz des Erwerbens, das schöne gemäßigte Klima, vereint mit dem Überfluß an allem, was zum frohen Genusse des Lebens gehört, zog alle die Tausende auf diesem einen Punkt zusammen und hält sie dort fest. Deshalb gefällt es auch dem bloß Durchreisenden so wohl in dieser Stadt. Aus welchem Lande er auch sei, er findet in ihr Landsleute, die ihm freundlich entgegenkommen, und in ihren Häusern die Spuren seiner eigenen vaterländischen Sitte. Jede in Bordeaux ansässige fremde Familie hat aus dem Vaterlande doch irgendeine alte, liebe Gewohnheit mitgebracht, die sie heilig hält; dieses bringt Mannigfaltigkeit in das gesellige Leben, dagegen aber verbindet ein alles beherrschender Geist der Freude und manche auf die Eigentümlichkeit des Landes gegründete Sitte alle diese einzelnen zu einem erfreulichen, zusammenstimmenden Ganzen.

Die Bewohner von Bordeaux teilen sich in drei Klassen. Die vornehmste, aber nicht glänzendste, besteht aus dem ziemlich zahlreichen Adel und denen, welche bedeutende öffentliche Ämter zu verwalten haben. Zu ersteren gehören viele durch Alter und Namen ehrwürdig gewordene Familien, die teils aus Wahl, teils aus Familienrücksichten, teils aus Ökonomie diesen stillen Aufenthalt dem großen, glänzenden Schauplatz von Paris vorziehen. Bei diesen findet man noch die später aus der sogenannten guten Gesellschaft von den Emporkömmlingen verdrängte, altfranzösische Sitte, ihren Anstand, ihren Geist, ihre Urbanität, aber auch ihre feierliche Etikette. Alle diese Familien bewohnen die schönsten Häuser in der inneren, eigentlichen Stadt, sie leben größtenteils unter sich in abgesonderten Koterien*, zu denen Fremde selten gezogen werden, weil sie nicht leicht ihre Bekanntschaft machen. Denn gewöhnlich bringt man Empfehlungen an bedeutende Handelshäuser mit, aber nicht an diese, vom Verkehr mit dem Ausland abgetrennten Familien. Auch in Bordeaux, wie überall in einer großen Handelsstadt, muß der Adel sich durch Reichtum und durch den daher entspringenden Luxus vom Kaufmannsstande übertroffen sehen; deshalb meidet er es auch hier gern, mit jenem in gesellige Verbindungen zu treten. Nur bei seltenen feierlichen Gelegenheiten und großen öffentlichen Festen treffen beide Teile zusammen, und in ihrem Benehmen gegeneinander ist dann eine gewisse feierlich abgemessene, gegenseitige Höflichkeit vorherrschend.

---

* *Koterie* – geschlossene Gesellschaft, oft auch abwertend für Klüngel, Sippschaft.

Die Kaufleute bewohnen fast ausschließend den Charteron, den Quai und die an beide zunächst grenzenden Straßen und Plätze. Besonders ist der Charteron beinahe wie eine deutsche Kolonie zu betrachten. Fast die Hälfte der hiesigen bedeutenden Handelsherren besteht aus Ausländern, und von diesen wieder die Hälfte aus Deutschen oder doch von deutschen Eltern Abstammenden. Wir bemerkten nur bei sehr wenigen dieser unserer Landsleute eine Sehnsucht nach der Rückkehr in das Vaterland; der schöne Himmel, die tausendfachen Annehmlichkeiten von Bordeaux üben eine gar zu anziehende Kraft. Wenn daher auch manche durch Geschäfte, Familienverhältnisse oder Reiselust in die angeborne Heimat zurückgeführt werden, so geschieht dies doch nur auf kurze Zeit, und fast alle kehren gern bald wieder an die reizenden Ufer der Garonne zurück. Obgleich viele dieser Familien schon seit mehreren Generationen in Bordeaux existieren, so haben sie doch neben der französischen auch ihre Muttersprache beibehalten, und oft befanden wir uns in Zirkeln von zwanzig, dreißig Personen wie mitten in Deutschland. Auch deutsche Sitte herrscht noch in ihren Häusern, aber verflüchtigt, möchten wir sagen. Der Geist des Frohsinns, die Lust am Genuß des Lebens werden hier mit der Luft eingeatmet und mildern höchst angenehm den angebornen Ernst der Deutschen. Der Kaufmann sitzt in Bordeaux nicht vom Morgen bis in die sinkende Nacht am Schreibpult, wie es wohl in Deutschland der Fall ist; er arbeitet den Morgen hindurch, und das warme Klima zwingt ihn, den Tag früh zu beginnen; den Abend aber weiht er den Freuden der Tafel und der Geselligkeit. Schon die Art des hier vorzüglich betriebenen Geschäfts trägt zum heitern Leben bei. Bordeaux ist der Weinkeller der halben Welt. Dies veranlaßt kleine Reisen in die benachbarten Weinberge und bringt unzählige fröhliche Episoden in das sonst so trockene Comptoirleben.

Vom Kaufmannsstande sollten wir jetzt eigentlich zu dem der Künstler und Gelehrten übergehen, aber leider wissen wir wenig von diesem zu sagen; denn weder Kunst noch Literatur blühen in dieser Gegend, wo sonst doch alles gedeiht. In der ganzen großen Stadt konnten wir trotz allen Nachforschungen nur einen einzigen, einigermaßen bedeutenden Maler erfragen. Er hieß *Le Court* und ist der nämliche, der den früher erwähnten Saal über der Börse recht hübsch gemalt hat. Wir fanden bei ihm mehrere Porträts, die er malen mußte, um zu leben, und konnten keines davon gelungen nennen. Einige Historienstücke von seiner Erfindung waren besser, obgleich ganz in französischer Manier. Landschaften schienen sein Hauptfach zu sein, und Berghem sein Vorbild dabei. Mehrere, die er uns zeigte, waren gut erfunden, gut ausgeführt und sowohl in Hinsicht des Farbtons als der Beleuchtung lobenswert; er arbeitete eben an einer sehr großen Ansicht des Hafens von Bordeaux. Sein Sohn würde unter guter Leitung gewiß ein recht vorzüglicher Zeichner werden; er zeichnete mit schwarzer Kreide nach Ölgemälden; eine dieser Kopien, nach einem guten Original der italienischen Schule, war mit fast übermenschlichem Fleiß ausgeführt; sie stellte den Tod des Holofernes vor. Der junge Künstler hatte auch versucht, sich selbst in Öl zu malen; das Bild war richtig gezeichnet, sprechend ähnlich, aber der Ton zu grau und kalt.

Talente dieser Art finden hier keine Gelegenheit, sich zu bilden, und überhaupt wenig Aufmunterung; auch mögen wohl das warme, milde Klima und all die Aufforderungen zur Freude außer dem Hause die stille Tätigkeit hemmen, welche zur Erlernung einer Kunst so unentbehrlich ist. Der größere und mühelosere Gewinn des Handels ist dabei hier so lockend, daß nur ein unwiderstehlicher innerer Trieb zur Kunst den Jüngling bewegen kann, sich ihr zu weihen. Selbst das Handwerk im höheren Sinne des Wortes gedeiht hier nicht; es gibt hier keine vorzüglich geschickten Tischler, Ebenisten*, Goldarbeiter und dergleichen. Nur das ganz Gewöhnliche für den häuslichen Bedarf wird in Bordeaux verfertigt; macht man höhere Ansprüche, so muß man die gewünschte Sache aus Paris verschreiben.

Mit der Literatur geht es nicht besser, und die nicht zahlreichen Buchhandlungen sind sehr unbedeutend. Vielleicht wohnt dennoch mancher verdienstvolle Gelehrte in Bordeaux und arbeitet still für sich; aber niemand kennt ihn und seine Werke; man

---

* *Ebenist* – seit dem 17. Jahrhundert Bezeichnung für einen Kunsttischler, der Möbel mit Einlegearbeiten aus Ebenholz, manchmal auch anderen Einlagen, hergestellt.

lebt zu wohlgemut, als daß man vor aller Lust Zeit hätte, an etwas Höheres zu denken. Unsere Landsleute machen auch hierin eine ehrenvolle Ausnahme; denn in ihren Häusern fanden wir nicht allein die besten früheren Werke der deutschen Literatur, sondern auch viele der neueren vorzüglichen Erzeugnisse unserer Zeit.

Die eigentliche Volksklasse trägt auch hier am deutlichsten das Gepräge des Charakters der Nation zur Schau; hier findet man den echten, wahren Gascogner. Dem Vergnügen bis zur wildesten Ausgelassenheit ergeben, ist er doch nicht arbeitsscheu. Alles kann er ertragen, nur nicht ruhige Stille; er muß toben, lachen, schreien dürfen, dann tut er unermüdet, was er soll. Armut oder Wohlhabenheit gilt ihm ziemlich gleich, nur Tanz und Spiel darf nicht fehlen, eher das tägliche Brot. Wohnliche Bequemlichkeit, Reinlichkeit, Ordnung sind Dinge, welche diese Menschen kaum dem Namen nach kennen. Von der Heftigkeit der Gascogner in Ton und Bewegung, beim kleinsten Anlaß, kann sich kein Nordländer einen Begriff machen, der nicht Augenzeuge war. Wenn man mehrere von ihnen über irgendeine Angelegenheit miteinander sprechen sieht, sei es im Bösen oder Guten, so muß man jeden Augenblick erwarten, Mord und Totschlag entstehen zu sehen, und ehe man es sich versieht, stiebt unvermutet alles mit lautem Gelächter plötzlich auseinander. Der gemeine Gascogner ist stark, groß und gut gewachsen, aber nie und nirgends sahen wir häßlichere, abschreckendere Gesichter, verzerrtere Züge als bei diesem leidenschaftlichen Volke; besonders übertreffen die Weiber in dieser Hinsicht alle Einbildungskraft. Die sie umgebende Unreinlichkeit und ihre unordentliche, entstellende Kleidung tragen auch viel zu diesem widrigen Aussehen bei. Nichts ist häßlicher als die dormeusenartigen*, von beiden Seiten tief ins Gesicht hängenden, leinwandenen Hauben der gemeinen Weiber, ihre unförmlichen Jacken und die um sie her schlotternden Röcke, deren ursprüngliche Farbe nicht mehr zu erkennen ist. Die Sprache des Volkes, das gascognische Patois,

---

* *Dormeuse* – im 18. Jahrhundert elegante Schlafhaube für Frauen zum Schutz der kunstvollen Frisur, später wurde sie auch tagsüber als modischer Kopfputz getragen.

hat einen singenden, unangenehmen Nasenton, den ihre rauhen Kehlen noch widriger machen; Fremde verstehen wenig davon, selbst wenn sie der französischen Sprache sehr mächtig sind. Aber auch in den höheren Ständen hört man die den Gascogner auszeichnende Akzentuation des sogenannten stummen *e*, überdies manches nur in dieser Provinz verständliche Wort und die fast italienische Aussprache zweier nebeneinander stehender Vokale, jeder für sich allein, zum Beispiel: *je t'aïme*, statt *je t'aime*. Diese Abweichung vom Gewöhnlichen klingt aber im Munde der hübschen Bordelaiserinnen gar nicht unangenehm, sie gibt ihnen eine ganz eigene, angenehme Naivität und nimmt sich besonders artig aus, wenn sie singen, was sie oft und gern tun. Die Physiognomie der höheren Stände in Bordeaux ist überdies von der des Volkes so ganz verschieden, als wären jene von ganz anderem Ursprung. Nirgends findet man in der Gesellschaft mehr auffallend hübsche Mädchen und Frauen als dort, zwar selten regelmäßig schön, aber doch unendlich reizend und anmutig. Blaue Augen und hellbraunes oder blondes Haar bezeugen zwar die germanische Abkunft vieler unter ihnen, aber auch die echten Bordelaiserinnen mit ihren schwarzen Locken, ihren schön gespaltenen, blitzenden dunklen Augen geben diesen an Liebenswürdigkeit nichts nach.

Das Leben in Bordeaux

Das Straßenpflaster in Bordeaux gehört zu den schlechtesten in der Welt. Diese für den Anfang einer Beschreibung des dortigen geselligen Lebens etwas wunderlich scheinende Bemerkung ist dennoch näher damit verwandt, als man es auf den ersten Anblick glauben möchte. Vor der Revolution wimmelte Bordeaux von eigenen Equipagen; jedes angesehene Handelshaus hielt mehrere Kutschen und Cabriolets, in welchen die Herren und ihre Gehilfen täglich zur Börse fuhren. Besonders konnten die Bewohner des Charteron ihrer nicht entbehren; denn ihr Weg dorthin ist weit und gerade um die Mittagszeit den brennendsten Strahlen der Sonne ausgesetzt; ein Sonnenstich aber ist in diesem heißen Klima keine Seltenheit und von gefährlicher, oft tödlicher Wirkung. Außer der Börsenzeit benutzten die Frauen die Pferde und Wagen zu eigenem Vergnügen. Jetzt ist das anders. Der Handel und mit ihm der Erwerb wurden auch hier sehr beeinträchtigt; mancherlei Einschränkungen im Hauswesen waren die Folgen davon, vor allem die Abschaffung der eigenen Equipagen; zu unserer Zeit zählte man deren kaum ein Dutzend mehr. Man fährt jetzt in Mietwagen zur Börse, wenn die Witterung dies nötig macht, übrigens* geht alle Welt zu Fuß; denn die Fiakers sind bei weitem nicht so gut eingerichtet wie in anderen Städten. Sie sehen zwar elegant genug aus, aber ihre Anzahl ist klein, sie haben keine angewiesenen Plätze, man muß sie in ihren Wohnungen aufsuchen; auch sind sie, eben des bösen, Pferde und Wagen zugrunderichtenden Pflasters wegen, keiner Taxe unterworfen. Aus allen diesen Schwierigkeiten, welche der Verkehr in die Weite hat, entspringt wahrscheinlich der Gebrauch, sich im Umgang auf die zunächst Wohnenden zu beschränken, und aus diesem wieder die böse Folge, daß die große Stadt dadurch von selbst in eine Menge kleiner Städte gleichsam zerfällt. Alle, die in einem gewissen Bezirk nebeneinander wohnen, besuchen sich, gegenseitige Gastlichkeit bringt sie in freundschaftliche Verhältnisse, aber die Schranken dieser Bezirke sind gar scharf gezogen; das jenseits der Grenze nächstliegende Haus ist schon völlig in der Fremde. Wehe den Bewohnern, doppelt wehe den Bewohnerinnen eines andern Stadtviertels, wenn sie der Zufall in einen Zirkel wirft, in welchem sie nicht einheimisch sind! Die Männer wissen sich in solchen Fällen immer eher zu helfen, aber die armen Frauen sind dann in einem wahrhaft bejammernswürdigen Zustande. Alles sieht sie an, niemand spricht ein freundliches Wort zu ihnen, und am allgemeinen Gespräch können sie auch nur wenigen Anteil nehmen, weil jede Koterie ihre eigene, nur den Eingeweihten verständliche Sprache, ihre eigenen Anspielungen, ihre eigenen Späße hat. Wir Fremdlinge waren oft der einzige Trost solcher, mitten in der Gesellschaft ihrer eigenen Vaterstadt verlassenen, einsamen Damen; denn eben weil wir

* *übrigens* – hier in der Bedeutung von sonst, im übrigen.

ganz fremd waren, kannte uns alle Welt und kam uns freundlich entgegen. Verändert eine Familie ihre Wohnung, treibt das Schicksal sie etwa vom Charteron in die Stadt, so hat sie mit dem Tag alle ihre ehemaligen Bekannten verloren; es ist eine Trennung, als zöge sie in ein weit entferntes Land. Was eine solche Familie aber mit dem verlassenen Quartier verliert, findet sie in der neuen Wohnung wieder, freilich in veränderter Gestalt. Auf die erste Nachricht von der Ankunft der neuen Nachbarn eilt alles herbei, sie zu begrüßen, Visiten werden mit Gegenvisiten erwidert, und so die Grundlage zu neuen Verbindungen gebildet.

Sehr auffallend war es uns, daß man es den Damen auch von außen ansieht, in welchem Viertel der Stadt sie wohnen. Jedes derselben hat seine eigenen Moden, seine eigenen Putzmacherinnen und Schneiderinnen, welche nur für solche arbeiten, die zu ihrem Bezirk gehören, und sie alle so nach einem Zuschnitt kleiden, daß es fast am Ende auf eine Art von Uniform hinausläuft. Im Theater, wo alles zusammenkommt, machte es uns oft Vergnügen, die Damen gewissermaßen mit den Augen zu ordnen und zusammenzusuchen, was sichtlich zueinander gehörte. Die Damen vom Charteron sind die elegantesten; und als wir es uns einmal beikommen ließen*, eine der Schöpfungen ihrer ersten Modistin, Madame Bernos, in der Allee Tourny tadeln zu wollen, erwiderte uns diese dafür mit hohem Blick und vieler Würde: *„J'habille les Dames du Charteron!"*** Der Laden der guten Madame Bernos würde indessen weder in Leipzig noch in Hamburg noch in Frankfurt am Main großes Aufsehen erregen. Dort hat man die Moden, selbst aus Paris, weit früher als in Bordeaux. Der Luxus in der Kleidung ist hier im gewöhnlichen Leben nicht groß, nur bei Bällen und großen Feten wird hierin eine Ausnahme gemacht. Man liebt grelle, bunte Farben, wie überall im Süden, wo der dunkelblaue Himmel diese zu fördern scheint. Das wissen die Kaufleute in Paris recht gut und schicken deshalb alles aus vielen abstechenden Farben, oft wider den guten Geschmack zusammengesetzte in die südlichen Provinzen, wo es nie verfehlt, Absatz zu finden.

---

* *beikommen lassen* – einfallen lassen, in den Sinn kommen lassen.

** „Ich kleide die Damen des Charteron ein!"

Eines aus der Zerstückelung der großen Stadt in viele kleine wahrscheinlich entstehnden Übels müssen wir noch erwähnen, nämlich der nirgends allgemeiner als hier herrschenden Sucht, sich um das Tun und Lassen seiner Bekannten zu bekümmern, Anekdoten zu sammeln und mit diesen dann die Unterhaltung zu schmücken. Alle häuslichen Zustände der eben in der Gesellschaft Gegenwärtigen oder zu ihr Gehörigen, alle geheimen Nachrichten aus ihrem Leben mußten wir wider Willen erfahren: denn jedermann beeiferte sich, uns davon zu unterrichten. An Entkommen war dabei gar nicht zu denken, wir gingen aus einer Hand in die andere, und oft erwischte uns die nämliche Person, von der eben die Rede gewesen war, um uns nun auch ihrerseits von der zu unterhalten, die wir vor zwei Minuten wohlunterrichtet verlassen hatten. Da alle diese geheimen Anekdoten fast immer in das Gebiet der skandalösen Chronik gehörten, so empörte es unser Gefühl, daß man uns, den ganz Fremden, solche Dinge von anscheinenden Freunden anvertrauen mochte, und dieses Benehmen hätte uns beinahe den Besuch der hiesigen Gesellschaften gänzlich verleidet, wenn wir nicht bald innegeworden wären, daß es damit lange nicht so böse gemeint ist, als der Anschein es gibt.

Der Franzose muß nun einmal immer schwatzen, wenn er auch nichts zu sagen weiß; er glaubt sogar in der Gesellschaft gegen den Anstand zu sündigen, wenn er einige Minuten schweigt; und selbst ein Sterbender hält es für seine Pflicht, die ihn Besuchenden zu unterhalten, bis ihm unter der Hand des Todes die Zunge erstarrt. Nun denke man sich vollends die Gascogner, diese Franzosen im Superlativ! Dieses ewig mobile Volk, das keine Ruhe kennt als den Tod und seinen Zwillingsbruder, den Schlaf! Sie müssen sprechen, solange sie leben und wach sind. Und was kann ihnen den Stoff zum Gespräche liefern, als die Außenwelt, die einzige, welche sie kennen? Das Beobachten des Nachbars, dieser Grundzug echter Kleinstädterei, ist in allen diesen kleinen, eine einzige große Stadt ausmachenden Städten nicht zu vermeiden; man muß dem Nachbarn in die Fenster sehen: denn der Kreis, der jeden einzelnen umgibt, ist gar zu eng. Der Umstand, daß auch die hier einheimisch gewordenen Ausländer sich von der allgemeinen Art und Weise nicht ausschließen, erklärt sich eben daraus, daß sie einheimisch geworden sind und daß man, zufolge des alten bekannten Sprichworts, unter den Wölfen heulen lernt. Übrigens hat all dieses Geschwätz in der Gesellschaft weiter keine Folgen für den Gegenstand desselben, man zischelt es einander zu und das ist alles; der, den es angeht, wird darum nicht weniger geachtet, gerade weil niemand ähnlichem entgehen kann.

Die Frauen von Bordeaux führen trotz all diesen Beobachtern ein gar leichtes, lustiges Leben und denken wenig daran, sich vor dem Schein zu bewahren; manche würden es vielleicht sogar übelnehmen, wenn in der Welt, daß heißt hier im Hause des Nachbars, von ihnen nicht gesprochen würde. Verhältnisse, die man sonst wohl in den dunkelsten Schleier des Geheimnisses zu verhüllen pflegt, werden hier öffentlich zur Schau gestellt; oft schien es uns sogar, als wären diese Verhältnisse nur des Scheins wegen da, weil es die Mode so will, wie ein Putzhütchen, das doch keinen Schatten gibt. Und doch, wer mag es wagen, diese leichten, luftigen, fröhlichen Weiber abzuurteilen? Wahr ist es, sie tun ungern einen Schritt, ohne wenigstens einen sie bewundernden Verehrer hinter sich zu wissen, aber deshalb sind sie vielleicht nicht weniger tugendhaft als ihre ernsten häuslichen Schwestern im Norden. Landessitte, allgemeines Beispiel entschuldigen vieles; und daß sie die echte Würde der Frauen wohl fühlen, beweist der Heldenmut und die feste Treue, mit der viele Hunderte von ihnen während der Revolution ihren Gatten ins Gefängnis, ja in den Tod freiwillig folgten.

So lustig und frei die Frauen in Bordeaux leben, so eingezogen werden die Mädchen gehalten, bis der Trauring sie von allem Zwange befreit. Schauspiele, Gesellschaften, Bälle, Konzerte dürfen sie nie anders als in Begleitung ihrer Mütter besuchen; ohne deren Beisein darf kein Besuch gegeben oder angenommen werden, selbst nicht von und bei vertrauten Freundinnen und Verwandten des Hauses. Sogar bei jeder Lehrstunde muß die Mutter zugegen sein oder doch wenigstens ihre Stelle durch eine seit vielen Jahren treu bewährte alte Bonne ersetzen lassen. Ein Mädchen würde um keinen Preis es wagen, ohne die Mutter nur zehn Schritte über die Straße zu gehen oder sich von einem andern

Mann als ihrem Vater begleiten lassen, selbst nicht von ihrem Bruder. So nachsichtig man gegen den Ruf der Frauen ist, so sorgsam wird der eines Mädchens bewacht, und die kleinste Übertretung der angenommenen Sitte würde nie vergeben oder vergessen werden. Auf den Bällen sitzt jede Mutter neben ihrer Tochter, und keine entfernt sich auch nur auf Minuten aus dem Saal oder nimmt am Spieltisch Platz. Die Tänzer bringen nach jedem Tanze die Tochter der Mutter wieder zurück, und kein Mädchen wandelt während der Pausen am Arm ihrer Gespielinnen oder eines Herrn im Saal umher. Eine Gewohnheit, welche gewiß von unendlichem Nutzen für die Gesundheit der jungen Mädchen ist: denn sie werden von der mütterlichen Sorge vor unmäßigem Tanzen, Zugluft, Erkältung bewahrt und vor all den traurigen Folgen jeder Unvorsichtigkeit nach starker Erhitzung.

Diese anscheinende Strenge der Sitten verursacht indessen in der Gesellschaft nicht den mindesten Zwang. Die Töchter tanzen, lachen, singen um so unbefangener unter dem Schutze und der unmittelbaren Aufsicht ihrer Mütter; ihre Fröhlichkeit zeigt sich nur um so natürlicher und furchtloser. Die Mütter ihrerseits nehmen freundlichen Anteil an allem, was ihre Töchter erfreut, erleben in deren schöner Blüte ihre eigene zum zweiten Mal, wissen recht gut, daß auch sie einst jung waren und sind es zum Teil noch oder scheinen es wenigstens: denn vom Alter ist in Frankreich nie die Rede. Nur das lange, müßige Dasitzen auf den Bällen, die oft der anbrechende Tag erst endigt, schien uns äußerst ermüdend, und wir bewunderten die mütterliche Geduld dabei. „Unsere Mütter taten das nämliche für uns, nun sind wir an der Reihe", war die allgemeine Antwort, die man uns lächelnd auf jede solche Äußerung erwiderte.

Gesellschaften

Gesund sein, keinen Besuch haben und zu Hause bleiben ist etwas in Bordeaux ganz Unerhörtes, denn nirgends in der Welt ist man geselliger. An jedem freien Abend werden daher Visiten gemacht, die sind hier der Zweck des Daseins, die Grundpfeiler der Geselligkeit, und sie versäumen wird fast wie eine Sünde betrachtet, für die man schwerlich Absolution erhält. Der Anlässe zu Visiten gibt es unzählige; jede Gesellschaft, zu der man geladen war, erfordert hinterher eine Visite zum Dank; jede Reise, und währte sie nur Tage, wird mit Visiten angetreten und beschlossen; jeder Trauerfall in bekannten Familien, jede freudige Begebenheit, Namenstage, hohe kirchliche Feste, Krankheit, Genesung, alles wird mit Visiten gefeiert. Hat man einander in mehreren Tagen nicht gesehen, traf man sich gestern unverhofft an, so erfordert das Ereignis Visiten. Jede dieser Visiten wird vom Empfänger pünktlich wiedergegeben, und so dreht sich der Kreis ewig herum, schwindelerregend für den, der an diese Lebensweise nicht gewöhnt ist. Da nun auf diese Art alle Welt immer in Bewegung ist, so findet sich bald in einem oder dem andern Hause ein kleiner Kreis Bekannter zusammen, der dann den Abend ohne weitere Umstände dort zubringt, mit Musik, Tanz, Spiel oder fröhlichem Geschwätz, wie es eben die Gelegenheit ergibt. Unerachtet des Visitenwesens wird hier doch wenig auf beengende Etikette im geselligen Leben gehalten, weil nicht sie, sondern das Bedürfnis der Geselligkeit die Leute zueinanderführt.

Außer diesen Visiten aber füllen auch noch Tees die Abende aus, zu denen man von den Damen des Hauses förmlich eingeladen wird. Da man sich aber gewöhnlich erst um acht oder neun Uhr zu diesen Gesellschaften versammelt, so bleiben immer noch vorher ein paar Stündchen übrig, welche die oben gelobten Visiten ausfüllen. Einige Damen haben auch bestimmte Abende der Woche, an denen sie immer zu Hause bleiben und ihre einmal für allemal eingeladenen Bekannten bei sich empfangen. Das Spiel ist in diesen Zirkeln die vorzüglichste Unterhaltung, doch wird auch viel geschwatzt, Musik gemacht und auch wohl nach einer Violine, die einer der Gäste ergreift, lustig getanzt. Um elf Uhr wird Tee, Kaffee und Gebackenes herumgereicht, und eine oder zwei Stunden später trennt sich die Gesellschaft, um sich morgen in einem anderen Hause wieder zu finden. Kleine Privatbälle sind auch nichts Ungewöhnliches, und sie erfordern hier weder ein bedeutend großes Lokal noch sonst viel Umstände. Ein oder zwei große Zimmer, ein paar Violinen und ein Flageolett, etwas Tee, Limonade und Zuckerwerk, mehr braucht es in diesem Lande nicht, um recht fröhlich miteinander zu tanzen, bis die Sonne aufgeht. Im Carnaval werden die Damen oft gebeten, bei diesen kleinen Festen in Maskenkleidern zu erscheinen, aber ohne Larve. In einfacher, ländlicher Tracht oder in der niedlichen Kleidung der sogenannten Grisetten sind sie dann nur um so reizender. Diese Grisetten-Kleidung besteht aus einem ziemlich kurzen Rock von weißem Taffet*, einem knapp anschließenden Korsett von heller, abstechender Farbe, einem dreizipfigen Halstuch von Spitzen und einer hohen Spitzenhaube mit Flügeln, aus welcher hinten ein dicker, aufgeschlagener Chignon** hervorquillt; eigentlich ist es die veredelte gewöhnliche Tracht der hiesigen Bürgersmädchen.

Seitdem man des Abends zu Mittag ißt, sind auch hier wie in Paris die Abendessen verbannt, desto häufiger wird man aber in Bordeaux zum Mittagessen geladen. An der Tafel, umringt von seinen Freunden, ist der gastfreie Bordelaise in seinem Element. Nirgends wird besser gegessen und getrunken als in Bordeaux, und doch darf man dabei nicht auf den Luxus schelten; er findet sich ungesucht: denn dies glückliche Klima bringt alles selbst hervor, was der raffinierte Geschmack nur wünschen kann. Die Lebensmittel sind hier, im Vergleich mit anderen großen Städten, wohlfeil zu nennen; Land und Strom und Meer gewähren in der größten Mannigfaltigkeit und im Überfluß alles, was bei uns nur als Seltenheit auf großen Tafeln erscheint. Nirgends findet man bessere Austern; sie werden lange, ehe man sie zum Markte bringt, in eigenen Gruben am Meeresstrande mit Kleien und Trebern gemästet. Sie scheinen von einer ganz eigenen Gattung zu sein: Das Tier ist sehr groß, hat einen grünen Bart und füllt die kleine, dünne, etwas gewölbte Schale ganz aus. Mit den Austern

---

* *Taffet – Taft*: glatter, glänzender Stoff aus reiner oder mit einem anderen Material gemischter Seide.

** *Chignon* – Frisur, bei der eigenes oder falsches Haar als Knoten oder Zopf im Nacken festgesteckt wurde; eine verbreitete Mode im 18. und 19. Jahrhundert.

fängt die Mahlzeit immer noch vor der Suppe an; eine Gewohnheit, die uns zuerst nicht recht behagen wollte. Das Rindfleisch ist vortrefflich, Geflügel, Wild, besonders rote Rebhühner und Ortolane* im Überfluß und großer Vollkommenheit, so auch das Gemüse, die Trüffel, vor allem aber das Obst. Weintrauben, Pfirsiche und Feigen sollen hier alles übertreffen, leider aber fiel unser Aufenthalt nicht in die Zeit ihrer Reife. Die größte Mannigfaltigkeit bieten der Strom und das Meer. Der Bewohner des inneren Landes findet hier mit Erstaunen alle die Fische auf den Tafeln, welche er sonst nur in Naturalienkabinetten sah: riesengroße Hummer, Taschenkrebse, Meerspinnen, Krabben, Kabeljaue, alle Gattungen Plattfische, besonders die köstlichen Steinbutte und Zungen, fast armdicke Lampreten, von denen die bei uns bekannten Neunaugen oder Bricken** Miniaturabbildungen zu sein scheinen. Des Rochen gräuliche Ungestalt ist hier auch tafelfähig und schmeckt ebenso gut, als furchtbar sie aussieht. Große Störe und eine unzählbare Menge anderer Bewohner der dunklen Tiefe erscheinen alle im mannigfaltigsten Wechsel. Bordeaux wäre in dieser Hinsicht das Paradies einer deutschen Hausfrau, der es oft viel Kopfzerbrechen kostet, um Abwechslung in ihren Küchenzettel zu bringen; hier würde nur die Wahl ihr Sorge machen. Die französischen Damen bekümmern sich aber wenig darum, sie haben sehr geschickte Köchinnen, die alles aufs trefflichste zu bereiten wissen, und die Auswahl scheint oft den Männern überlassen zu bleiben, die an der Tafel, wie die Frauen am Teetisch, gewöhnlich auch die Sorge für die Gäste übernehmen. Leider aber verfolgte unser alter Feind, der Knoblauch, uns auch hier, besonders in der Fastenzeit, wo ein aus kleingeschnittenem Stockfisch mit Öl und Knoblauch stark gewürztes Gericht auf allen Tischen erscheint. Sie nennen es *morue á la provençale*. Knoblauch ist einmal die Lieblingswürze aller Bewohner des südlichen

---

* *Ortolan* – Gartenammer; zu den Ammern gehörender, bunter Zugvogel.

** *Lamprete* oder *Meerneunauge* – dem Flußneunauge sehr ähnlicher, bis einen Meter langer Vertreter der Rundmäuler.
Neunauge oder *Bricke* – fischähnliches Wirbeltier mit langgestrecktem, einem Aal ähnlichen Körper; die sieben Kiemenöffnungen, das Auge und die Nasenöffnung auf jeder Seite werden als neun „Augen" gezählt.

Frankreichs; Hohe und Niedere, sogar die elegantesten Damen genießen ihn schon zum Frühstück, auch spürt man seinen Duft auf Bällen, im Theater und überall, wo viele versammelt sind, und keine Rosenessenzen und wohlriechenden Wasser vermögen es, dem Übel zu steuern.

Bei allem diesem Überfluß an Lebensmitteln artet der Genuß selten in Schwelgereien aus; nur ein einziges Mal wohnten wir einem Gastmahl von zwei Gängen bei, von denen jeder aus zwanzig Schüsseln bestand. Bei dem letzten erschien ein Truthahn, der nach der Versicherung des Wirts nicht nur mit Trüffeln gefüllt, sondern seit vier Wochen auch mit Trüffeln gemästet worden war. Ein Nachtisch aus beinahe hundert Tellern mit Eis und Zuckerwerk folgte alsdann; die Bedienten stellten ihn mit eigens dazu gemachten Stäben in Reih und Glied, die Gäste zählten an der Uhr vierzig Minuten, ehe dies Kunstwerk vollendet war, standen dann ermüdet auf, und dies sybaritische Mahl diente noch mehrere Tage dem Witz der dazu Geladenen zur Zielscheibe, weil es etwas Unerhörtes war. Gewöhnlich versammelt man zehn oder zwölf Gäste um einen reichlich, aber nicht kostbar besetzten Tisch; was man ihnen bietet, ist immer vollkommen gut, wie es eben die Jahreszeit bringt; an Ostentation* wird dabei nie gedacht, man wählt das Beste und nicht das Teuerste. Auch im Tischgerät wird keine Pracht zur Schau gestellt; das Silberwerk ist solid und zum Gebrauch in Menge vorhanden, aber die Mode hat auf die Form desselben wenig Einfluß. Im Trinken ist der Franzose überhaupt mäßig und trinkt nicht leicht Wein, ohne ihn mit Wasser zu mischen. Daß man in Bordeaux, wo die besten, gesündesten Weine ein Erzeugnis des Landes sind, keine fremden Weine auf die Tafel bringt, ist natürlich. Nur ein Glas Malaga wird zuweilen geboten, auch wohl ein paar Flaschen Champagner für die Damen; die Männer ziehen zum Nachtisch die edleren Gewächse ihres Landes vor, *Château margot, St. Julien, la Fitte* und andere, von denen aber die Flasche selbst im Lande oft über einen Taler kostet, und die wir in Deutschland fast nie echt erhalten.

---

* *Ostentation* – Zurschaustellung, Prahlerei, Renommieren.

Auch in Hinsicht des Hausgerätes läßt sich der Luxus in Bordeaux auf keine Weise mit der üppigen Pracht vergleichen, die man in Paris und auch wohl in den größeren deutschen Städten antrifft; selbst die Wohnungen sind nicht dazu eingerichtet: denn eine lange Reihe vieler aneinanderstoßender Zimmer ist äußerst selten. Die Stuben sind hoch, mit großen, bis zum Fußboden hinabreichenden Fenstern, welche von außen ein kleiner Balkon umgibt. Die anderswo üblichen reichen Fensterdraperien sind hier nicht gewöhnlich, obgleich Gardinen zum Gebrauch nicht fehlen. Die Fußböden sind, wie überall im Süden, mit glasierten, bunten Backsteinen in mancherlei Formen belegt, ein Gebrauch, der in diesem warmen Klima im Sommer eine höchst angenehme Kühlung hervorbringt. Fußteppiche sind selten, häufiger große Spiegel, doch wird auch mit ihnen nicht so verschwenderisch umgegangen als in Paris. In keinem guten Hause vermißt man das bequeme Notwendige, aber höchst selten findet man Überfluß und sich zur Schau stellenden Luxus. Man sieht aus allem, daß wirklicher Genuß des Lebens Ziel ist, wonach alles hinstrebt, und daß das glückliche, milde Klima die Leute verhindert, sich um den bloßen Schmuck ihrer Häuser sonderlich zu kümmern.

Ungern erwähnen wir jetzt noch eines Fleckens, der den so angenehmen Ton des geselligen Lebens in Bordeaux entstellt, der unermeßlichen Spielwut, die hier leider in allen Gesellschaften herrscht. Es ist nicht bloß der Wunsch, einige Stunden bei einem angenehmen Zeitvertreib hinzubringen, der die Spieltische von Bordeaux bevölkert: es ist Habsucht unter der Maske des Vergnügens, man will Geld gewinnen. Diese Gewinnsucht spricht sich deutlich in den Mienen und Bewegungen der Spielenden aus, gleichviel ob es Silbermünzen oder Golddukaten gilt, und jede freie Minute wird von Männern und Frauen zu diesem Zweck verwendet.

Schon vor Tisch, wenn sich die Gesellschaft vielleicht eine halbe Stunde zu früh eingefunden hat, kommt das elende *Ecarté* an die Tagesordnung und wird gleich nach Tisch wieder vorgenommen, ein Spiel, welches selbst dessen eifrigste Verehrer für ein Schuhputzerspiel (*jeu de décrotteur*) erklären. Es gleicht dem in allen deutschen Bierhäusern wohlbekannten Spiel, das man an einigen Orten Bettelmann nennt. Nur zwei Personen spielen es, sei die Gesellschaft auch noch so groß, aber alle nehmen durch oft ziemlich bedeutende Wetten Teil daran. In dicht gedrängten Reihen stehen die parierenden* Herren und Damen hinter den Stühlen der beiden Spieler; jeder der Wettenden hat das Recht, das Spiel dessen, für den er sich interessiert, durch seinen Rat zu unterstützen. Dieses Recht wird von allen eifrig benutzt, und keine Karte darf den Tisch berühren, über welche nicht eifrig gestritten wird, so lange sie noch in der Schwebe war. Die Ratgeber sind natürlicherweise unter sich nie einig, die Spieler, die sich so für das Allgemeine abarbeiten, erheben ihre Stimmen ebenfalls; es wird ein Geschrei durch einander, eine Verwirrung, ein Streiten, das uns unerträglich erschien, hier aber den eigentlichen Reiz, die Würze des Vergnügens ausmacht. Abends spielt man ebenfalls; aber die sonst üblichen sogenannten Kommerzspiele, *l'Hombre, Whist, Reversi*, kommen selten vor, höchstens geben sich noch ein paar alte Herren und Damen damit ab. Man liebt nur Spiele, in welchen der Zufall entscheidet, die in einer Minute arm und reich machen. Diese betreibt man mit einem Eifer, als gelte es das ganze Wohl und Weh jedes einzelnen Teilnehmers daran. Der Bouillottetisch mit seinem verhängnisvollen Leuchter ist also der Mittelpunkt der Abendgesellschaften, dieses widerliche Hasardspiel, in welchem nicht nur der Zufall, sondern auch an feinen Betrug grenzende List entscheidet, und das deshalb, zu unserer Ehre sei es gesagt, in Deutschland nie rechten Eingang fand, so sehr man es auch in Frankreich liebt. Selten werden in großen Zirkeln mehr als zwei solcher Tische hingesetzt, und da jeder nur fünf Personen beschäftigt, so bleibt der größte Teil der Gesellschaft dabei müßig. Dieser erwartet dann ängstlich hinter den Stühlen der Spielenden, bis einer von ihnen seinen ganzen Einsatz verloren hat, *Déconfit*** heißt es in der Kunstsprache, und jeder drängt sich dann herbei, um den dadurch leergewordenen Platz einzunehmen. Da nur einer dieser Glückliche sein kann, so machen die Zurückbleibenden oft recht lange Gesichter, ehe sie

* *parieren* – hier in der veralteten Bedeutung von: eine Wette machen, wetten.

** *déconfit* (franz.) – zahlungsunfähig, insolvent.

sich entschließen, einen zweiten ähnlichen Glücksfall abzuwarten. Der soeben verlor, stellt sich gewöhnlich gleich wieder in die Reihen; denn nur die einmal hier angenomme Regel der Höflichkeit zwang ihn, das Feld zu räumen. Würfel, Roulette, *Vingt-un* und ähnliche Spiele werden zwar in Privathäusern nicht gespielt, desto mehr aber in öffentlichen. Auch Damen nehmen tätigen Anteil an solchen Spielzirkeln, doch sucht man diesen dann wenigstens das Ansehen einer geschlossenen Gesellschaft zu geben.

Theater

Mit Recht gilt das große Schauspielhaus in Bordeaux für eines der schönsten in Europa. Die prächtige Hauptfassade in der Allee Tourny haben wir schon früher erwähnt; die große, mit Säulen, Büsten und Statuen geschmückte Eintrittshalle, so wie auch die schöne Doppeltreppe, welche in die Logen hinaufführt, sind fast in einem zu großen, ernsten Stil für den Zweck des Gebäudes; es ist, als ob man einen Tempel betrete. Die darin spielende Truppe stand leider mit dieser Pracht in keinem Verhältnis; sie gehörte zu den mittelmäßigsten in ganz Frankreich. Auch die Ballette, welche der Franzose so ungern auf den Bühnen vermißt, haben wir in weit kleineren Städten viel vorzüglicher gefunden. Dennoch ward das Theater sehr fleißig von aller Welt besucht; denn dies Vergnügen gehört einmal zu den unentbehrlichen Bedürfnissen der Nation, die viel lieber alles entbehrt, als das Schauspiel.

Große Trauerspiele kommen in Bordeaux selten an die Reihe, das Klima ist ihnen nicht günstig. Kleine Komödien werden auf jeder französischen Bühne immer wenigstens so dargestellt, daß man sie ein paarmal mit Vergnügen sehen kann; und so war es auch hier. Die kürzlich in Frankreich Mode gewordenen, unseren Familiengemälden ähnlichen sentimentalen Stücke voll Edelmut und häuslichem Herzeleid fanden in Bordeaux wenig Beifall; und da die Polizei eben das Pfeifen verboten hatte, so erlebten wir es einmal, daß ein solches klägliches Drama vom Theater wegadmiriert* ward. Bei den rührendsten Szenen schrie das Parterre so

* *admirieren* – bewundern.

laut und lange mit dem Ausdruck der höchsten Bewunderung: Ah! Ah! bis die Schauspieler verstummten und der Vorhang unter lautem Gelächter der Zuschauer fallen mußte.

Eine Vorstellung, die wir sahen, müssen wir indessen, ihrer ungemeinen Absurdität wegen, hier besonders erwähnen. Es war die der Andrienne des Terenz*. Die Veranlassung dazu hatte der wirklich sehr gute Komiker Paulin gegeben. Er war mit Recht ein Liebling des Publikums, schraubte aber nach und nach seine Forderungen an die Direktion so hoch hinauf, daß diese sich endlich entschloß, ihm im Ernst den Abschied zu gewähren, um welchen er oft schon zum Schein angehalten hatte. Es kam also wirklich dazu, daß er zum letzten Male die Bühne besteigen sollte; er hoffte, das Parterre werde, wie sonst schon geschehen, am Ende des Stückes auf sein Dableiben mit Gewährung aller seiner Wünsche bestehen, deshalb wählte er dies Stück, um in der Rolle des die ganze Intrige leitenden Sklaven sein Talent im größten Glanze zu zeigen. Das Haus war zum Erdrücken voll: denn alle wollten der Entscheidung von Paulins Schicksal beiwohnen. Der Vorhang ging auf, und zu unserem Erstaunen sahen wir die alten Athenienser Simo und Chremes mit gestickten Galaröcken, weiß gepuderten Haarbeutelperükken**, Hut, Stock und Degen als *Monsieur Thrénès* und *Monsieur Cliton* einherschreiten. Wir glaubten erst, man wolle den Terenz travestieren, aber es war den Leuten ernst damit. Monsieur Thrénès und Monsieur Cliton sprachen immer von den alten Göttern als echte Heiden und gebärdeten sich in der französischen Kleidung nach der Sitte der alten Athener; dazwischen lief der Sklave Davus im griechischen Sklavenkostüm herum, während seine Kameraden hübsche Livreen anhatten. Die in eine Soubrette verwandelte Sklavin Mysis kehrte sich nicht daran, sondern kokettierte dennoch mit ihm, als sei er ein Jasmin oder Lafleur; auch hatte sie nicht vergessen, das französische Schürzchen mit kleinen Taschen zur Auf-

---

* *Terenz* – Publius Terentius Afer, lateinischer Komödiendichter in Rom, um 190 bis 159 v. Chr., war neben Plautus der wichtigste Vertreter der altlateinischen Komödie; gemeint ist vermutlich sein Werk „Andria".

** *Haarbeutelperücke* – eine im 18. Jahrhundert aufkommende Haartracht der Männer, bei der das lange Nackenhaar der weißgepuderten Perücke in einen schwarzen, gummierten Haarbeutel aus Taft gesteckt wurde.

bewahrung der Hände umzutun. Glycerion, ihre nach der neuesten Mode geputzte Dame, erschien am Ende des Stückes und gebärdete sich sehr vornehm. Es war das tollste Gemisch von Alt und Neu, dem der Umstand, daß das Publikum nichts davon merkte, etwas ungemein Komisches gab; denn diesem kam es vor, als sei das Stück von Molière, oder doch wenigstens von einem seiner Zeitgenossen. Paulin machte, trotz des Sklavengewandes, aus dem griechischen Davus einen französischen Scapin, zeigte aber viel echt komisches Talent und theatralische Gewandtheit in seinem Spiel. Am Schluß ward er sehr applaudiert, aber dabei blieb es, und er mußte nun seinem Stern oder Unstern in Zukunft folgen, wohin ihn dieser führen wollte.

Dieselbe Truppe, welche auf dem großen Theater spielt, gibt auch an bestimmten Tagen Vorstellungen auf einem kleineren im Innern der Stadt. Außer diesen aber stehen noch mehrere kleine Schauspielhäuser dem Schaulustigen offen. Auf dem Theater *de la Gaieté* spielte man kleine Operetten und Vaudevilles, in einem sehr elenden Lokal recht artig und ergötzlich. Für diese Truppe war ein sehr hübsches Haus an der Allee Tourny noch im Entstehen. Auch gibt es noch ein sehr unbedeutendes *Théâtre Molière,* und noch ein paar namenlose Tempel Thaliens, die aber alle ihre Verehrer in der niederen Klasse finden. Eine Gesellschaft von Dilettanten, größtenteils aus dem Mittelstande, spielte auf dem *Théâtre Maffei* so ziemlich alles, was ihr vor die Hand kam, große und kleine Tragödien und Schauspiele. Da dieses Theater eigentlich für optische Vorstellungen erbaut ist, so kann man sich denken, wie beschränkt der Raum darauf war. Durchreisende Schauspieler geben zuweilen hier Gastrollen; bei solchen seltenen Fällen wird dann auch in diesem Theater die *Entrée* bezahlt und dadurch dem größeren Publikum der Zutritt eröffnet. Wir sahen auf dieser Miniaturbühne den früher in Hamburg gewesenen Schauspieler Massin den Cid spielen. Sowohl das Lokal als die Mitspielenden machten ein Lustspiel aus der ernsten Tragödie.

Den Bewohnern der guten Stadt Bordeaux fehlt es also nicht an Schaubühnen zur Auswahl, wenngleich keine derselben als vorzüglich zu loben ist. Dies aber gilt dem gewöhnlichen Franzosen ziemlich gleich, er bekümmert sich wenig um höhere Ansprüche an die Kunst, nur etwas muß er sehen und dann die Freude haben, die Damen zu lorgnettieren*, aus einer Loge in die andere zu laufen, zu schwatzen, zu lachen, vor allen Dingen aber mit der Menge hinauszugehen. Zu diesem letzteren Vergnügen drängt sich mancher, der gar nicht im Theater war, um doch das Ansehen zu haben, als sei er darin gewesen. Schöne Geister, wie in Paris, die im Parterre sich das Richteramt anmaßen und nach Belieben loben und verdammen, gibt es in Bordeaux wenige oder vielleicht keinen. Der Bordelaise will sich nur amüsieren. Ob es regelrecht geschehe kümmert ihn nicht, und alles, was nicht langweilig ist, wird von ihm freundlich aufgenommen.

Der Carnaval

Die überall der lauten Freude geweihte Zeit des Carnavals** wird wohl nirgends lustiger verlebt als in Bordeaux. Junge und Alte, Reiche und Arme drehen sich, solange sie währt, in einem ewigen Kreis von Lustbarkeiten herum, so daß in der letzten Woche niemand mehr recht bei Verstande bleibt. Selbst sonst sehr tätige Geschäftsmänner, die weit über die Jahre der Jugend hinaus sind, weisen dann gern jede Arbeit von sich ab und gestehen, daß sie nicht begreifen, wie man ohne die äußerste Notwendigkeit nur von irgend etwas Ernsterem sprechen könne.

Die sonst hier üblich gewesenen öffentlichen Maskenzüge auf den Straßen sieht man nicht mehr, nur der Pöbel hält die alte Sitte noch einigermaßen aufrecht und läuft zuweilen maskiert auf der Straße herum; doch auch dieses geschieht nur von wenigen, die sich dabei immer eines starken Gefolges von Straßenbuben zu erfreuen haben. Die eigentliche Lust des Carnavals beginnt jetzt erst gegen Mitternacht und währt dafür bis an den hellen Tag. Sechs bis acht maskierte Bälle werden wenigstens jeden Abend in Bordeaux gegeben, alle sind gedrängt voll Menschen jedes Alters

* *lorgnettieren* – durch eine Lorgnette oder ein Lorgnon betrachten; auch prüfend ansehen, scharf mustern.

** *Carnaval* – Karneval; früher war auch die Schreibweise *Karnaval* nach dem französischen *carnaval* üblich.

und Standes; Spiel und Intrige locken die Vornehmeren zu diesen Versammlungen, wütende Tanzlust den Mittelstand, vom ehrbaren Bürger bis hinunter zu den niedrigsten Klassen des Volkes. Niemand beinahe läßt freiwillig eine Nacht vorübergehen, ohne wenigstens einen dieser Maskensäle besucht zu haben, und viele Herren und Damen machen gewöhnlich die Runde durch die glänzendsten derselben, um ja nicht den zu versäumen, der für diesen Abend der besuchteste ist. Das Resultat dieser Streifereien ist dann natürlicherweise, daß man dieselben Bekannten, dieselben Masken an drei, vier verschiedenen Orten wiederfindet.

Um alles zu sehen, besuchten auch wir ein paar der berühmtesten Maskenbälle und übergingen die anderen, mit der vollen Überzeugung, nichts dadurch zu versäumen, indem nur die Anordnung des Lokals, die mehr oder minder gute Beleuchtung und Musik sie voneinander unterscheiden.

Der Ball im großen Schauspielhaus ist der besuchteste. Hier fanden wir die ganze Stadt auf einen Punkt zusammengedrängt, im buntesten Gewühl aller Klassen durch einander. Die prächtige Eintrittshalle war mit den gefärbten, zierlich geordneten Glaslampen recht glänzend und geschmackvoll erleuchtet und gewährte einen wirklich imposanten, schönen Anblick. Mit Mühe drängten wir uns durch die vielen Masken auf der Treppe, um zu den Logen zu gelangen, und fanden zu unserer großen Freude noch in einer derselben Platz genug, um das Ganze mit einem Blick zu übersehen. Das Parterre war dem Theater gleichgemacht, und beide zusammen bildeten einen fast unabsehbar großen Saal, in welchem die bunte, zusammengedrängte Menschenmasse wie ein Meer auf und ab wogte. Der bei weitem größte Teil der Versammlung schien nicht zur eleganten Welt zu gehören; wir bemerkten keine einzige schöne oder glänzende Maske. Einige Charaktermasken waren zwar da, aber alle von ganz gewöhnlicher Art, und keine bemühte sich, den angenommenen Charakter mit Geist und Laune durchzuführen. Die Damen maskiert, im Domino, oder in die beliebte Tracht der Grisetten* gekleidet,

---

* *Domino* – Maskenanzug mit langem, weitem Mantel und Kapuze.
Grisette – ursprünglich Bezeichnung für die Pariser Näherin und Putzmacherin, nach ihrer grauen, schlichten Kleidung; auch für leichtlebiges, junges Mädchen.

drängten sich, am Arm ihrer größtenteils unmaskierten Führer auf und ab wandelnd, durch das Gewühl der Tanzenden hin. Bei letzteren aber war die rechte Freude des Carnavals zu Hause. Zwar schien keiner derselben zu der sogenannten guten Gesellschaft zu gehören, aber nie sahen wir so ganz mit Herzenslust tanzen wie hier. Die Poissarde und der Lastträger, die Köchin und der Hausknecht, der Friseur und das Kammermädchen, alles drehte sich in den künstlichsten Wendungen des französischen Cotillons* unermüdlich herum, machte seine Pas, strebte nach Grazie, tat galant, kurz es waren Franzosen im guten, fröhlichen Sinne des Wortes. Die fast unerträgliche Hitze, der noch unerträglichere Staub, nichts von alledem störte ihre Freude; unermüdet benutzten sie jedes vom Gedränge freigebliebene Plätzchen, und kein Mensch schien nur an Ausruhen zu denken. So treiben sie es die ganze Nacht, bis die helle Sonne sie heimsendet; niemand gedenkt dabei der Arbeit des vergangenen oder des kommenden Tages. Sie scheinen keine Ermüdung zu kennen. Ein Dienstmädchen in unserem Gasthofe tanzte so vier Nächte nacheinander, tat am Tage ihre Arbeit wie gewöhnlich und klagte uns am fünften halb weinend, daß sie für heute zu Hause bleiben müsse, weil ihr die Herrschaft die Erlaubnis, wieder auf den Ball zu gehen, versagt habe.

Nachdem wir unten im Theater dem lustigen Getümmel lange genug zugesehen hatten, stiegen wir eine Treppe hinauf in den ebenfalls im Schauspielhaus befindlichen großen Konzertsaal, in welchem wir alles genauso wiederfanden, wie wir es eben verlassen hatten; man tanzte und drängte sich herum wie unten im großen Saal. Der Konzertsaal ist ebenfalls von Logen umgeben, und eine bedeutende Reihe größerer und kleinerer Zimmer schließt sich an ihn an. In einigen derselben wurden Erfrischungen verkauft, mehrere davon waren von kleineren, abgeschlossenen Gesellschaften eingenommen, die größeren dienten den Spielern zum Tummelplatz und diese boten uns einen für uns ganz neuen Anblick.

* *Cotillon* oder *Kotillon* – in Frankreich zu Beginn des 18. Jahrhunderts entstandener Gesellschaftstanz, später auch mit Gesellschaftsspielen, allerlei Neckereien und kleinen Geschenken verbunden. Lange Zeit bildete der Cotillon den Höhepunkt eines Balles.

Noch ehe wir diese Zimmer betraten, hörten wir aus der Ferne ein wunderlich dumpfes, taktmäßig sich wiederholendes Geräusch, welches uns fast auf die Idee brachte, eine Kattundruckerei, eine Spinnmaschine oder etwas Ähnliches sei in der Nähe. In dem ersten Spielzimmer wurde Roulette gespielt, das Gedränge um die Tafel war sehr groß; doch ähnliches hatten wir in Bädern schon gesehen und gingen also weiter dem wunderlichen Geräusch nach, das sich immer vernehmlicher hören ließ, bis wir in einen sehr langen, hell erleuchteten Saal traten. Fünfzig und mehr gewöhnliche Spieltische standen hier nebeneinander in langer Reihe. An jedem saß eine ganz maskierte Dame im Domino, hinter ihr stand ein ebenso maskierter Herr als ihr Beschützer, vor ihr auf dem Tisch lagen Würfel und ein großer, glänzender Haufen Gold. Jede Dame hielt einen kleinen Becher von Horn zum Würfeln in der Hand, mit dem sie unaufhörlich auf den Tisch klopfte, solange sie müßig war, um die Spielenden herbeizulocken. Daraus entstand das Geräusch, welches uns auf die hier ganz absurde Idee einer Kattundruckerei brachte. In dem von den Spieltischen freigelassenen Raum drängte sich schweigend eine Menge von Masken herum, einzeln traten sie zu den Tischen, warfen ein Goldstück hin, würfelten und gingen wieder fort, indem sie das Gold entweder daließen oder verdoppelt einsteckten, um an einem andern Tisch ihr Heil zu versuchen. Kein Laut war in diesem Saal zu hören als das Klirren des Geldes, das Klappern der Würfel und Becher, nur ganz von fern schallte die Tanzmusik herüber. Kein menschliches Gesicht war zu sehen, lauter Larven, die schweigend mit großem Ernst ihr Geschäft betrieben und mit unsäglicher Gier das gewonnene Geld einstrichen. Uns war hier unheimlich zumute; fratzenhaft erschien uns alles, was uns umgab, und grauenvoll zugleich. Noch durch zwei ganz ähnliche Säle gingen wir hindurch, ehe wir den Vorplatz erreichten, in beiden fanden wir das nämliche Schauspiel und das nämliche Schweigen der nur mit Gewinn und Verlust beschäftigten Masken, das Klappern und Klirren des Geldes, der Würfel und der Becher.

Draußen atmeten wir freier und äußerten gegen unseren, hier einheimischen Begleiter unsere Verwunderung über das Gesehene und zugleich die Meinung, daß jene Damen mit dem Würfelbecher wohl zu einer sehr verworfenen Klasse gehören möchten.

Wie sehr stieg unser Erstaunen, als wir von ihm erfuhren, daß sie fast alle aus dem vornehmsten, angesehensten Kreise der Frauen in Bordeaux waren: Gattinnen bedeutender Männer, denen wir täglich in der Gesellschaft begegneten! Diese Tische hatten sie für die Zeit des Carnavals vom Unternehmer des Balls gemietet.

Daß hier nicht alles Gold sei, was da glänzt, davon machte ein Fremder unserer Bekanntschaft an dem nämlichen Abend die Erfahrung. Er war mit zehn Louisd'oren in den Saal getreten, hatte zehn andere damit gewonnen, und doch ergab sich am andern Morgen, daß er eigentlich verloren habe: denn alle zwanzig Goldstücke, welche über mehrere Tische die Wanderung gemacht hatten, waren unecht, das Stück ungefähr neun Franken wert.

Dem Einheimischen kann dergleichen nicht widerfahren, denn dieser weiß, daß man auf den hiesigen Maskenbällen nie mit gutem Gold spielt. Unten am Eingang ist ein etwas seitwärts gelegener, besonderer Laden, in welchem sich jeder, der oben zu spielen gedenkt, mit Gold versieht. Die Louisd'ore werden in diesem Laden ganz öffentlich, das Stück zu neun Franken, verkauft; und man kann beim Nachhausegehen sie dort auch wieder in echtes Geld für den gegebenen Preis vertauschen. Worin der eigentliche Vorteil des Verkäufers dieser falschen Münzen liegt, konnten wir nie recht ergründen; man sagte uns, derselbe bestände hauptsächlich darin, daß beim zweiten Wechsel manches gute Goldstück unter den falschen mitliefe, denn letztere sind so gut gemacht, daß sie nur ein sehr geübtes Auge erkennen kann. Dagegen aber bleibt auch manche falsche Münze unter den echten, und man tut wohl, sich an den Bouillottetischen, selbst in der besten Gesellschaft, davor zu hüten. Übrigens ist das Würfelspielen um falsches Gold hier so allgemeine Sitte, daß man den, der es nicht tut, als einen Neuling in der Welt verspottet.

Der zweite Maskenball, den wir besuchten, bei Ormond, ist der eigentliche Sammelplatz der eleganten Welt. Wir fanden hier nicht jene unermüdlichen Tänzer des großen Theaters, aber dennoch ging es in der feenhaft geschmückten Rotunde sehr fröhlich her, und Anstand und Zierlichkeit der Tanzenden bezeugten, daß diese nur zu den höheren Ständen gehörten. Das Lokal kann sich in Hinsicht der Größe mit dem Theater bei weitem nicht messen, doch ist es weit angenehmer und eleganter dekoriert. Eine Galerie, bedeckt mit transparenter Leinwand, auf welcher Bäume, Blumen und Sträucher gemalt sind, vereinigt die vielen verschiedenen Säle und Zimmer. Durch die hinter dieser Leinwand angebrachten Lampen ward in dieser Galerie ein liebliches, den Masken sehr vorteilhaftes Dämmerlicht verbreitet, in welchem eine Menge der liebenswürdigsten, elegantesten Grisetten herumschwebte. Viele recht gut ersonnene und durchgeführte Charaktermasken trugen zum allgemeinen Vergnügen bei, besonders eine Gesellschaft junger Männer in der Kleidung und dem Charakter der Poissarden. Einer von ihnen führte mit einem gascognischen Friseur mehrere höchst komische Auftritte zum Ergötzen aller Umstehenden herbei.

In den Spielsälen bei Ormond sahen wir das Würfelspiel fast noch eifriger treiben als im Schauspielhause. Die hier übliche Art desselben heißt Krips oder Kraps*. Der Spielende würfelt zuerst, dann der, so die Bank hält, und wer von beiden die zuerst geworfene Zahl wieder trifft, hat gewonnen.

Außer den Maskenbällen werden auch viele Subskriptionsbälle in öffentlichen Häusern gegeben, bei welchen man ohne Maske in Balltracht erscheint. Der Ball *à la maison de l'Intendance* ist der Versammlungsort der Bewohner der inneren Stadt, doch trafen wir dort auch mehrere Familien vom Charteron. Das Lokal ist nicht schön, der Tanzsaal niedrig, schlecht erleuchtet, und mehrere an ihn stoßende Zimmer, zum Spiel und zur Konversation, zeichnen sich auch nicht durch elegante Einrichtung aus. Wir sahen an den anwesenden Damen wenig Luxus in der Kleidung, wenig glänzenden Schmuck; sie schienen sogar um einige Monate in der Mode zurück geblieben zu sein; aber der Ton dieser Gesellschaft, ihr leichtes, anständiges Benehmen, das liebenswürdige Entgegenkommen, mit dem sie uns Fremdlinge empfingen, erfreute uns umso mehr. Den meisten Mitgliedern dieser Gesellschaft sah man es an, daß sie gewohnt waren, sich in den ausgesuchtesten Zirkeln des ehemaligen Paris zu bewegen.

* *Krips* oder *Kraps* – Spiel mit zwei Würfeln, abgeleitet vom engl. *craps*.

Getanzt ward viel, recht fröhlich, recht anständig und zierlich, obgleich mit weit weniger Prätention als in Paris. Dort kommen auf solchen Bällen nur wenige Tänzer zusammen; die Tanzenden bereiten sich Monate zuvor darauf vor, und man sieht es ihnen an, daß es ihnen nur um den Beifall der im dichten Kreise sie umgebenden Zuschauer zu tun ist, nicht um die Freude. Hier ist das anders. Leicht und fröhlich folgen die zierlichen Tänzerinnen den mannigfaltigen Figuren ihres vaterländischen Tanzes; die Mädchen eilten nach jedem Tanze sogleich wieder zu ihren freundlichen Müttern, der gewohnten Sitte des Landes gemäß, die jungen Frauen zu ihren Bekannten in die Reihen der Zuschauerinnen. Die Schritte waren weniger künstlich als in Paris, die Attitüden weniger theatralisch, aber auch weniger manieriert; und der Ausdruck des Vergnügens auf allen Gesichtern ersetzte reichlich jene mühsam erlernte Tanzmeistergrazie.

Die sogenannten englischen Bälle im *Hôtel Franclin*, einem Gasthof, sind weit glänzender. Die Gesellschaft des Charteron versammelt sich dort; viele Damen strahlten im blendendsten Glanze der Juwelen, mehrere noch in dem der Jugend und Schönheit, alles schien Jubel und Freude. Der Tanzsaal ist größer, schöner, besser erleuchtet; ein großer Speisesaal stößt daran, in welchem um ein Uhr zur Nacht gegessen wird; nach dem Essen fängt der Tanz wieder an und währt, wie hier gewöhnlich, bis zum Anbruch des Tages. Französische Contretänze und Walzer sind die einzigen in Bordeaux üblichen Tänze; die ersten werden mit großer Anmut und Leichtigkeit durchgeführt, das Walzen aber geht nicht sonderlich vonstatten; man sieht es, der Tanz ist hier fremd. Ein gereifter Herr wollte versuchen, eine gewöhnliche Ecossaise* aufzuführen, aber weder die Musiker noch die Tanzenden konnten damit fertig werden, und der Tanz endete unter lautem Gelächter, ehe er noch recht angefangen war. Der Aschermittwoch, welcher sonst in katholischen Ländern das Ende aller dieser Freuden plötzlich herbeiführt, ging hier unbemerkt vorüber, denn das Volk war zu sehr im Taumel befangen, um gleich

* *Ecossaise* – ursprünglich langsamer, vom Dudelsack begleiteter schottischer Volkstanz; seit dem 18. Jahrhundert lebhafter Gesellschaftstanz im Zweivierteltakt.

stille stehen zu können, und es besuchte die Maskeraden nach wie vor bis gegen die Mitte der Fasten. Die höheren Stände aber zogen sich zurück, bei ihnen war eben Devotion Mode geworden, die sich so sehr von echter Frömmigkeit unterscheidet.

Viele moderne Fromme eiferten gewaltig über die Verwilderung des Volkes, das jahrelang der größten Zügellosigkeit hingegeben gewesen war und sich jetzt in die längst vergessenen kirchlichen Gebräuche und Einschränkungen nicht mehr zu fügen wußte; der Bischof hatte noch zu wenig Gewalt, um kräftig durchzudringen und die alte Ordnung wiederherzustellen. Sehr weislich aber arbeitete er im Stillen daran, sein altes Ansehen wiederzugewinnen; die Messe ward, dank seinen Bemühungen, schon wieder eifrig besucht, es wurde sogar Mode hinzugehen, und damit ist in diesem Land alles gewonnen.

Eine große, glänzende Prozession zog an einem Sonntag der Fasten durch mehrere Straßen bis zur Kathedralkirche, wo ein feierliches Hochamt gehalten ward, um Gott für die Wiederherstellung der katholischen Kirche zu danken. Leute aus allen Ständen folgten dem Zuge, und diese in die Augen fallende Feierlichkeit hat gewiß damals der Kirche viele Herzen wieder zugewendet. Die hier wohnenden Fremden sind größtenteils der protestantischen Religion zugetan; sie haben ihre eigene Kirche, die aber, ohne alle äußere Zeichen eines Gotteshauses, tief versteckt in einem Winkel liegt. Die Türe, welche hineinführt, ist die engste und niedrigste, welche man sich denken kann.

Der Jahrmarkt

Ein echtes südliches Volksfest ist dieser Jahrmarkt, der gerade auf die Zeit des ersten erwachenden Frühlings, zu Anfang des Märzmonats, fällt. Reiche und Arme, Vornehme und Geringe freuen sich schon Wochen vorher auf diese fröhliche Zeit. Hinsichtlich des Kaufens und Verkaufens ist der Jahrmarkt zwar nicht bedeutend, wohl aber hinsichtlich des allgemeinen Jubels, dessen Haupttummelplatz der große Raum vor der Börse ist. Ihn teilt eine Reihe Buden in zwei ungleiche Teile, solange der Jahrmarkt währt. Die kleinere Hälfte desselben, dicht vor dem Börsengebäude, ist während der Zeit die Lieblingspromenade der feineren Welt; die größere, die sich bis an den Strom erstreckt, bleibt dem Volke und seinen Freuden überlassen.

In dem innern Raum der eigentlichen Börse, in der ihn umgebenden Galerie und dem daran stoßenden großen Saal stehen lange Reihen unzähliger Buden, in welchen allerhand Waren feilgeboten werden. An Auerbachshof, überhaupt an die Leipziger Messe darf hierbei freilich nicht gedacht werden: denn alles, was man hier zum Verkauf ausgestellt sieht, ist selten von hohem Wert; aber die Mode treibt dennoch alle Welt dorthin, besonders vormittags von ein bis drei Uhr. Man stößt, man drängt einander, man atmet Knoblauchduft; hundert zugleich schreiende Stimmen betäuben das Ohr; man arbeitet sich mühsam durch das Gewühl zu Bekannten und wird im Moment, da man sie anreden will, durch die zuströmende Menge wieder von ihnen getrennt. Das ist die ganze Freude, aber dennoch geht alle Welt hin, eben weil jedermann hingeht und niemand zu Hause bleiben mag.

Ist man dieses Vergnügens endlich müde, so begibt man sich hinaus auf den Platz dicht vor dem Gebäude, zu einer Art Revue der ganzen Gesellschaft. Freilich brennt dort die Frühlingssonne ganz unbarmherzig, und statt Bäumen und Blumen umgeben Düngerhaufen die Promenade, auf der kein Grashalm keimt. Auch der Staub ist entsetzlich, doch niemand achtet aller dieser Unbequemlichkeiten, denn eine schönere Gelegenheit, elegante Morgenanzüge zu sehen und zu zeigen, gibt es in der Welt nicht. Wer müde ist, mietet für einen Sous einen der unzähligen Strohsessel, welche eine Menge alter Weiber zu diesem Zwecke mit gellender Stimme anbieten. Eine lange, bunte Reihe von Beobachtenden bildet sich sehr bald; die andern wandeln umher, stellen sich in kleine Gruppen, die schnell wieder zerstieben, nicken hier einem Bekannten und rufen dort einem ihr *Adieu* aus der Ferne zu: denn *Adieu* ist in Bordeaux die Begrüßungsformel beim Kommen oder Wiedersehen, nicht beim Scheiden. So dreht man sich im bunten Wirrwarr herum, bis die Stunde schlägt, die alle Welt nach Hause zum Mittagessen ruft.

Anders geht es auf der zweiten, dem Volk überlassenen Hälfte des Platzes her. Dort währt die Freude ununterbrochen fort bis zum Abend. Matrosen aus allen Weltgegenden, wild aussehende, in Schaffelle gehüllte Bewohner der Steppen um Bordeaux, der sogenannten *Landes*, Poissarden, Weingärtner, Mädchen und Weiber vom Land und aus der Stadt in der buntesten Sonntagstracht, kurz alles, was nur in und um Bordeaux atmet und lebt, treibt sich dort im wildesten, lustigsten, buntesten Gewimmel umher. Man ißt und trinkt, man schreit und lacht und tanzt nach dem Tamburin und der Pfeife oder dem Schall einer verstimmten Geige, daß der Staub hoch in die Luft wirbelt. Dazwischen dudeln die vielen Drehorgeln, schreien die Guckkastenmänner ihre Wunder aus. Im ganzen übersehen ist dieser Anblick der tollste und lustigste, der sich erdenken läßt, im einzelnen gewährt er unendliche Abwechslung. In einem Winkel spielen Hunde eine Komödie, Policinello* in seinem Häuschen quieckt dazwischen. In einem anderen Winkel tanzen abgerichtete Ziegen ein Ballett, in einem dritten exerzieren Affen aufs Kommando und ziehen vor der schönsten Demoiselle den Hut ab, und ein paar ganz erstaunte Bären drehen sich mitten unter all dem Spektakel nach dem Schall des polnischen Dudelsackes schwerfällig herum.

Alles wird besehen, bewundert, belacht. Da ertönen auf einmal ein paar ganz erschreckende Geigen, Pfeifen, Trompeten und das beliebte Tamburin; sie kündigen etwas Ungemeines** an, das Volk macht Platz, und hoch auf einem mit bunten Bändern geschmückten Maultier kommt eine schöne, rot und weiß geschminkte, halb türkisch, halb bäurisch gekleidete Dame angeritten. Glänzende Flitterblumen und blitzende Zitternadeln*** von Glas schmücken ihr hochfrisiertes, schneeweiß gepudertes Haupt. Sie hält, die sie begleitende Musik schweigt, und nun preist sie mit sonorer Stimme ihre unschätzbaren Medikamente an, besonders die köstlichsten Schönheitsmittel, welche allen Zer-

---

* *Policinello* – veraltet für *Pulcinella*: Figur des komischen Dieners in der italienischen Komödie; nach *pulcino* (ital.) – Hühnchen, Küken, wegen der piepsenden Stimme und der schnabelähnlichen Nase des Pulcinella.

** *etwas Ungemeines* – früher für: etwas Ungewöhnliches, Seltsames, Wunderliches.

*** *Zitternadeln*, auch *Flimmernadeln* – Kopfputz der Frauen im 18. und 19. Jahrhundert, bei dem Edelsteine einzeln auf feine Drähte vernietet und diese ins Haar gesteckt wurden; sie sollten bei jeder Bewegung des Kopfes glitzern.

störungen der Zeit Trotz bieten und die älteste Matrone in wenigen Stunden zum jüngsten Mädchen umwandeln. Ein gewaltiges Drängen entsteht nach vollendeter Rede um sie her; alles will kaufen, man schreit, man stößt einander, und die weise Frau hat kaum Hände genug, um all ihre Kunden zu befriedigen. Von seinem nahen, aus einem großen Tisch bestehenden Theater macht der Wunderdoktor, im prächtig mit Gold besetzten Scharlachkleid, einen langen Hals und schießt wütende Blicke auf die Frau Kollegin. Weiterhin flattern auf langen Stangen bunte Bilder von Zwergen, Riesen, fremden Tieren hoch in die Luft. Die Eigentümer dieser Seltenheiten schreien vor ihren Buden wie besessen: *Entrez, mesdames, entrez, l'on va justement commencer*!* Kleine Savoyarden-Buben laufen wie Wiesel zwischen dem Getümmel und preisen ihre *marmotte en vie*** mit lauter Stimme an; andere hocken vor zylinderförmigen Kästen, auf welchen ein beweglicher Zeiger die Zahl der Makkaronen, Zuckerplätzchen, überzogenen Mandeln bestimmt, die der gewinnen kann, welcher ein paar Sous daran wagen will. Diese Knaben haben immer einen großen Kreis von Gewinnlustigen um sich her, nicht etwa nur von Kindern, große, bärtige Bauern, Lastträger, Basken sitzen halbe Stunden da und versuchen ihr Heil mit dem nämlichen Eifer wie die Würfelspieler der höheren Klassen. Die braunen, südlichen Gesichter, die blitzenden Augen, die Herkulesgestalten der Bauern und Schiffer, dazwischen die frischen Landmädchen mit ihren platten Hüten von Stroh oder Filz auf dem einen Ohr, geschmückt mit bunten Bändern; die Stadtmädchen mit ihren hohen Dormeusen, kurz, das ganze Gewirre voll Leben gibt ein Bild, dem keine Beschreibung genügen kann. Die mannigfaltigsten Gruppen bilden und zerstreuen sich in einem Augenblick; das Gedränge, der betäubende Lärm erlaubten uns nie, lange auf diesem Platz zu verweilen, aber unwillkürlich kehrten wir doch immer wieder zurück zu dem uns Nordländern ganz fremden Anblick des echt südlichen Lebens.

---

* Treten Sie ein, meine Damen, treten Sie ein, es wird sofort beginnen!

** *marmotte en vie* – lebendes Murmeltier.

Reise von Bordeaux nach Montpellier

Nach einem Aufenthalt von beinahe zwei Monaten ward es uns schwer, die freundliche Wohnung in Bordeaux und so manche uns in der Zeit wert gewordene Bekannte zu verlassen. Trennungen dieser Art sind indessen das Los des Reisenden, die öftere Wiederkehr derselben gewöhnt ihn allmählich daran, so daß er jedesmal mit leichterem Herzen scheidet. Ob dies aber echter Gewinn für ihn sei, ist eine Frage, die sich wohl nicht leicht entscheiden läßt.

Unsere Abreise von Bordeaux fiel in die letzten Tage des Märzmonats. Die Luft war warm wie bei uns im Juni; alles grünte und blühte ringsumher in üppiger Frühlingspracht; die Weinreben allein sahen noch winterlich aus. Durch eine sehr angenehme, fruchtbare Gegend, auf guten, obgleich ein wenig sandigen Wegen erreichten wir noch in der Abenddämmerung das am Ufer der Garonne liegende Städtchen *Langon*. Da wir uns indessen hier in einer Fähre übersetzen lassen mußten, so beschlossen wir, die Nacht dortzubleiben, und wählten einen dicht am Strome gelegenen Gasthof zum Nachtquartier, um morgen bei der Überfahrt gleich am Ufer zu sein. Man nahm uns sehr bereitwillig auf und führte uns sogleich in unser Zimmer. Festons* von Blumenkohl, Zwiebeln, Knoblauch und geräuchterte Schinken dekorierten hier die Wände; nasse, zum Trocknen aufgehängte Wäsche diente statt der Tapeten, und große Haufen von türkischem Weizen befanden sich in den Ecken statt des Sofas. Das war uns denn doch zu idyllisch-häuslich; wir eilten davon, so schnell wir konnten, und fanden noch zum Glück ein anständiges Quartier im oberen Teil der Stadt.

Am nächsten Morgen sahen wir in aller Frühe die Bewohner des Städtchens, festlich gekleidet, zur Kirche gehen. Es war Palmsonntag; alle trugen grüne Zweige in den Händen, um sie, dem

---

* *Feston* – Schmuckmotiv von bogenförmig durchhängenden Gewinden aus Bändern, Blumen, Blättern und Früchten, eigentlich in Baukunst, Kunsthandwerk und Malerei.

kirchlichen Gebrauch des Tages gemäß, vom Priester weihen zu lassen. Eine echte Frühlingsfeier an diesem wunderschönen Morgen. Auf dem Markt standen große Körbe voll der herrlichsten Blumen zum Verkauf ausgestellt. Hyazinthen, Tazetten, Jonquillen* von seltener Schönheit, in höchster Farbenpracht, dufteten und glänzten uns entgegen. Für wenige Sous erhielten wir einen großen Strauß der auserlesensten Blumen, an denen wir uns den ganzen Tag erfreuten. Von der Fähre entzückte uns die Aussicht auf das malerisch am Abhang eines sanft sich erhebenden Hügels gebaute Städtchen und auf die Anhöhen, welche es, einem fruchtbaren, großen Garten gleich, rings umgeben. Blühende Obstbäume und Hecken, Kornfelder, die fast schon Ähren trieben, prangten von allen Seiten zwischen den eben knospenden Weinreben. Aus fernen und nahen Dörfern tönte feierliches Glockengeläute durch das unaufhörliche Singen und Zwitschern der Vögel, die sich lustig im Sonnenschein herumtummelten und ihre Nester beschickten. Alles feierte das schöne Erwachen der Natur, stilles Glück, bescheidener Überfluß lächelten uns aus jedem Winkel dieses grünenden, duftenden Edens entgegen; und nie fühlten wir uns so rein beseligt durch den bloßen Anblick der uns umgebenden Gegenstände, als an diesem herrlichen Morgen.

Das zufällige Zusammentreffen mit einigen Bekannten aus Bordeaux im freundlichen Städtchen *Tonneins* war uns in dieser glücklichen Gemütsstimmung doppelt erfreulich. Nach Tisch setzten wir unseren Weg fort durch das an mannigfaltigem Reiz sich immer gleich bleibende herrliche Land. Die edelsten Arten des Bordeauxweines wachsen in der Gegend, durch welche wir an diesem Tage kamen, und gewähren den Bewohnern die auf dem Lande so erfreulich anzusehende Wohlhabenheit, die wir bis jetzt in Frankreich oft vermißten. Der Abend war schön wie der Morgen; und damit nichts die Freude dieses Tages uns störe, so fanden wir auch in der kleinen Stadt *Agen*, im Gasthof der Madame Castain, alles so bequem und gut, als wir es nur immer wünschen konnten, obgleich die Stadt und das Haus von Frem-

* *Tazetten, Jonquillen* – zwei Narzissenarten: die *Tazette* hat kleine, blaßgelbe Blüten, die zu 8 bis 18 in Dolden stehen; die gelbblühende, zwei bis fünf Blüten in der Dolde tragende *Jonquille* duftet nach Orangen.

den wimmelten, die der morgen dort beginnende Jahrmarkt hingezogen hatte.

Agen liegt höchst reizend. Schöne Alleen ziehen sich rings um die Stadt, welche die wohlhabenden Bewohner des Ortes, nach französischer Sitte, fleißig zum Spazierengehen benutzen. Diesen Abend nahm das fröhliche Treiben und Leben und Singen auf den Straßen und in den Alleen kein Ende, bis tief in die mondhelle Nacht hinein. Madame Castain ließ sich indessen von dem Gewühl in ihrem Hause nicht abhalten, uns bei Tisch sehr aufmerksam und gefällig in eigener Person zu bedienen. Die gute Frau erinnerte uns bei ihrem Eintritt auf komische Weise an Iphigenies Ausruf: „Wohl dem, der seiner Ahnen gern gedenkt!" Denn ihr erstes Wort war die Versicherung, sie sei die einzige Tochter des berühmten Tavernier von Nerac.

Sie hätte auf viele Reisende aus unserm Vaterlande stoßen können, denen dieser große Name, trotz seiner Berühmtheit, unbekannt blieb, und wäre dadurch in die peinliche Verlegenheit gekommen, etwas erläutern zu müssen, was sie für weltbekannt hielt. Wir aber kannten zum Glück den großen Mann, wir hatten seinen Namen oft auf den Monumenten seiner Taten mit unauslöschlichen Zügen eingebrannt gelesen, auf den Terrinen nämlich, welche die köstlichen Trüffelpasteten umgeben, die unter dem Namen der *Pâtés de Perigueux* selbst bis Rußland und Amerika versendet werden. Daß wir durch diese unsere Kenntnis das Herz seiner Tochter sogleich gewannen, ist natürlich. Mit holdseliger Beredsamkeit erwiderte sie das erteilte, gerechte Lob mit der Versicherung, sie sei die einzige Erbin des großen Geheimnisses ihres Vaters, warnte uns vor ihrem in der Nähe, aber von ihr getrennt lebenden Manne, der ihr die Pasteten nachpfuschen wolle, obgleich sie ihm nie die Art ihrer Bereitung anvertraut habe, und bewog uns zuletzt, eines ihrer Kunstprodukte mit auf die Reise zu nehmen. Wir befanden uns in der Folge sehr wohl bei diesem Entschluß und raten jedem uns nachfolgenden Reisenden, ein Gleiches zu tun.

Die Gegend hinter Agen verschönert sich beinahe mit jedem Schritt. Wir bemerkten jetzt wenige Weinberge, dafür aber die herrlichsten Weizenfelder und eine unglaubliche Menge prächtiger Obstbäume. Große Pfirsich- und Aprikosenbäume stehen hier am Wege, gleich den Apfelbäumen an der Bergstraße. Wie betrunken summten taumelnde Bienen in dem Meer von Blütenduft, uns ging es fast nicht besser: denn die reiche Fülle, der liebliche Reiz dieser himmlisch-schönen Gegend ist unbeschreiblich.

Ein Haupterzeugnis dieses Teils von Frankreich sind die hier in ungeheurer Menge wachsenden Pflaumen, die, getrocknet in kleine, längliche Kisten gepackt, in alle Welt, bis in den fernsten Norden versendet werden. Man kennt sie überall unter dem Namen der Katharinen- oder auch der französischen Pflaumen. Die deutschen getrockneten Zwetschken geben keine Idee von der saftigen Größe und Süße dieser köstlichen Frucht.

Croquelardit, ein kleines Dörfchen, ist die erste Station von Agen aus. Es hat eine entzückende Lage am Ufer der hier weit schmäleren, lieblich sich windenden Garonne. Fruchtbar angebaute Hügel, über welche höhere Felsen ihr stolzes Haupt kühn erheben, umgeben den kleinen Ort, und die Gegend gewinnt, bei aller Fruchtbarkeit, einen ernsten Charakter. Nie sahen wir idyllischen Reiz und romantische Größe in so innigem Vereine; dunkle Ruinen uralter Schlösser drohen von den Gipfeln steiler Felsen herab, und friedliche, von blühenden Gärten umgebene Hütten schmiegen sich an die Abhänge derselben bis hinunter an das Ufer des silberhellen Stromes.

Alles verkündete uns hier schon die Nähe der spanischen Grenze. Von den Anhöhen, über welche der Weg uns führte, erblickten wir oft die den Horizont kränzenden Pyrenäen in blauer, duftiger Ferne. Selbst die Kleidung der Bewohner des Landes hat ein fremdes, spanisches Aussehen. Die Männer tragen viel weite, runde Mäntel, große, vorn aufgeschlagene Hüte und darunter ein farbiges Netz; so begegneten sie uns auf hohen Maultieren reitend. Die Volkssprache in *Languedoc* nähert sich auch mehr der spanischen; sie hat einen schönen, volltönenden Klang, war uns aber leider ganz unverständlich und ist es auch jedem, in dieser Provinz nicht einheimischen Franzosen.

Je weiter wir kamen, je herrlicher wurde die Umgebung, so daß wir bei *Maulause* nicht länger im Wagen ausdauern mochten und zu Fuß eine Strecke vorausgingen, während die Pferde gewechselt wurden. Zwischen hohen Weinbergen zieht sich der Weg beträchtlich in die Höhe, wir verließen ihn und verfolgten einen seitwärts hinaufführenden Fußsteig, auf dem wir, zu unserer großen Freude, vielleicht den interessantesten Punkt dieser Gegend erreichten. Wir standen auf einem Rebenhügel und blickten hinab in eins der lieblichsten, blühendsten Täler voll zerstreut liegender kleiner Hütten, durchströmt von einem silberhellen, ziemlich bedeutenden Fluß. Es war wieder unsere alte Freundin, die Garonne, welche auch dies stille Plätzchen verschönte, wie wir späterhin erfuhren. An der anderen Seite des Tales, uns gegenüber, erhebt ein steiler Felsen drohend das Haupt, das die dunkle Ruine eines Schlosses oder eines Klosters wie eine Krone ziert. Gern hätten wir von einer alten, freundlichen Frau, die neben uns ihre Reben aufband, etwas über die Gegend und die Ruine erfragt, aber es war unmöglich, uns mit ihr zu verständigen; nicht einmal den Namen des Stromes konnten wir in ihrem Munde verstehen, so durchaus unähnlich war ihre Sprache der französischen.

Ein schnell aufsteigendes Gewitter nötigte uns, früher als wir es wünschten, den Wagen aufzusuchen, den wir in einiger Entfernung auf der Chaussee haltend erblickten. Doch zog der Regen bald vorüber und alles strahlte und duftete, von ihm erfrischt, nur umso herrlicher.

Bei *Moissac* mußten wir uns abermals in einer Fähre über den Strom setzen lassen. Die Gegend hier herum erinnerte uns durch ihre Ähnlichkeit mit den schönen Elbegegenden bei Meißen sehr lebhaft an unser deutsches Vaterland.

Bei Moissac und auch schon früher auf dem ganzen Wege begegneten uns mehrere Male zehn bis zwölf Menschen, die immer zu zweien und zweien, mit einer Kette um den Hals aneinandergeschmiedet, einhergingen und von einigen bewaffneten Reitern vorwärts getrieben wurden. Wir hielten sie für Verbrecher, wunderten uns nur über ihre große Anzahl, und daß sie von Marseille zu kommen schienen, anstatt dorthin auf die Galeeren gebracht zu werden. In *Castelsarrasin* aber bemerkten wir wieder einen solchen Transport und fragten; man antwortete uns: „*Ce sont des Volontaires*"*. Wir staunten und erfuhren endlich, daß diese Gefesselten Konskribierte** seien, welche man auf diese Weise der Bahn der Ehre zuführte. Das waren also die jungen Helden, die Blüte des Landes, von denen die französischen Zeitungen rühmten, daß ihr kriegerisches Feuer, ihr Eifer, dem Vaterlande zu dienen, kaum zu mäßigen sei! Im Sommer des Jahres 1814 gedachten wir oft dieser armen Unglücklichen, wenn wir die *jeune Garde* mit blutenden Füßen und von den Riemen der Tornister wund geriebenen Schultern durch das Tor von Weimar einziehen sahen.

Castelsarrasin ist ein kleiner Ort, wahrscheinlich ehemals eine Festung gewesen, denn man sieht noch die Spuren alter Mauern und Türme. Das sehr heftig gewordene Gewitter nötigte uns, mehrere Stunden dort zu verweilen; zum Glück trafen wir einen Mann, der verständliches Französisch sprach, und wir benutzten die Gelegenheit, uns nach manchen Dingen zu erkundigen, über die uns unterwegs niemand hatte Auskunft geben können, da wir die Sprache des Landes nicht verstanden.

Unsere erste Frage war die nach den Gefesselten gewesen; unsere zweite betraf die vielen Ruinen alter Schlösser, die wir in diesen Tagen erblickt hatten. Mit Entsetzen vernahmen wir, daß diese Trümmer nicht Überbleibsel längst vorübergegangener Jahrhunderte wären, wofür wir sie gehalten. Noch vor wenigen Jahren standen diese Schlösser unversehrt, von den angesehensten und edelsten Familien des Landes bewohnt, die hier auf den durch viele Jahrhunderte hindurch auf sie vererbten Stammhäusern ihrer Ahnen in Glück und Freude lebten. In den ersten furchtbaren Zeiten der Revolution fielen diese stolzen Gebäude als Opfer der zügellosen Volkswut. Es ward Feuer in sie hineingeworfen, die alles verzehrende Flamme loderte hoch empor, der Rauch und mehr noch der dieser Nation vor allen andern eigene mutwillige Zerstörungsgeist gaben den noch vor kurzem weit ins Land hinein hell schimmernden Mauern das uralte, schwarze Ansehen, welches uns täuschte. Wir freuten uns jetzt dieser Täuschung: denn der Gedan-

---

* „*Ce sont des Volontaires.*" – „Das sind Freiwillige."

** *Konskribierte* – zum Kriegsdienst ausgehobene Rekruten.

ke an die hier von zum Teil noch lebenden Menschen begangenen Greueltaten in dem von der Natur so hoch begünstigten Lande, hätte uns den Genuß dieser schönen Tage gewiß getrübt und verkümmert. Von den unglücklichen Eigentümern der Schlösser konnte man uns nichts Bestimmtes sagen. Viele sind an ihrem eigenen Herd von ihren Bauern ermodert, andere zum Richtplatz geschleppt worden, die übrigen ins Ausland entflohen und wahrscheinlich im tiefsten Elend zugrundegegangen.

Es war später Abend geworden, ehe wir Castelsarrasin verlassen konnten, und erst in tiefer Dunkelheit erreichten wir unser Nachtquartier in *Montauban*. Die Gegend bis dahin ist zwar sehr fruchtbar, besonders reich an Kornfeldern, aber flach und weniger interessant; deshalb trösteten wir uns leicht darüber, daß wir einen großen Teil des Weges bei Nacht zurücklegen mußten. Im *Hôtel des Ambassadeurs* in Montauban wären wir recht gut aufgehoben gewesen: denn an die hier, wie überall im Süden, vorherrschende Unreinlichkeit fingen wir allgemach an, uns zu gewöhnen; nur das Gerät in unseren Zimmern erregte in uns eine peinliche Empfindung. Fast jedes Stück desselben sah aus, als wäre es aus jenen zerstörten Schlössern geraubt; keines paßte zum andern; vieles trug Spuren ehemaliger Pracht, und manches dagegen war nur zum notdürftigen Behelf bäurisch zusammengezimmert. Vergoldete, mit künstlichem Schnitzwerk reich verzierte Bettgestelle standen in unseren Zimmern, die aber sichtliche Spuren gewaltsamer Zerstörung trugen, besonders an den ehemals reich vergoldet gewesenen, halb weggeschnittenen adeligen Wappen, deren Überreste noch am Kopfende des Bettes sichtbar waren. Schwere seidene Gardinen, mit großen goldenen Blumen durchwirkt, hingen zerrissen und voller Flecken unordentlich um sie her. Die Flecken waren vielleicht Blut der in diesen Betten Ermordeten; ein Gedanke, der uns so grausig ergriff, daß wir hier keine Ruhe finden konnten. Die Bilder der ehemaligen Eigentümer dieser gesunkenen Pracht verfolgten uns unablässig. Wo waren sie, die sonst hier ruhten, in dieser noch immer gewitterschweren, stürmischen Nacht? Vielleicht im Grabe, vielleicht in einer elenden Hütte auf einem Lager von Stroh! Wie wandelbar ist irdisches Glück! Wie vergänglich menschliche Größe!

Wir freuten uns des anbrechenden Tages, um so bald als möglich einen Ort zu verlassen, der so peinliche Empfindungen in uns rege machte; überdies wünschten wir sehr, Toulouse noch vor Mittag zu erreichen. Die in diesen Gegenden sehr bedeutende Stadt Montauban schien uns beim Durchfahren recht groß und nach südlicher Art wohlgebaut; wir kamen an mehreren großen Gebäuden und recht ansehnlichen hohen Häusern vorbei. Das Land ringsumher ist zwar fruchtbar und angebaut, aber flach. Näher an Toulouse erheben sich wieder fruchtbare Hügel, alles wird schöner, reizender; und herrliche große Bäume, wie wir von Castelsarrasin bis hierher nur wenige sahen, schmückten die unaussprechlich freundliche Gegend, welche der schiffbare Kanal von Languedoc* und die in malerischen Krümmungen nahe an der Stadt hinströmende Garonne noch verschönern.

Die ziemlich große Stadt *Toulouse* ist sehr volkreich und lebhaft. Viele schöne Häuser zeugen von der Wohlhabenheit ihrer Einwohner, aber die Straßen sind auch hier sehr eng und winkelig, wie überhaupt in allen Städten des südlichen Frankreichs: denn das Bedürfnis des Schattens und der Kühle bewegt die Einwohner derselben, ihre Häuser so nahe als möglich einander gegenüber zu stellen. Der dem Lande eigene Haß gegen alle Ordnung und Reinlichkeit scheint in dieser Stadt aufs höchste gestiegen, und wir bemerkten nur wenige große freie Plätze, die sonst das Übel einigermaßen mildern. Eine breite, mit hohen Bäumen besetzte, schöne Allee führt an den Kanal, der hier das Mittelländische Meer mit der Garonne und durch sie mit dem Ozean vereinigt. Toulouse wird dadurch in den Rang bedeutender Handelsstädte erhoben, besonders für den inneren Verkehr des Landes; und man sieht die glücklichen Folgen davon an dem augenscheinlichen Wohlstande, der hier in allen Klassen zu herrschen scheint. In den Straßen sahen wir viel Leben**, viele wohlgekleidete Leute und besonders viele schöne, auffallend ge-

* *Kanal von Languedoc* – eigentlich *Canal du Midi*: der rund 24 km lange, im 17. Jahrhundert erbaute Kanal mit zahlreichen Schleusen und Bassins gilt als technische Meisterleistung des Absolutismus; er verbindet die Garonne bei Toulouse mit dem Etang de Thau bei Sète am Mittelmeer.

** *Leben* – hier in der veralteten Bedeutung: lautes Treiben, Getümmel.

schmackvoll gekleidete Frauen und Mädchen mit der den Französinnen eigenen Grazie und Leichtigkeit über die schlüpfrigen Steine hinschweben. Auch bemerkten wir glänzende Läden und Magazine, angefüllt mit allem, was Luxus und Mode erheischen, und zu unserem großen Erstaunen eine Menge von Buchläden, die wenigstens mit der Literatur ihres Landes reich versehen schienen. Der gesellige Umgang in Toulouse wird allgemein gelobt; unser Aufenthalt in dieser Stadt war indessen zu kurz, um Bekanntschaften zu machen, die hier von dem Fremden, wie man sagt, nicht schwer zu finden sind. Wir begnügten uns also mit der bloßen Außenseite und können über das innere Leben nicht urteilen.

Toulouse ist reich an schönen Spaziergängen und Alleen, aber das Gewitter hatte die Luft nur zu sehr gekühlt, der Wind wehte eiskalt, wir froren, durch die nächstvergangenen* warmen Tage verwöhnt, vielleicht etwas mehr, als billig war, und wunderten uns sehr, jetzt auf einmal wieder das Kaminfeuer nicht entbehren zu können. Indessen besuchten wir doch eine sehr schöne Promenade an der Seite der Stadt, welche der zum Kanal führenden Allee gegenüberliegt. Über eine lange prächtige Brücke, die sich hier über die Garonne hinwölbt, gelangten wir zu einer zweiten großen Allee. Am Ende derselben liegen die ganze Stadt, der darin, längs dem Strome sich hinziehende, vom Gewühl des Handels belebte Quai, der Kanal und die reiche Ebene, welche die Stadt umgibt, wie ein Panorama ausgebreitet vor dem entzückten Blick. Blaue Gebirge begrenzen ganz in der Ferne die wunderschöne Aussicht, und an den vielen umher stehenden Sitzen bemerkten wir, daß dieser unbeschreiblich liebliche Platz den Toulousern an warmen Sommerabenden wohl oft zum Vereinigungspunkt dienen mag. Der Languedocer Kanal zog hier besonders unsere Aufmerksamkeit auf sich. Mit Recht ist er der Stolz der Bewohner dieses Landes; er hat unermeßliche Summen und Arbeit gekostet, und obgleich er nur kleine Schiffe auf seinem Rücken trägt, so ist er doch von unschätzbarem Nutzen, besonders für die Verbindung des südlichen Frankreichs mit dem nördlichen. In diesem von Bergen durchschnittenen Land stellten sich seiner Ausführung Schwierigkeiten

---

* *nächstvergangen* – vor kurzem, jüngst, zuletzt vergangen.

entgegen, die man in einem flachen Land, wie Holland ist, nicht kennt. An einigen Stellen führen ihn Wasserleitungen von einem Berg zum andern; zuweilen mußte er durch das Innere der durchgehauenen Felsen geführt werden, und selbst ihm das nötige Wasser zu verschaffen, grenzte oft an das Unmögliche.

Abb. 4: Ansicht von Toulouse.

Toulouse besitzt auch ein Museum, oder besaß es wenigstens damals, wie Paris mit geraubten Kunstschätzen so überfüllt war, daß jede bedeutende französische Stadt zum Ableiter dienen und das weniger Vortreffliche annehmen mußte, um nur in der Hauptstadt für das Auserlesenste Raum zu machen. Wir versäumten nicht, uns wenigstens durch einen Besuch eine allgemeine Übersicht dieses Museums zu verschaffen. Das Lokal besteht aus einem einzigen sehr großen, langen Saal, in welchem viele Bilder, ohne sonderliche Wahl, ohne Hinsicht auf Beleuchtung an den Wänden hingen. Mehrere junge Künstler, unter ihnen auch Damen, beschäftigten sich darin sehr ernstlich mit Kopieren und Zeichnen. Unter den Gemälden waren viele zum Teil gute Kopien der berühmtesten Werke der italienischen Schulen und einige ganz vortreffliche kleine niederländische Originale zwischen einer Menge zusammengerafften Wustes. Handzeichnungen von sehr verschiedenem Wert hingen hier und da zwischen den Gemälden, unter anderem der

Kopf der Cenci, sehr schön in schwarzer Kreide gezeichnet, angeblich von Mengs. Eine Tafel, die fast die ganze Länge des Saals einnahm, war mit dem buntesten Allerlei gedrängt voll überladen. Da standen Gipsabgüsse der berühmtesten Büsten der Antike neben ägyptischen Altertümern, Aschenkrügen, Vasen aus dem Herkulaneum und eine Anzahl von Lampen, Hausgöttern und dergleichen kleinere Überreste vergangener Zeiten. Auch bemerkten wir mehrere kleine Statuen und Büsten von Marmor und Bronze, antike und moderne, darunter manches Gute, ja sogar Vortreffliche. Nur eine ordnende, leitende Hand, ein mit verständigem Blick wählendes Auge schien hier zu fehlen, um alles zu einem zweckmäßigen Ganzen zu ordnen. So glich der Saal einer großen Rumpelkammer, die einer Reinigung sehr bedurfte.

Abends besuchten wir das Theater. Das Schauspielhaus ist nicht groß, nicht schön und dabei so schmutzig, daß wir beinahe gleich wieder umgekehrt wären, besonders da uns beim Eintritt in die Loge der fürchterlichste Knoblauchgeruch entgegenströmte und uns fast den Atem benahm. Wir lebten eben in der Zeit der strengsten Fasten, in der Karwoche, in welcher alle diese frommen Christen noch einmal so viel von ihrer Lieblingswürze zu sich nehmen als gewöhnlich. Indessen versuchten wir doch unsern Widerwillen gegen den uns überall verfolgenden Feind zu überwinden und blieben da. Wir taten sehr wohl daran: denn das Theater von Toulouse steht mit dem von Bordeaux gerade in umgekehrtem Verhältnis. Dort fanden wir das Schauspielhaus sehr prächtig und die Schauspieler kaum mittelmäßig; hier schaffte uns in einem sehr uneleganten Lokal eine alle unsere Erwartungen übertreffende Vorstellung einen sehr angenehmen Abend. Nur der Anfang derselben war nicht sehr erfreulich: denn halb ärgerlich, halb lachend über unser eigenes Mißgeschick, mußten wir auch hier ein albernes, langweiliges Ding von einer kleinen Oper sehen, das uns schon auf der ganzen Reise mit seiner jämmerlichen Musik und faden Sentimentalität verfolgt hatte. Es heißt *la jambe de bois*; und überall wie hier, in Bremen, in Holland, in England, in Brüssel, war auf allen Theatern dies verwünschte hölzerne Bein das erste, was uns entgegenkam. Zum Glück nimmt es nicht viel Zeit weg und diese benutzten wir, die sehr zahlreich versammelten Zuschauer zu betrachten, wobei uns abermals die große Anzahl hübscher Frauen und ihre einfache, geschmackvolle Kleidung auffallend war.

Beim Herausgehen aus dem Theater befanden wir uns in nicht geringer Verlegenheit; unser Mietbedienter* war nicht gekommen, uns abzuholen; Fiakers gibt es in Toulouse nicht; Sänften, von denen man uns versichert hatte, daß sie in Menge vor dem Theater ständen, waren dennoch nicht zu finden, und wir wußten nicht den Weg zu unserem Gasthof. Wir mußten uns entschließen, in der tiefsten Dunkelheit durch das verworrene Labyrinth der Straßen auf gut Glück fortzuwandern. Hin und wieder trafen wir zwar eine Révèrbere** mitten in der Straße, diese aber blenden nur, statt zu erleuchten, weil sie so weit voneinander entfernt sind, daß man immer aus der dicksten Finsternis in ihren glänzenden Lichtkreis tritt. Unser Gasthof, der größte in der Stadt, mußte allbekannt sein, aber vergebens fragten wir die wenigen Leute, denen wir zuletzt begegneten, nach der großen goldenen Sonne. Viele standen uns nicht Rede, andere lachten uns aus, und einige schickten uns absichtlich noch mehr in die Irre. Die in solchen Fällen hilfreichen Nachtwächter gibt es leider in Frankreich nicht. So irrten wir also über eine Stunde umher, bis wir durch einen glücklichen Zufall, herzlich müde, vor unserer Wohnung anlangten, mit dem festen Vorsatz, nie wieder in einer fremden Stadt uns auf unseren Ortssinn zu verlassen; und recht entzürnt über die ungefälligen Einwohner von Toulouse, die uns nicht hatten zurechtweisen*** wollen.

Es war unsere Absicht, sehr früh am Morgen abzureisen, um noch denselben Tag den merkwürdigen Wasserbehälter bei *St. Ferriol* zu sehen, welcher dem Kanal den größten Teil seines Wassers zuführt. Beim Aufstehen vernahmen wir zu unserem Verdruß, daß die Tore der Stadt gesperrt und keine Pferde zu haben wären. Pichegrus und Georges'**** Verschwörung gegen Bonaparte beschäftig-

---

* *Mietbedienter* – für kurze Zeit gemieteter Diener.

** *Révèrbere* – mit Reflektoren versehene Straßenlaterne.

*** *zurechtweisen* – hier in der Bedeutung: auf den rechten Weg weisen.

**** *Pichegrus und George* – Die beiden Royalisten *Charles Pichegru* (1761 bis 1804) und *Georges Cadoudal* planten gemeinsam einen Anschlag auf Napoleon, der aber aufgedeckt wurde. Pichegru beging im April 1804 im Gefängnis Selbstmord, Cadoudal wurde am 25. Juni 1804 hingerichtet.

te damals ganz Frankreich, vor allem aber den neuen Kaiser. In allen Städten wurden Mitverschworene aufgesucht, und auch in Toulouse glaubte man wenigstens, Verdächtigen auf die Spur gekommen zu sein. Deshalb waren schon am Abend vorher die genauesten Haussuchungen angestellt, die Tore geschlossen und streng verboten worden, sie zu öffnen. Wir hatten von allem diesem nichts erfahren, da wir den Abend im Theater zubrachten; und so gern wir auch noch freiwillig einen Tag in Toulouse geblieben wären, so verdrießlich war uns dennoch dieser gezwungene Aufenthalt. Zu unserer Freude wurden wir indessen schon um neun Uhr davon erlöst. Die Diligencen* rollten, mit Gefangenen und ihren Wächtern besetzt, zum Tor hinaus nach Paris zu, und wir fuhren, so schnell wir konnten, den entgegengesetzten Weg über das ebene Land bis *Castelnaudary*, wo wir noch zeitig genug anlangten, um gleich mit anderen Pferden und Wagen nach St. Ferriol zu eilen.

Wir hatten bis dahin noch drei Posten vor uns. Der Wind wehte kalt, und graue Regenwolken hingen schwer vom Himmel herab, aber der Weg war, wie hier überall, vortrefflich, und die Gegend, durch die wir kamen, zuerst sehr angenehm. Gegen das Ende der Fahrt sahen wir uns von hohen Bergen umgeben, der Weg ging steil hinauf, dann hinab, und nun waren wir in einem engen, öden Tale, rings umschlossen von kahlen, steilen Felsen, an deren Südseite aber doch noch Wein gebaut wird. Wir verließen hier unsern Wagen und baten einen Bauern, der dort in seinem zwischen Felsen eingeklemmten Weingärtchen arbeitete, unser Führer zu werden. Der Mann sprach zum Glück neben seinem Landesdialekt ein auch uns verständliches Französisch und führte uns willig durch die engen Windungen des immer schauerlicher werdenden Felsentales zu der netten kleinen Wohnung des Aufsehers der Wasserleitung. Dieser kam uns freundlich entgegen, ein eisgrauer Invalide, der selbst nicht mehr wußte, wie alt er war. Schon unter Ludwig dem Fünfzehnten hatte er manchen Feldzug mitgemacht, manche Schlacht gefochten, viele Länder und Menschen gesehen; er war so-

* *Diligence* – Eilpostwagen.

gar im Siebenjährigen Krieg* in Deutschland gewesen und hatte bei Roßbach die Deutschen kennengelernt. Alles dies erzählte uns der gute, freundliche Greis mit aller Redseligkeit eines alten Franzosen und eines gewöhnlich einsam Lebenden, während er die Fackeln zusammensuchte, die uns auf unterirdischen Wegen leuchten sollten. Wir sahen uns indessen in seiner Wohnung um, in der er ganz allein mit einem jungen Mädchen, seiner Enkelin, nach einem so unruhevollen Leben das Ende desselben in der abgeschiedensten Einsamkeit erwartete. Die kleine, recht reinlich gehaltene Hütte liegt in einem tiefen Kessel, rings umschlossen von öden Felsen, über welche noch höhere, nackte Felsenspitzen sich emportürmen. Kein Baum, kein Strauch grünt in dieser Einöde, die nur in den längsten Tagen ein kurze Zeit verweilender Sonnenstrahl begrüßt und die uns an Schottlands wildeste Täler lebhaft erinnerte. Der graue Himmel, die matt ihn durchblickenden Strahlen der zum Untergang sich neigenden Sonne, welche die fernen hohen Felsenspitzen färbte, und das Heulen des Nordwindes, der schauerlich pfeifend durch Klüfte und Felsspalten tobte, machten die Ähnlichkeit mit jenen wilden Gegenden noch treffender und versetzten uns plötzlich hier mitten aus dem lachenden Süden in des fernen Nordens düstere Gebirge.

Wir stiegen auf einem sehr steilen Fußweg eine kleine, ganz nah am Haus gelegene Anhöhe hinauf, bis an eine in den Felsen gehauene Tür. Der Greis öffnete sie, zündete dann seine Fackeln an und führte uns eine lange, tief ins Innere der Felsen gehauene Treppe, vorleuchtend, hinab. Nun befanden wir uns in einem nicht hohen, langen, kellerartigen Gewölbe, in dessen Hintergrund wir beim Schein der Fackeln drei kolossale Krahne** von Messing nebeneinander erblickten. Unser Führer drehte den einen davon um, und das den heftigsten Donner übertreffende Tosen des von uns ungesehen in den Grund der Erde hinabstürzenden Wassers erfüllte uns plötzlich mit unaussprechlichem, alle Sinne betäubenden Grausen. Es war, als krache der Felsen über uns und drohe den Einsturz des

---

* *Siebenjähriger Krieg* – Krieg der meisten kontinentaleuropäischen Mächte gegen Preußen und Hannover mit gleichzeitigem britisch-französischem See- und Kolonialkrieg 1753 bis 1763.

** *Krahn* oder *Kran* – Wasserhahn, Zapfhahn.

Gewölbes; der Felsengrund unter unseren Füßen schien zu beben. Der Widerhall in dem engen, niedrigen Gewölbe, das ungewisse Flimmern des Fackelscheins an dem grauen Gestein in diesem Grabesdunkel erhöhten unaussprechlich das Schauerliche der Szene, so daß wir fest überzeugt sind, auch die stärksten Nerven könnten nicht ausdauern, wenn alle drei Krahne zugleich geöffnet würden, was auch fast nie geschieht. Selbst das mächtige Sieden und Brausen des gewaltigen Rheinfalls machte auf uns nicht diesen fürchterlichen Eindruck. Dort, unter dem hohen Gewölbe des Himmels, sieht man den mächtigen Strom schäumend am Gestein zerstieben; sein Toben gleicht dem Donner Gottes und erhebt die Seele zu Gott in ehrfurchtsvoller Anbetung. Hier, in dem einem Grab ähnlichen Gewölbe, gleicht dies ungeheure, durch den Widerhall ins Unendliche verstärkte, unsichtbare Tosen dem Wüten der Hölle; es beängstigte uns so, daß wir beim Hinaustreten im Freien tief aufatmen mußten, mit dem Gefühl, als wären wir einer großen Gefahr entgangen. Draußen zeigte uns unser Führer, wenige Schritte höher hinauf, die Entstehung jenes entsetzlichen Brausens. Ein in den Felsen gehauenes, nicht sehr großes Becken versammelt hier das Wasser mehrerer, von höheren Felsen hinabgleitender Quellen. Das Gewölbe, aus welchem wir kamen, liegt gerade unter demselben, die Krahne schließen tief ins Innere des Felsen gearbeitete Wasserleitungen, durch welche, wenn sie geöffnet werden, das Wasser hinabströmt in ein noch tiefer liegendes zweites Gewölbe, und aus diesem fließt es zuletzt im Freien dem Kanal zu.

Wir besuchten nun auch dieses, dem unteren Tal näherliegende zweite Gewölbe. Es ist sehr lang und schmal, und im Hintergrund desselben sahen wir das Wasser aus dem oberen Gewölbe schäumend hinabstürzen. Brausend und wild strömt es in einen steinernen Kanal, der fast die ganze Breite der Höhle einnimmt, durch dieselbe hindurch, hinaus ins Freie, hinab ins Tal, über das Gestein hin und fließt tief unten seiner Bestimmung zu. Auf den schlüpfrigen Steinplatten, welche diesen Kanal einfassen, schlichen wir, dicht an die Felsenwand gedrückt, bis zu dem unterirdischen Wasserfall im Hintergrunde des Gewölbes. Das Brausen im Kanal vermehrte sein mächtiges Donnern; es war noch tobender als oben, aber es machte bei weitem nicht jenen mächtigen Eindruck auf uns, da wir hier die

Ursache desselben vor unseren Augen sahen; denn nur das Unsichtbare vermag es, die Seele mit so tiefem Grausen zu erfüllen; was der Mensch sieht, hört er bald auf zu fürchten. Der Abend dämmerte schon, ehe wir von unserem guten, invaliden Eremiten schieden und wieder unsern Wagen bestiegen.

Spät in der Nacht kamen wir nach Castelnaudary zurück und fanden dort alles zu unserm Empfang und unserer Erholung bereitet. Ein großer, starker Mann, der sich schon vormittags als Nachbar und Hausfreund unserer etwas ältlichen, sonst gar nicht üblen Frau Wirtin bei der Einrichtung unserer Fahrt nach St. Ferriol sehr geschäftig bewiesen hatte, kam jetzt, während unseres Abendessens, herauf, zu fragen, wie es uns dort gefallen habe. Er schwatzte lang und breit, meinte, es sei eine *belle horreur* und dergleichen. Uns machte der Herr Nachbar Langeweile und wir fingen an, untereinander deutsch zu sprechen. Zu unserm Erstaunen aber begann er nun auch, sich in dieser Sprache recht geläufig vernehmen zu lassen und behauptete mit recht österreichischem Akzent, er habe „unsere Gnoden" halt oft in Warschau gesehen und kenne uns recht gut. Es kam heraus, daß er dort und in Wien siebenundzwanzig Jahre gelebt habe. In welcher Qualität? Das verschwieg er bescheidentlich. Wir machten, daß wir ihn bald los wurden, und nahmen uns vor, uns in Zukunft nie darauf zu verlassen, daß man im fremden Land unsere Sprache nicht verstehe; denn wer hätte wohl vermutet, in Castelnaudary einen Einwohner des Ortes zu finden, der unserer Muttersprache so kundig wäre?

Bei noch immer trübem, rauhem Wetter fuhren wir morgens weiter, auf der herrlichsten Chaussee, die es nur geben kann. Um das viele Bergauf- und Bergabfahren zu vermeiden, sind ganze Strecken brückenartig gewölbt, kein Stein liegt im Wege, und der kleinste Abhang ist mit festen Brustwehren von Quadersteinen versehen. Wir kamen an mehreren alten Warttürmen* und manchen verödet liegenden Burgruinen vorbei; übrigens bot die Gegend wenig Abwechslung, bis wir *Carcassonne* vor uns liegen sahen.

Diese gewiß uralte Stadt gewährt einen ganz eigenen altertümlichen Anblick. Sie ist umgeben von wunderlich gezackten, mit

* *Wartturm* – veraltet für Wachturm.

Wachttürmen versehenen Mauern, welche, wie die ganze Stadt, das Gepräge längst vergangener Zeiten tragen. Aus Quadersteinen für eine Ewigkeit zusammengetürmt, stehen die vom Laufe mehrerer Jahrhunderte geschwärzten Häuser in den engen, verworren durcheinander sich schlingenden Straßen. Die wenigen trüben Fenster liegen in den dicken Mauern tief verborgen, die Fensterläden daran sind von außen angebracht und werden der Hitze wegen fast immer verschlossen gehalten. So finster und trübselig sehen alle Städte in diesem Teil von Frankreich aus. Auf den Straßen steht man wie in einem tiefen Keller; kaum daß ein schmaler Streif des blauen Himmels sichtbar wird, wenn man den Kopf ganz hinten überbiegt. Des so notwendigen Schattens wegen baute man auch hier die Häuser so nahe einander gegenüber, aber die Luft wird dadurch dumpf, drückend und der gänzliche Mangel der Reinlichkeit umso empfindlicher.

Das Leben in diesen Gegenden ist unglaublich wohlfeil; in dem Gasthof, vor welchem wir in Carcassonne abstiegen, sahen wir unten im Haus die Knechte und Mägde um einen großen Napf voll gesalzener Oliven und einen großen Krug mit Wein zum Frühstück versammelt. Dieser Anblick erregte in uns den Wunsch, ein Gleiches zu tun; die Wirtin brachte uns eine große weiße Flasche, die wenigstens so viel als drei unserer Bouteillen* hielt, voll des lieblichen, süßen Weines, der zwischen Carcassonne und Béziers wächst; sie hatte ihn für uns eine Viertelstunde weit holen lassen und forderte dennoch für die Flasche nur acht Sous, ungefähr drei gute Groschen; obendrein sah die gute Frau bei der Forderung aus, als habe sie uns, ihrer Meinung nach, recht teuer zahlen lassen. Die Einheimischen geben nur drei Sous für eine solche Flasche Wein, und alle anderen Lebensmittel stehen damit in gleichem Verhältnis. Wir wunderten uns nur, daß die Leute hier nicht immer alle betrunken sind; unser Bedienter kam nie recht zu seinen fünf Sinnen, solange wir uns in diesen Gegenden aufhielten, und wir konnten es ihm kaum verargen.

Hinter Carcassonne wird die Gegend sehr gebirgig; der Weg windet sich durch öde, enge Täler, zwischen kahlen, zackigen

* *Bouteille* – veraltet für Flasche.

Felsen hin, die oft den Ausgang zu versperren scheinen. Hinter *Cruscades* schwindet fast jede Spur von Vegetation, und nur Lavendel, Thymian und ähnliche Kräuter sprossen ärmlich und halb vertrocknet aus den Felsenritzen.

Gegen *Narbonne* zu erwacht neues Leben in der Natur. Dicht vor der Stadt bemerkten wir die ersten Olivenbäume, freilich nicht von so üppigem Wuchs, wie wir sie später bei Marseille und Toulon sahen, aber ihr Anblick freute uns doch sehr; denn wir sahen in ihnen Verkünder des mildesten, schönsten Himmelsstriches in Europa.

Uns schien der Olivenbaum bei weitem nicht so häßlich, als einige neuere Reisende ihn beschreiben. Wahr ist es, er gleicht sehr den gemeinen Weiden, aber er bildet schöne, runde Kronen; sein immergrünes Laub ist schöner geformt, die blaugrünen Blätter sind an der untern Seite beinahe weiß, und es sieht sehr artig aus, wenn der Wind die Zweige durchrauscht und diese weiße Seite bald schillernd das Grün durchblitzt, bald sich darunter verbirgt.

Narbonne ist eine alte, düstere Stadt wie Carcassonne, nur schien sie uns etwas kleiner und ihre Umgebungen weniger pittoresk. Wir hätten uns gern in der Stadt umgesehen, aber die engen, dunklen Straßen sahen so wenig einladend aus, daß wir keinen Spaziergang darin unternehmen mochten, ohne einen eigentlichen Zweck dabei vor Augen zu haben. Wir erkundigten uns also in unserem Gasthof nach den Merkwürdigkeiten des Ortes. Man nannte uns deren zwei, einen sehr berühmten Arzt, zu dem in bedenklichen Fällen viele Kranke aus weiter Ferne ihre Zuflucht nahmen, und einen noch berühmteren Advokaten. Von anderen Merkwürdigkeiten an Gebäuden und dergleichen wollte niemand etwas wissen, und da wir glücklicherweise der Kunst jener beiden Herren nicht bedurften, so beschlossen wir, zu Hause zu bleiben und der Ruhe zu pflegen.

Hinter Narbonne wird das Land sehr fruchtbar, ein wahrer Garten, der blonden Ceres geweiht; überall auf der weiten Ebene zwischen unabsehlichen Weizenfeldern wachsen hier Öl* und Wein im reichsten Überfluß. Leider erfuhren wir es zu spät, daß wir auf dem Weg von Narbonne nach Béziers einer der merkwür-

* *Öl* – bezeichnet hier die ölgebende Pflanze, den Ölbaum oder dessen Früchte.

Abb. 5: Ortseingang von Narbonne

digsten Stellen des Languedocer Kanals ganz nahe vorbeigekommen waren, ohne es zu ahnen. Auf einem ganz kleinen Umweg von vielleicht einer Stunde hätte wir den durchbrochenen Berg (*la montagne percée*) sehen können. Der Kanal geht dort durch ein in den Fels gehauenes, großes Gewölbe. Von beiden Seiten desselben ist nur eben Raum genug für die Schiffer, die hier aussteigen und ihr Schiff an Seilen hindurchziehen, wie man es auch in Holland auf den Kanälen oder stromaufwärts am Rhein sieht. Die Perspektive durch den dunklen Rahmen der Öffnung des Gewölbes hindurch auf die weite fruchtbare Ebene, und dazu das auf dämmerndem Wege langsam hinwogende Menschenschifflein, müssen einen in seiner Art einzigen Anblick gewähren.

Von Béziers sagt ein hierzulande allbekanntes Sprichwort, daß der liebe Gott diese Stadt zum Wohnplatz erwählen würde, wenn er einmal zu uns herabsteigen wollte. Sie liegt am Abhang eines Hügels, der auf der höchsten Spitze eine der reichsten, weitesten Aussichten gewährt. Dort oben erblickten wir zum ersten Mal aus der Ferne das Mittelländische Meer seitwärts, wie dunkelblaue Wolkengebilde die Pyrenäen am Horizont. Vor uns breitete sich im Frühlingsglanz und aller Pracht südlicher Vegetation die reich angebaute Ebene aus, durchschlungen von einem silberhellen Strom, den man uns *la rivière d'or*, den goldenen Fluß, nannte. Friedliche Dörfer, eine Menge zerstreut liegender, weißschimmernder Landhäuser, im Schatten dunkler Zypressen und unzähliger Obstbäume, bringen Leben in die wunderherrliche Landschaft.

In der Stadt bemerkten wir viele recht schöne, große Häuser, übrigens ist sie gebaut wie alle Städte dieses Landes. Es war viel Leben in den engen Straßen, viele auffallend schöne Weiber mit dunklen, blitzenden Augen wandelten hin und wieder, alles schien fröhlich und guter Dinge, wie es sich in diesem schönen Lande gebührt. Der Anblick des Marktes bewies uns augenscheinlich, daß wir den glücklichen Süden nun wirklich erreicht hatten. Große Körbe voll Orangen, Mandeln, Feigen und großer Rosinentrauben standen in Menge zum Verkauf, wie bei uns die Kartoffeln; Sardellen, Oliven, Kapern in solchem Überfluß, daß man sah, wie alles dies hier zu den gemeinsten Lebensmitteln gezählt wird.

Eine rings um die Stadt sich ziehende schöne Allee bietet mehrere, sehr angenehm wechselnde Aussichten; am schönsten aber ist die von der nahe am Markt gelegenen Terrasse. Obgleich weniger ausgebreitet als oben auf dem Berge, erfreute sie uns fast noch mehr; denn das reichgesegnete Land lag wie ein großer Garten dicht vor uns in aller seiner Pracht. Der Kanal zieht sich silbern hindurch und verbreitet Leben und Wohlhabenheit unter die Einwohner. Deutlich überblickt man von hier aus die mit großen Kosten erbauten sieben Schleusen, welche das Wasser in die Höhe treiben, wenn Schiffe hier durch den Kanal wollen. Mit wahrem Herzeleid sahen wir auch den durchbohrten Fels etwas entfernter liegen.

Die von der unseren so ganz verschiedene Pflanzenwelt setzte uns unter diesem glücklichen Himmelsstriche in immer wiederkehrendes, fröhliches Erstaunen. Was wir in unsern Treibhäusern und in unsern Zimmern mühsam pflegen, um es in kümmerlicher Existenz zu erhalten, das wächst hier in üppiger Pracht, ungepflegt, im Freien und wird nicht geachtet. Goldlack, die schönsten Irisarten und unzählige andere Gartenblumen werden wie Unkraut angesehen; die herrlichsten Tazetten sahen wir auf Feldern und Wiesen zwischen Weizen und Gras wild wachsen. Die Leute treten darauf herum, als wären es Gänseblümchen, setzen sich am Rande eines Bachs unter einem großen Myrtenstrauch im Schatten nieder, als müßte das so sein, und fassen ihr Küchengärtchen mit Aloen ein, weil die steifen, spitzen Blätter Hasen und Kaninchen nicht durchlassen. Der köstlich duftende Jasmin (*Jasminum officinale**), der Oleander, die Myrte und unzählige ähnliche Sträucher bilden die Hecken und blühen aus allen Winkeln; dunkle, herrliche Zypressen stehen riesengroß vor allen Hütten. Pfirsiche, Aprikosen, Maulbeeren, Johannisbrot, Mandeln, Oliven wachsen an den Straßen und in jedem Bauerngarten. Wir Fremdlinge stehen dabei, staunen fröhlich all die Wunder an und können gar nicht begreifen, wie die hier lebenden Menschen diese Herrlichkeit so gewohnt sind, daß sie sich deren gar nicht mehr freuen. Und dennoch sehen wir nur erst die Blüte. Was muß ein Herbst in diesem segensreichen Lande sein!

Die Natur übertraf hier unsere gespanntesten Erwartungen, aber die Menschen sind anders, als wir sie uns dachten. Unter dem Landmann herrscht nicht die ewige Freude, die kindlich reine Lust am Leben, welche Yorick und von Thümmel** uns als hier einheimisch malten. Das glückliche Klima, die leichtere Nah-

---

* *Jasminum officinale* – der aus Persien und dem Himalayagebiet stammende *Echte Jasmin*, ein Strauch mit duftenden, weißen Blüten.

** *Yorick* – Hauptfigur des von *Laurence Sterne* (1713 bis 1768) verfaßten Buches *A Sentimental Journey Through France and Italy* (1768). Mit diesem Werk begründete der englische Schriftsteller, der mehrmals Frankreich besucht hatte, seinen Ruhm, vor allem in Frankreich und Deutschland. Hier erschien bereits 1768 eine Übertragung unter dem Titel *Yoricks empfindsame Reise durch Frankreich und Italien*, die die Gefühlskomponente des Originals noch verstärkte. Zahlreiche Nachahmungen und Adaptionen folgten noch im 18. Jahrhundert. Auch der deutsche Schriftsteller *Moritz August von Thümmel* (1738 bis 1817) wurde in seinem zehnbändigen Werk *Reise in die mittäglichen Provinzen von Frankreich im Jahre 1785 – 1786* stilistisch stark von Sterne beeinflußt.

rung, der Überfluß an lieblichem Wein stimmen freilich die Menschen hier eher zur Lust, ihr leichteres Blut fließt hüpfender durch ihre Adern. Manche Sorgen für Kleidung, Vorrat an Lebensmitteln und Wärme für den Winter, die den armen Nordländer drücken, kennen sie nicht. Um die Zukunft kümmern sie sich etwas weniger als wir; sie lachen mehr, singen mehr, und raschere Freude belebt ihren Tanz an Festtagen. Aber in der Woche sahen wir auch hier bei den Landleuten, solange die Sonne am Himmel steht, nur saure Arbeit und abends Sehnsucht nach Ruhe, wie bei uns. Keine Margot, keine Nanette wurden wir gewahr; von der Sonne verbrannte Bäuerinnen, die schwere Lasten auf den Köpfen tragen und schon auf zehn Schritte weit nach Knoblauch riechen, das sind die gepriesenen Arkadierinnen dieses Landes. Ihr Kostüm verschönert sie nicht; keine niedlichen Strohhüte, keine zierlich geflochtenen Zöpfe schmücken sie wie die Bauernmädchen in der Schweiz. Sie tragen sehr häßliche Hauben von Leinwand, unten daran sind lange, mehr als handbreite Streifen befestigt, welche unter dem Kinn gekreuzt und oben auf dem Kopf zusammengesteckt werden, so daß die Enden, wie die Ohren eines Hühnerhundes, an beiden Seiten herabhängen. Runde, flache Hüte von schwarzem Filz binden sie auf eine besondere Art über diese Hauben; vorn schließen sie eng an die Stirn, und hinten stehen sie hoch in die Höhe. Vor etwa vierzig Jahren trugen die englischen Damen ihre Hüte so, wie man es noch auf englischen Kupferstichen aus jener Zeit sieht. Den dunkelblitzenden Augen und scharf gezeichneten schwarzen Augenbrauen der Languedocer Bäuerinnen steht indessen dieser Hut bisweilen sehr gut. Ein Rock von rotem, groben Wollzeug*, ein sehr häßliches Camisol** mit langen Schößen und engen, bis über die Ellenbogen reichenden Ärmeln, dazu plumpe hölzerne Schuhe mit kleinen Absätzen, inwendig Stroh darin, damit sie den Fuß nicht wund reiben, vollenden den Anzug, in welchem wohl niemand eine Margot sich denken wird.

---

* *Zeug* – veraltet für Stoff, Gewebe, Tuch.

** *Camisol* oder *Kamisol* – enganliegende Jacke, Wams.

Gegen Abend verließen wir Béziers. In einiger Entfernung von der Stadt wurde die Gegend weniger interessant; wir waren sehr ermüdet, der Schlaf überwältigte uns, und wir mochten wohl eine ziemliche Weile so geschlummert haben, als wir beim plötzlichen Erwachen uns, wie ins Feenland versetzt, mit großen Augen umsahen. Ein köstlicher Duft umschwebte uns; der Wagen hielt auf einem ganz runden, grünen Platz, in dessen Mitte sich ein kleines Wasserbassin befand, in diesem ein Delphin aus Stein gehauen, der silberne Strahlen hoch gen Himmel sprühte, die, in Diamanten gleich funkelnde Tropfen verwandelt, wieder zurückfielen. Herrlich hohe Bäume schlossen einen dichten Kreis um diesen lieblichen Platz, die eben sinkende Sonne streute blitzende Lichter auf das dunkle Grün der Zypressen und verklärte die tief herab sich senkenden Zweige der großen Trauerweiden zu hellen, grünlich-goldenen Strahlen. Die duftendsten Sträucher blühten zwischen den Bäumen und bildeten eine Art von Hecke; ein artiges weißes Landhaus schimmerte, hinter grünen Zweigen versteckt, hervor. Vor uns im Wagen lag ein sehr großer Strauß von Veilchen, die an Duft, an Farbenpracht, an Größe alle, die wir bis jetzt gesehen hatten, so weit übertrafen, daß wir sie auf den ersten Blick gar nicht für Veilchen erkannten. Gegen die unsrigen gehalten waren sie, was die vollaufgeblühte Centifolie* gegen die blühende Hagebutte ist. Alles war still umher, nur Vögel zwitscherten in das Geplätscher des kleinen Springbrunnens; kein Mensch ließ sich erblicken, selbst der freundliche Geber des Straußes nicht; unser Postillion spannte aus und ging, andere Pferde zu holen. *Le Begude de Jordy* heißt dieser wunderliebliche Ort, der wohl von unserer Seite eines längeren Verweilens wert gewesen wäre; aber das Schöne erblicken und dann es ungenossen verlassen, das ist das Schicksal des Reisenden. Das Übelste ist nur, daß er sich dieses Schicksal gewöhnlich selbst macht. Denn was hinderte uns eigentlich, in diesem zauberisch-schönen, stillen Winkel der Welt die Sterne auf- und untergehen zu sehen und es zu erwarten, daß die Morgensonne diese hohen Wipfel wieder vergolde?

---

* *Centifolie* oder *Zentifolie* – Rosenart mit dicht gefüllten Blüten.

An le Begude de Jordy schließt sich ein kleines Gehölz von Birken, Akazien und ähnlichen Bäumen, eine wahre Seltenheit in diesem Lande, und das erste, durch welches wir auf der ganzen Reise von Paris bis hierher kamen. Wir schwelgten wie berauscht in dem Meer von Wohlgeruch, das uns hier umwallte. Auch wie wir wieder ins Freie gelangten, blieb sich die Gegend gleich an entzückender Schönheit. Rasch ging es fort über Tal und Hügel, durch das wegen seiner Bonbons in ganz Frankreich berühmte Städtchen *Pézenas* hindurch, bis wir bei Sternenlicht am *Hôtel du midi* in *Montpellier* anlangten.

Montpellier

Müde und hungrig, wie man es nach einem seit Sonnenaufgang benutzten Tag ist, hatten wir uns um Mitternacht zu einem recht einladenden Abendessen eben niedergesetzt, als man uns meldete, daß draußen jemand unsern Paß zu sehen verlangte. Diese Störung war uns in diesem Moment sehr unwillkommen, wir erwiderten also kurzweg, das habe wohl bis morgen Zeit, und meinten, die Sache damit fürs erste abgetan zu haben, weil sich weiter nichts darüber hören ließ. Ehe wir es uns aber versahen, wurden beide Flügeltüren geöffnet, fünf Mann Wache, bewaffnet bis an die Zähne, an ihrer Spitze ein sehr martialisch um sich blickender Korporal, marschierten herein, und im Nu sah unser Zimmer aus, wie der letzte Akt einer modernen, weinerlich komischen Oper im *Théâtre Feydeau* zu Paris. Der Paß mußte nun wohl freilich gleich hervorgesucht werden, er ward in bester Ordnung befunden, aber unser Korporal hatte es, vor lauter Tapferkeit vermutlich, im Lesen nicht weit gebracht. Er buchstabierte so laut und so lange an dem Paß; unsere Namen klangen von seinen bärtigen Lippen so barbarisch, daß wir einstimmig darüber in lautes Gelächter ausbrachen. Einer der Krieger nahm dies übel und ermahnte uns, nicht über Leute zu lachen, die nur täten, was ihres Amtes sei. Mit der holdseligsten Freundlichkeit, doch immer lachend, erwiderte ihm eine von uns: „Liebe Freunde, ihr tut gut, zu vollbringen, was eures Amtes ist, laßt euch aber das

Nämliche von uns gefallen; unser Amt als Reisende ist, uns zu divertieren* und zu lachen, wo und soviel wir können." „Madame a raison"**, donnerte des Korporals Baßstimme mit gutmütigem Ernst, kommandierte: Links um!, und die Armee defilierte wieder zur Türe hinaus. Dieses kleine militärische Intermezzo belustigte uns gar sehr; wir tranken auf die Gesundheit des humanen Korporals und wünschten allen Armeen viele seinesgleichen.

Den andern Morgen fingen wir an, uns in der Stadt ein wenig zu orientieren, suchten alte Bekannte auf, wurden von ihnen aufgesucht und trafen alle möglichen Vorkehrungen, um die wenigen Tage unseres Aufenthaltes in Montpellier so genußreich als möglich zu machen.

Die Stadt liegt sehr schön auf einer Anhöhe, mitten in einer nur hier und da zu sanften Hügeln anschwellenden, höchst fruchtbaren und bebauten Ebene. Sie ist ziemlich groß; es gibt darin viele ansehnliche, aus Quadersteinen sehr massiv erbaute Häuser, die Straßen aber sind auch hier sehr eng, winkelig, dumpfig und durch die nah einander gegenüberstehenden, hohen Gebäude verdunkelt. Dazu ist das Straßenpflaster hier ebenso schlecht als in Bordeaux. Da wir bisher fast auf allen Flaschen mit wohlriechendem Wasser immer Montpellier gelesen hatten, so glaubten wir in unserer Einfalt, die ganze Stadt müsse wie der Laden eines Parfümeurs riechen; wir fanden aber leider hiervon das Gegenteil. Von der hier herrschenden Unreinlichkeit ist es unmöglich, sich einen Begriff zu machen. Auf den Straßen weiß man oft beim trockenen Wetter nicht, wohin man treten soll, und das Auge wird ebenso beleidigt als die Nase. Dem mächtigen Gefühl des Ekels muß man im südlichen Frankreich widerstehen lernen, wenn man nicht jede Freude sich verbittern will; und Montpellier wäre wahrlich der beste Ort dazu, um sich dagegen recht abzuhärten.

Die Esplanade, eine lange, schöne Allee, ist der schönste und reinlichste Teil der Stadt, und die an sie grenzenden Häuser sind

---

* *sich divertieren* – sich unterhalten, belustigen.

** *Madame a raison.* – Madame hat recht.

größtenteils zur Aufnahme der vielen Fremden eingerichtet, die hier bald längere, bald kürzere Zeit ihrer Gesundheit wegen zu verweilen pflegen. Auch unser Hotel gewährte uns die Aussicht auf diese allgemein besuchte Promenade. Da wir eben zu Ostern anlangten, so hatten wir am ersten Feiertag nachmittags die Freude, von unserem Balkon herab alles, was zum Mittelstand und zum Volk gehört, dort lustwandeln zu sehen. Die feinere Welt ließ sich nicht blicken, denn ihr Spaziergang ist der zweite Ostertag. Die lange, breite Allee wimmelte von fröhlichen Menschen, welche sich langsam auf und ab bewegten, bis die einbrechende Dämmerung sie alle nach Hause schickte, um dort Salat, das gewöhnliche Abendessen der niederen Klassen in Frankreich, mit den Ihrigen zu verzehren. Mäßiger ist keine Nation als die französische bei sich zu Hause; im Ausland zeigten sie sich freilich anders. In Deutschland braucht der gemeine Mann doch wenigstens Bier, Tabak und eine Kegelbahn, um zu wissen, daß es Feiertag ist; in Frankreich hat er das alles nicht nötig. Unter der Menge festlich geschmückt einherwandeln mit Frau und Kindern oder auch mit der *petite amie;* sehen und gesehen werden; Bekannte begrüßen; galant sein gegen die Damen, denn Dame ist hier alles, was zum weiblichen Geschlecht gehört; auch wohl der Erwählten seines Herzens einen Blumenstrauß graziös überreichen und dafür einen freundlichen Blick und einen kleinen Knicks erhalten: Das ist es alles, was der gemeine Franzose braucht, um eine Fete zu haben und dabei glücklich zu sein wie ein Gott. Auch abends auf ihren Tanzsälen herrscht Höflichkeit gegen die Damen und eine feinere Sitte unter den Männern, die fast nie in wilde Trunkenheit und Schlägereien ausartet. Wir erinnern uns nicht, einen recht betrunkenen Menschen in Frankreich gesehen zu haben. Das wärmere Klima ist wohl größtenteils die Ursache dieser Mäßigkeit, weil Eis und kühlende Getränke dadurch ein größeres Bedürfnis werden als erhitzende Magenstärkungen.

Am folgenden Morgen spazierte die schöne Welt ebenso am nämlichen Platze einher; wir bemerkten mehrere Bekannte darunter, suchten diese auf und genossen einen recht angenehmen Tag. Das Ende der Allee bietet eine sehr reiche Aussicht auf die

Montpellier umgebende herrliche Gegend; noch schöner aber ist der Blick vom Wasserschloß (*Château d'Eau*) am Ende des großen, im französischen Geschmack angelegten Gartens, den man wunderlich genug *le Peyrou* nennt, eine Benennung, die niemand uns erklären konnte.

Das Wasserschloß, ein gewölbtes, von allen Seiten offenes, tempelartiges Gebäude grenzt hier an den neuen großen Aquädukt, der das Trinkwasser aus einer Entfernung von zwei Stunden nach Montpellier führt, und macht eigentlich einen Teil desselben aus: denn ein in der Mitte des Gebäudes sich befindendes großes Becken dient ihm zum Ausfluß, und von dort wird das Wasser erst durch mehrere Röhren in der Stadt verteilt. Es ist das reinste, durchsichtigste, das wir jemals gesehen; das Gepräge einer Münze, die auf dem Boden dieses Beckens läge, würde man deutlich erkennen können. Der Aquädukt ist bei aller Modernität ein Werk, der alten Römerzeiten würdig. Vom Wasserschloß übersieht man ihn in seiner ganzen Länge, so weit das Auge reicht; er gewährt hier einen unbeschreiblich prächtigen Anblick. Bis zur Quelle hin erstreckt sich eine lange Reihe großer, herrlich gewölbter Bögen von weißem Stein weit in das Land hinein, bald einfach, bald zweifach, auch dreifach übereinander ruhend, je nachdem die Erhöhung oder Vertiefung des Bodens es erforderte. Das Wasser fließt in verdeckten steinernen Kanälen, die oben auf den höchsten Bogen ruhen, bis zu dem Bassin, in welches es sich ergießt. Dieses wunderbar große Meisterstück der Architektur, die reiche, weit ausgebreitete Landschaft, die mit Schnee bedeckten Sevennen-Gebirge, seitwärts in blauer Ferne die Alpen und die Pyrenäen, gewähren von dieser Anhöhe eine Aussicht, die wir mit keiner andern zu vergleichen wissen, besonders abends, wenn die sinkende Sonne all die großen, mannigfaltigen Gegenstände verklärt.

Montpellier wird seit langer Zeit für den Sitz der Heilkunde in Frankreich gehalten; und mehrere berühmte Ärzte, besonders Wundärzte, bewohnen immer diese Stadt, deren Luft in dem Ruf steht, vorzüglich gesund zu sein. Aus allen Ländern Europas, besonders aus England, wallfahrten in Friedenszeiten wohlhabende Kranke hierher und hoffen auf Genesung. Dadurch tritt diese Stadt beinahe in die Reihe der Brunnenorte, obgleich hier keine heilende Quelle fließt. Zwei Meilen weiter finden sich zwar heiße Quellen, doch glauben wir nicht, daß sie viel benutzt werden, da wir nur wenig darüber erfahren konnten. Die Fremden, welche um ihrer Gesundheit willen nach Montpellier kommen, verweilen immer mehrere Monate, oft jahrelang dort; sie werden gewissermaßen einheimisch und tragen viel dazu bei, das Einseitige aus dem geselligen Ton zu verbannen. Viele Häuser in der Stadt und den nächsten Umgebungen sind zu ihrem Empfang aufs bequemste eingerichtet, und ihre Besitzer beeifern sich, den sehr gerngesehenen Gästen den Aufenthalt so angenehm zu machen als möglich. Am wunderbarsten schien es uns, daß oft selbst aus Rußland vornehme Frauen nach Montpellier kommen, um dort ihre Niederkunft abzuwarten; diese Vorsicht ist denn doch so weit getrieben als möglich.

Das Klima ist indessen in Montpellier lange nicht so mild, als der Ruf es verkündet; die Stadt liegt hoch, die Luft ist daher so fein und scharf, daß sie den an der Brust Leidenden durchaus schädlich, oft tödlich wird. Selbst die hiesigen Ärzte leugnen das nicht, und viele traurige Erfahrungen bestätigen diese Behauptung. Das ganze Jahr hindurch weht oft wochenlang der Mistral, ein eiskalter, bis ins innerste Mark dringender, austrocknender Nordostwind, dessen Dasein man auch in den Gebäuden empfindlich bemerkt. Selbst die gesündesten Menschen leiden durch ihn, und den Brustkranken wird er zur peinlichsten Qual. Auch wir machten seine Bekanntschaft, mußten deshalb mehrere Tage lang am Kaminfeuer Schutz gegen ihn suchen und empfanden selbst dort den Einfluß seines alle Lebenskraft lähmenden, alle Nerven schmerzlich anspannenden Hauches. Im Winter ist die Kälte, der scharfen trockenen Luft wegen, hier sehr empfindlich, obgleich es selten Eis friert und noch seltener schneit. Der Mangel an Holz macht das Einheizen kostbar und beschwerlich, doch hilft man sich, wie man kann, mit allerhand Holzsurrogaten. Die langen Gebinde der abgeschnittenen Weinreben, die man immer in den Kamin nachschieben muß, während sie an dem einen Ende brennen, geben eine helle lustige Flamme, die aber, so wie die von ihr ausströmende Wärme, nur minutenlang währt. Die schon gebrauchte Gerberlohe, auch die Hülsen und Kerne der ausgepreßten Oliven, werden in viereckigen, dem holländischen Torf ähnlichen Formen getrocknet und so als Brennmaterial benutzt. Die letzteren sollen vortrefflich brennen, viel Wärme und keinen Geruch geben; wir selbst aber haben es nicht versucht, damit Feuer zu machen.

Der Winter übt zum Glück hier nicht lange seine feindliche Gewalt; schon im Februar muß er unter diesem glücklichen Himmelsstrich dem Frühling weichen; diesem folgt ein aller Beschreibung nach beinahe unerträglich heißer Sommer. Daß er dies sein müsse, bewiesen uns schon die Vorkehrungen, die wir in den Häusern wohlhabender Familien gegen die große Hitze getroffen sahen. Der Herbst ist auch hier des Jahres Krone und waltet bis tief im November, ja oft bis gegen Weihnachten mit heiterer Milde. Der Überfluß, die Mannigfaltigkeit und Vortrefflichkeit der Früchte, welche er bringt, besonders der Feigen, Trauben, Melonen und Pfirsiche, sollen alle Beschreibung übertreffen. Es kann auch nicht anders sein, denn das ganze Land ist ein ungeheurer Garten voll der herrlichsten Pflanzen und Bäume. Wir sahen große Felder mit Centifolien-Rosen dicht bepflanzt, die hier zu köstlichen Essenzen in unglaublicher Menge von den Destillierern verbraucht werden, andere Felder mit Tuberosen, Heliotropen* und anderen stark duftenden Blumen zu gleichem Zweck. Viele andere Blumen, die Zierde unserer Gärten, wachsen zum Teil hier wild oder brauchen doch wenig Pflege. Außer den vielen Obstbäumen sieht man auch überall Gruppen anderer schöner Bäume. Viele von diesen tragen ihr grünes Kleid im Winter wie im Sommer. Zu diesen gehören vorzüglich die Myrte, die hier zum baumähnlichen Strauch heranwächst, der Olivenbaum, der Lorbeer, die Zypresse und die Krone von allen, die immergrüne Eiche. Dieser herrliche Baum gleicht an Wuchs unseren deutschen Eichen mittlerer Größe, trägt ebensolche Früchte,

---

* *Tuberose* – in wärmeren Ländern als Blume kultiviertes Zwiebelgewächs mit stark duftenden, weißen Blüten an bis zu einem Meter hohen Stengeln.
Heliotrop – eine in zahlreichen Arten vorkommende strauch- oder krautartige Pflanze mit nach Vanille duftenden blauen bis violetten Blüten; einige Arten wurden früher zur Parfümherstellung verwendet.

nur die Blätter sind kleiner und haben eine anders gezackte Form. Er liefert den größten Teil des wenigen Brennholzes, und es sieht sonderbar aus, wenn die starken, mit nie welkenden Blättern bedeckten Zweige in Flammen auflodern.

Der hiesige botanische Garten enthält eine Menge seltener, schöner Pflanzen aus fremden Zonen, die aber alle hier trefflich gedeihen und zum großen Teil bald einheimisch werden. Er ist nicht groß, aber seine innere Einrichtung wird in wissenschaftlicher Hinsicht gepriesen.

In diesem Garten schläft Youngs früh verblühte, schmerzlich beweinte Tochter Narcissa den langen Schlaf, weil damals mönchischer Aberglaube der Protestantin kein Grab in geweihter Erde vergönnen wollte. Wie Petrarcas Lieder der Liebe den Namen Laura, so bringen ihres Vaters nächtliche Trauergesänge den Namen Narcissa auf die Nachwelt;* sie heiligten den Ort, wo sie ruht, und weihten ihn der Unsterblichkeit.

Der Gedanke, daß hier die früh gebrochene Blume unter Blumen ruht, erschien uns so lange rührend und schön, bis wir ihr Grab besucht hatten. Ein enges, niedriges Gewölbe, ungern möchten wir sagen ein Loch in der Gartenmauer, dient zum Aufbewahren des Gartengerätes; verdorrtes Gesträuch, vermodertes Laub und was sonst noch beim Aufräumen eines Gartens zum gelegentlichen Verbrennen als nutzlos beiseitegeschafft wird, erfüllt dieses Behältnis, und unter diesem Kehrrichthaufen bettete damals der Fanatismus die schöne, liebenswürdige Narcissa im Schoße der Erde. Noch immer dient das Behältnis seiner vorigen Bestimmung, die Einwohner Montpelliers denken nicht daran, es wenigstens aufräumen zu lassen. Dies ist nicht recht; aber weit mehr noch empörte uns die Gleichgültigkeit der vielen reichen Engländer, die von jeher Montpellier besuchten, lange dort verweilten und zum Teil ihre Gesundheit wiederfanden. Das Lob ihres berühmten Poeten führen sie ewig im Munde, prahlen

* Der englische Dichter *Edward Young* (getauft 1683, gestorben 1765) legte in den *Night thoughts* seine Gedanken über Leben, Tod und Unsterblichkeit nieder. Dieses von Melancholie und Schmerz erfüllte epische Gedicht, das durch den Tod seiner Stieftochter (im Gedicht Narcissa), seines Schwiegersohnes und seiner Frau angeregt wurde, fand in Deutschland während der Periode der Empfindsamkeit großen Widerhall.

damit oft, ohne ihn zu verstehen, aber keiner nahm sich des heiligen Staubes der einzig geliebten Tochter an, keiner war großmütig genug, ihm die Ehre eines einfachen Grabsteines zu verschaffen, der ihren Namen dem Fremden sagte, welcher jetzt mit verletztem Gefühle von der unwürdigen Stätte sich wegwendet, wo sie ruht, und dabei überlegt, welche Summen ihre Landsleute jährlich wohl an Pferde oder Jagdhunde wenden.

Doch kehren wir von den Toten zu den Lebenden zurück, unter denen wir uns in dieser Stadt recht wohl befanden. Der gesellige Ton in Montpellier ist angenehm; viele der angesehensten Kaufleute der Stadt brachten mehrere Jahre in fremden Ländern, besonders in Deutschland, zu, lernten fremde Sprachen, fremde Sitten kennen und erwarben sich so eine Liberalität im Urteil, eine allgemeine Kultur des Geistes, die man in anderen Städten Frankreichs in diesem Stande oft vermißt. Dieses und die Anwesenheit der vielen Fremden, verbunden mit dem Bestreben der Einheimischen, jenen ihren Aufenthalt angenehm zu machen, bringt ein erhöhtes Leben in den geselligen Verein dieser fröhlichen, aufgeweckten Menschen. Auch in Montpellier ist niemand gern zu Hause allein. Das Visitenwesen wird daher nicht minder angelegentlich* betrieben als in Bordeaux; kleine freundschaftliche Gesellschaften an einer nicht schwelgerisch, aber wohlbesetzten Mittagstafel, Abendzirkel, Tees und kleine Tanzpartien in Privathäusern wechseln täglich. Alle diese Zirkel sind mehr auf Freude als auf Ostentation berechnet; man macht sich das Leben so leicht und froh, wie man kann, aber man wendet wenig auf den äußeren Glanz, sowohl in der Kleidung als der Bewirtung seiner Gäste, doch ohne es dabei an Anstand und allem irgend Nötigen fehlen zu lassen. Auch bemerkten wir in Privatzirkeln keine Spur der grenzenlosen Spielsucht, die in Bordeaux in allen Gesellschaften vorherrscht.

Außer den Privatzirkeln gewährt auch der Club einen angenehmen Vereinigungspunkt. Für zwei Karolin** Abonnement hat

---

* *angelegentlich* – eifrig, eingehend, nachdrücklich.

** *Karolin* oder *Karldor* – ursprünglich Bezeichnung für Goldmünzen, die von dem bayrischen Kurfürsten Karl Albert nach dem Vorbild der Louisdor 1726 geschaffen wurden; die Münze wechselte stark im Wert, seit 1776 verstand man unter Karolin eine Summe von 11 Gulden in Kleingeld.

man darin den ganzen Winter über wöchentlich ein Konzert und zwei sehr hübsche Bälle. Der zu diesen Versammlungen bestimmte, große, hübsch dekorierte Saal hat nur den Fehler, im Verhältnis zu seiner Länge etwas zu niedrig zu sein. Diesen Übelstand wenigstens für das Auge zu mildern, sind an beiden Enden transportable Säulen von Holz angebracht, die bei Tanzgesellschaften weggenommen werden, um den Raum nicht zu verengen. Wir wohnten einem Konzert in diesem Saale bei, welches in einem andern Lande vielleicht recht langweilig geworden wäre oder wohl gar auf eine für den Unternehmer verdrießliche Weise geendet hätte; hier aber gab ihm der hier so einheimische Frohsinn eine lustigere Wendung. Ein deutscher Musiker war es leider, der sich auf dem Pianoforte hören lassen wollte. Die ganze elegante Gesellschaft der Stadt hatte sich zahlreich versammelt und harrte des versprochenen Genusses. Da ergab es sich, daß fast alle, welche den Künstler, seiner Versicherung nach, mit ihrem Spiel zu unterstützen versprochen hatten, nicht erschienen waren; daß er selbst auf seinem Instrument eben kein Hexenmeister war, zeigte sich auch bald, die Musik stockte, eine Dame, welche den Künstler begleitete, fing zwar an, eine Arie zu singen, hörte aber gleich wieder auf, mit der in schlechtem Französisch ausgesprochenen Erklärung, ihr sei zu bange, sie könne nicht singen. Das ganze Auditorium brach hier in lautes Gelächter aus, lachte noch auf der Straße beim Nachhausegehen, und der verunglückte Klavierspieler schlich indessen mit der ganz ansehnlichen Einnahme in der Stille davon.

Ein sehr artiges Theater trägt viel zum frohen Lebensgenuß in Montpellier bei. Das Haus ist schön, groß und bequem eingerichtet, und die Truppe gehörte, wenigstens damals, zu den besten in den Provinzen Frankreichs. Ausgezeichnet gut war besonders das Ballet; die ersten der hiesigen Tänzer und Tänzerinnen würden sich selbst auf den größten Theatern mit Beifall haben zeigen können. Das Schauspiel ist ebenfalls hier unerhört wohlfeil; alle Einwohner der Stadt und die dort sich länger aufhaltenden Fremden sind dazu abonniert; dadurch kostet der erste Platz in jeder Vorstellung ungefähr fünf Sous, oder zwei Groschen, die Person. Mit diesem Abonnement hat aber noch niemand einen bestimmten Platz in den Logen, jeder nimmt ihn, wo er ihn findet. Die angesehensten Familien mieten sich daher, außer dem gewöhnlichen Abonnement, noch eigene Logen, die etwa das Jahr über auf fünfhundert Franken zu stehen kommen. Diese Logen sind indessen so geräumig, so bequem zum Sehen eingerichtet, daß immer mehrere Familien in Gemeinschaft eine mieten, so daß dadurch auch diese Erhöhung des Eintrittspreises für den einzelnen höchst unbedeutend wird. Das Schauspielhaus ist bei dieser Einrichtung immer mit Zuschauern angefüllt, aber man betrachtet es deshalb auch mehr als einen gesellschaftlichen Versammlungsort und bekümmert sich nur bei außerordentlichen Anlässen um das, was auf der Bühne vorgeht. In den Logen stattet man Besuche ab, nimmt und präsentiert Erfrischungen, lacht, plaudert, oft so laut, daß die Konversation in den Logen die auf dem Theater überstimmt.

Nicht nur die Vergnügungen, auch das Leben überhaupt ist in Montpellier sehr wohlfeil. Nach allem, was wir darüber von unseren hiesigen Bekannten erfuhren, braucht eine Familie von sechs Personen kaum achttausend Franken, um anständig und bequem zu leben, die nötigen Bedienten zu halten und sich keine gesellige Freude zu versagen. Viele erkünstelte Bedürfnisse der vornehmen Welt kennt man in Montpellier nur dem Namen nach, weil sie dort überflüssig und nicht gebräuchlich sind. Dahin gehören prachtvolle Kleidung und Hausgerät, Equipage und hohes Spiel. Mit allem, was zum eigentlichen Bedürfnis des Lebens gehört, hat die Natur dies schöne Land überschwenglich reich begabt. Leichte seidene Zeuge, welche die Wärme hier zum bequemsten Stoff für die Kleidung macht, sind wohlfeil, denn der Seidenwurm ist in diesem Land zu Hause; Wein, Öl, Weizen, die auserlesensten Früchte wachsen im Überfluß, und Seefische, Austern, Wild, Geflügel und vortreffliches Rindfleisch sind hier ebenfalls zu wohlfeilen Preisen in Menge zu haben.

In der wärmsten Jahreszeit flüchten die angesehensten Familien aufs Land in ihre nahe an der Stadt gelegenen, zum Teil sehr hübschen Landhäuser und entgehen dadurch der alsdann sehr unangenehmen Atmosphäre, sowie der drückenden Hitze ihrer engen, schmutzigen Straßen. Diese freundlichen, zum Teil blendend weißen Landhäuser, welche überall, von Gärten umgeben, zerstreut liegen, tragen viel zur Belebung und Verschönerung der nächsten Umgebungen Montpelliers bei. In einem der schönsten unter ihnen, *Château bon* genannt, verlebten wir bei den Besitzern desselben einige sehr angenehme Stunden. Von der breiten Terrasse vor dem Haus übersieht man die fruchtbare Ebene, in der Ferne das Mittelländische Meer und seitwärts dunkelblaue Gebirge. Mit Früchten und Blüten beladene, hohe Orangenbäume standen jetzt schon, zu Anfang des Monats April, im Freien. Im Winter müssen die geräumigen Gewölbe unter dem Hause ihnen einige Monate lang Schutz gegen die Kälte gewähren; denn sie ganz im Freien zu lassen, erlaubt das hiesige Klima noch nicht. Neben dem Haus, unter hohen, dicht belaubten, immergrünen Eichen ruht auf dieser Terrasse ein beweinenswertes Opfer der Unwissenheit der Ärzte, welche die an der Brust leidende Kranke von Riga nach Montpellier schickten, wo die scharfe, feine Luft ihr tödlich werden mußte und auch nach kurzem Aufenthalt sie in ihrem zweiundzwanzigsten Jahr ins Grab legte. Überall in Montpellier gedachte man noch der Schönheit und Liebenswürdigkeit, aber auch der Leiden dieser allgemein geachteten jungen Frau von E... mit inniger Teilnahme. Auf Bitten einer sie begleitenden Freundin gewährte der Besitzer von *Château bon* ihrem entseelten Staub dies stille Ruheplätzchen unter grünem Rasen, und ihr Andenken tritt nie störend in die gesellige Freude, die oft auf diesem schönen Platz herrscht.

Die sehr geräumigen, zur größten Hälfte unter der Erde gebauten Souterrains von *Château bon* bewiesen uns aufs neue, wie sehr man hier die Hitze im Sommer scheut und wie groß sie deshalb sein muß. Sie sind alle zu Wohnzimmern eingerichtet und werden im Sommer als solche benutzt. Im größten dieser Zimmer sprudelt eine silberreine kühle Quelle aus der Mauer hervor und fällt, freundlich plätschernd, in ein darunter angebrachtes, artiges steinernes Becken.

Ausflucht nach Cette

Montpellier nimmt zwar unter den französischen Handelsstädten einen nicht unbedeutenden Rang ein, dennoch findet man dort fast keine Spur von dem geschäftigen Treiben und

Gewühl, welches der Handel sonst um sich her zu verbreiten pflegt. Eigentlich ist aber auch diese Stadt nur der Wohnplatz der Handelsherren, die in dem nicht weit entfernten *Cette** dicht am Hafen ihre Comptoire, ihre Magazine, ihre Fabriken haben und nur von Zeit zu Zeit herüberfahren, um nachzusehen, wie ihre Associés** oder Diener dort alles besorgen. Wir hielten es wohl der Mühe wert, auch diese Stadt und das Meer in der Nähe zu sehen, und nahmen also gern den Antrag eines Bekannten aus Montpellier an, mit ihm an einem frühen Morgen hinüberzufahren.

Der Weg nach Cette läßt sich bequem in drei Stunden zurücklegen; in Montpellier hält man ihn für sehr unangenehm; wir fanden ihn nicht so, freilich wohl vom Reiz der Neuheit ergriffen. Bis zu einer gewissen Entfernung von der Stadt bleibt die Gegend noch immer fruchtbar und interessant. Manche aus grauer Vorzeit stammende Sage, die hier einheimisch ist, lebt noch im Munde des Volkes und leiht ihr jenen geheimnisreichen Zauber, dem wir uns um so lieber hingeben, je schwankender und unbestimmter die Gestalten sind, die in seinem Dämmerlicht sich uns zeigen.

So wurden denn auch die malerischen Trümmer einer uralten Burg, an denen unser Weg uns vorüberführte, für die Überbleibsel eines Palastes ausgegeben, den vor langer Zeit ein alter König von Majorca sich erbaut haben sollte, um darin alljährlich die heißeste Sommerszeit zuzubringen, und wir, unbekümmert um Namen, Jahreszahl und Wahrscheinlichkeit, freuten uns gläubig der Weisheit des alten Herrn, der dieses wunderliebliche Fleckchen zu finden und zu wählen verstanden hatte.

Etwas weiter hin erblickten wir auf der Spitze eines hohen, unzugänglich scheinenden Felsens einiges alte, verwitterte Gemäuer. Dort, wo kein Ton des Lebens hinaufdringt, kein Vogel singt, kein Grashalm keimt, wo selbst die genügsamste Zikade verschmachten müßte, dort, heißt es, hat Peter der Eremit jahrelang gelebt, und jene alten Steine sind die Trümmer seiner Wohnung. Von diesem Felsen aus, sagte man uns, trat er im Jahre 1093

---

* *Cette* – alte Schreibweise für *Sète*.

** *Associé* – veraltet für Teilhaber, Kompagnon.

jene Wallfahrt nach Jerusalem an, von der er späterhin zurückkehrte, um dem Papst Urban dem Zweiten das Elend der im Orient lebenden Christen mit hinreißender Beredsamkeit an das Herz zu legen. Ergriffen von dem Enthusiasmus des frommen Mönchs, entzündete Papst Urban die Welt mit dem nämlichen Feuer, das zuerst, vielleicht auf dieser stillen Felsenhöhe, in Peters Brust aufgelodert war; unzählbare Heerscharen aus allen Ländern, aus allen Nationen zogen, von ihm entflammt, unter dem lauten Rufen: „Gott will es!" von der Versammlung zu Clermont aus, mit dem festen Vorsatz, die Schmach und das Elend der Brüder im Morgenlande zu enden und zu rächen.

Jahrhunderte vergingen, Tausende von Menschen fielen dem Schwert und ansteckenden Krankheiten zur Beute, und wahrscheinlich waren nicht zwei Stäubchen von des heiligen Mönches Gebeinen noch beieinander, als noch immer der Nachhall seines frommen Eifers die Welt in Aufruhr erhielt und der Sturm fortfuhr zu toben, der zuerst von dieser Felsenspitze ausgegangen war.

Gleich hinter den Trümmern der Wohnung des frommen Eremiten beginnt eine traurige Einöde; Felsenstücke und unfruchtbare Steine bedecken das Land ringsumher; so weit das Auge reicht, breitet sich eine graue Wüste aus, in der jede Spur des Lebens verschwindet. Unser Weg führte hart am Ufer eines todstillen Landsees hin; nicht ein Gräschen zierte das steinige Ufer desselben, kein Fisch sprang erglänzend im Sonnenschein aus dem bitteren trüben Wasser auf, aber auch in diese unfreundliche Wüste fiel ein abendrötlicher Strahl aus einer längst untergegangenen fabelhaften Zeit und erhellte sie uns mit seinem rosigen Schimmer.

Jenseits des Sees, über das steinige Ufer hin, welches dort, wie hier, ihn begrenzte, ward das offene Meer uns zuweilen sichtbar, und ein dunkler Punkt im Schoß desselben, den wir bald für eine kleine Insel erkannten, erregte unsere Aufmerksamkeit. Es war die Insel der schönen Magelone, der frommen treuen Geliebten Peters von der Provence, deren Lebens- und Liebesgeschichte hier noch in allen provençalischen Romanzen im Munde des Volkes lebt und auch dem Norden selbst nicht unbekannt blieb.

Noch im Anfang des vorigen Jahrhunderts gehörte sie bei uns zu jenen Sagen, an denen damals Jung und Alt sich ergötzte und deren rührende Einfachheit man in unsern Tagen vergeblich sich bestrebt, nachahmen zu wollen.

Magelone war heimlich mit ihrem Geliebten vom Hofe ihres Vaters, des Königs von Neapolis, entflohen, um nicht gezwungen zu werden, die jenem gelobte Treue zu brechen. Bei nächtlicher Weile, mitten in einem dunklen Walde, trennte ein grausames Mißgeschick die Liebenden; der junge Ritter, Sohn des damals die Provence regierenden Grafen, fiel Seeräubern in die Hände und ward zu den Heiden in die Gefangenschaft geschleppt. Trostlos jammernd, in bangem Verzagen wanderte Magelone als Pilgerin durch Städte und Länder, immer den Geliebten suchend, nimmer ihn findend. Sie durchzog Italien, sie wanderte sogar bis Rom, immer vergeblich. Endlich führte ihr Geschick sie auch auf jene Insel, die wir vor uns liegen sahen und die noch ihren Namen trägt. Magelone hatte ihre schönen goldgelben Locken aufgeflochten und unter einem dichten, dunklen Schleier verborgen, die zarten Glieder verhüllte das härene Gewand einer Büßerin; in dieser Gestalt begab sie auf dieser Insel sich in ein Hospital, zur Pflege der Schiffbrüchigen errichtet, die der Sturm oft an diese Küste warf, und weihte jahrelang ihr Leben der Pflege der Elenden und Kranken.

Matt, sterbend beinahe, ward einst ein Verlassener zu ihr getragen, das rohe Schiffsvolk hatte auf der Insel ihn hilflos liegenlassen, als es gelandet war, um frisches Wasser einzunehmen, eine bleiche, verfallene Jammergestalt. Magelone nahm den Armen auf, sie pflegte seiner mit frommem Eifer, und er begann zu genesen. Doch sowie die Rosen der Gesundheit auf seinen bleichen Wangen wieder anfingen zu erblühen, dämmerten auch zugleich bekannte liebe Züge in seinem Gesicht auf, und immer ähnlicher und ähnlicher ward er dem geliebten Bilde des Verlorenen, das Magelone in ihrem reinen, frommen Herzen treulich bewahrt hielt. Seine Reden drückten zuletzt ihren Ahnungen den Stempel der Gewißheit auf. Die fromme Prinzessin eilte in ihre einsame Kammer, die sie sorgsam verschloß; unter heißen Tränen des Dankes gegen Gott löste sie ihre goldenen Locken auf, legte ihre königlichen Gewänder und das reiche Geschmeide an, die sie heimlich verwahrt hielt, und trat dann in strahlender, unveränderter Schönheit in das kleine dunkle Krankenzimmer zu dem Genesenden hinein.

Ihr ahnendes Gemüt hatte sie nicht getäuscht, es war Peter von der Provence. Nach jahrelang erlittenem unsäglichem Trübsal war er im festen Vertrauen auf Gott in einem kleinen Kahn aus der Sklaverei entflohen. Ein vorübersegelndes Schiff ward in der weiten Meereswüste seiner gewahr, nahm ihn auf; und da er unterwegs erkrankte, setzte es ihn auf einer Insel aus, wo treue Liebe hoffnungslos seiner harrte.

Die Wiedervereinten eilten zum Grafen von der Provence, der jahrelang um den verlorenen Erben seiner Güter und seines Reiches getrauert hatte und nun mit Entzücken ihn und die fromme schöne Tochter in seine zitternden Arme schloß. Auch der König von Neapolis ließ sich leicht versöhnen und gab den Liebenden seinen väterlichen Segen. Magelone und Peter von der Provence führten von nun an ein langes, beglücktes und beglückendes Leben. Sie ließen das Hospitium auf der Insel vergrößern, beschenkten es königlich und erbauten dicht daneben sich einen Palast, von dem noch Spuren vorhanden sein sollen, in welchen sie alljährlich zur schönsten Sommerszeit das Fest ihrer Wiedervereinigung miteinander feierten.

Die Erzählung aller dieser Legenden und Sagen half uns freundlich über die anderthalb mühsamen Stunden hinweg, die wir zwischen den öden Steinen, die uns umgaben, hinbringen mußten, bis plötzlich und unerwartet das Städtchen *Frontignan* dicht vor uns lag, mitten in dieser grünlichen Steinwüste die anmutigste, lieblichste grüne Oase, die sich erdenken läßt. Mitten in seinen Weingärten, welche sich bis dicht an die Mauern hinziehen, liegt es gar freundlich, wie in einem ruhigen grünen Laubnest, umringt vom Graus der Zerstörung. Der süße, liebliche Wein, der hier wächst, ist allbekannt und wird von Cette aus weit und breit verführt. Gleich hinter Frontignan fängt die Steinwüste wieder an, doch währt es jetzt nicht lange, bis man Cette erreicht hat.

Zwischen einem Landsee und dem weiten Mittelländischen Meer, dessen Wogen ihre Mauern bespülen, liegt diese Stadt, hingeschmiegt am Fuße eines schwarzen Marmorfelsens, der, steil und wunderbar geformt, sein dunkles, mit einer Zitadelle bekröntes Haupt hoch in die Lüfte hebt. Ringsumher ist kein einziger Baum und überhaupt wenig Spur von Vegetation zu erblicken. Der Kanal von Languedoc fließt beträchtlich breit durch die Stadt und vereinigt sich hier mit dem Meer. Er und einige an seinem Ufer erbaute Windmühlen geben der Gegend etwas Holländisches, das mit den hohen Felsen und den übrigen durchaus südlichen Umgebungen sonderbar kontrastiert.

Die Stadt Cette ist klein, ihre Straßen sind eng und dumpfig, die Häuser hoch und düster; alles sieht öde und unbeschreiblich schmutzig darin aus, nur auf dem am Kanal sich hinziehenden Quai ist Leben und Bewegung. Dort wimmelt es von Matrosen und Lastträgern, die geschäftig hin und her laufen, um die Waren in und aus den am Quai vor Anker liegenden Schiffen zu laden. In der Stadt scheint wenig Freude zu wohnen; die größten Häuser gehören den Einwohnern von Montpellier; sie stehen fast alle öde da und sind mehr zu Magazinen als zum Bewohnen eingerichtet. Alle, die es können, fliehen diese graue Steinwüste und eilen dem freundlichen Montpellier zu, sobald die Geschäfte es erlauben, um dort zu genießen, was sie durch emsigen Fleiß in Cette erworben, und nur die ärmere Klasse der Einwohner lebt beständig hier. Eine unglaubliche Menge Branntwein wird in Cette gebrannt und destilliert: denn dieser Ort versorgt die halbe Welt mit allen Gattungen Liköre.

Nachdem wir uns in der Stadt hinlänglich umgesehen hatten, gingen wir an den Hafen. Geboren am Strande der Ostsee, gewöhnt an den Anblick des Nordmeeres, war uns dennoch hier, als sähen wir zum ersten Male dieses mächtigste der Elemente. Noch gewaltiger war der Eindruck, als wir auf der langen, schmalen Felsenzunge hingingen, die den Hafen vom offenen Meer trennt, bis zu der auf ihrer Spitze erbauten kleinen Zitadelle. Bis jetzt erschien uns immer das dunkle Grün der Wogen auf den Seestücken Vernets und anderer berühmter Maler als unnatürlich und übertrieben; hier sahen wir es in der Wirklichkeit, reiner, glänzender, smaragdener, als irgendein Maler es auszudrücken vermag. Die gleich Bergen gewaltig sich türmenden Wellen schienen uns nicht nur in der Farbe, auch in der Form weit herrlicher und größer, als wir je die der Ostsee oder des Nordmeeres erblickten. Der Wind wehte heftig; das Meer brauste laut tobend in majestätisch wilder Bewegung. Schäumend, wie mit glänzenden Perlen gekrönt, stieg die Brandung zu Bergeshöhe hinan und brach dann zusammen an dem felsigen Ufer, gegen welches sie immer mit neuen Wogen heranstürmte, als wolle sie es in seiner Grundfeste zerstören. Noch tobender brausten die Wellen an einem den Schiffen höchst gefährlichen, quer vor dem Eingang des Hafens liegenden Felsenriff.

Erhabeneres hat die Natur nichts aufzuweisen, als diesen Anblick des in seinen tiefsten Tiefen empörten Meeres. Wir staunten in stiller Betrachtung und hatten keine Worte für das Gefühl, das mächtig uns ergriff. Dann blickten wir auf die im Hafen vor Anker liegenden und dennoch wild hin und her geworfenen Schiffe; sie kamen uns so klein, so armselig vor, daß wir nur mit Schaudern daran denken konnten, wie wir uns noch vor wenigen Monaten auf ebenso zerbrechlichen Brettern diesem furchtbaren Element zu vertrauen gewagt hatten.

Der Hafen von Cette ist sehr geräumig und tief, bei stillem Wetter sieht man oft Delphine, von der Sonne beglänzt, in seinen klaren, grünen Fluten spielen; aber auch der Tiger des Meeres, der furchtbare Haifisch, schleicht sich nicht selten hier ein und bringt den Badenden Gefahr, die sich dennoch dadurch nicht abschrecken lassen. Vor mehreren Jahren badete ein englischer Matrose in dem stillen, klaren Wasser, da gewahrten seine Kameraden am Schiffsbord mit unaussprechlicher Angst, wie ein großer Haifisch dicht unter ihm dahergeschwommen kam; sie riefen ihm zu, in einer immerwährenden heftigen Bewegung zu bleiben, als das einzig mögliche Mittel seiner Rettung, und warfen ihm schnell ein Seil zu, um ihn daran hinaufzuziehen. Schon war der Unglückliche über das Wasser gehoben, da sprang das Ungeheuer hoch auf aus der Flut, schnappte nach ihm und die Rettung seines Lebens war mit dem Verlust eines Beines erkauft.

Auf dem Rückwege von der Zitadelle traten wir in das ein wenig in den Hafen hineingebaute Gesundheitsamt, an welchem die Schiffer bei ihrer Ankunft in einer Schaluppe anfahren und ihre Pässe vorzeigen müssen, ehe sie landen dürfen. Jedes Schiff, welches aus einer der Gesundheit wegen verdächtigen Gegend kommt oder auch nur auf der See mit einem aus solchen Gegenden kommenden auf irgendeine Weise in Berührung geraten ist, muß vierzig Tage lang an einer dazu bestimmten, entfernten Gegend des Hafens vor Anker liegen bleiben. Bei Lebensstrafe darf niemand von den Passagieren oder der Mannschaft vor Ablauf dieser Zeit ans Land kommen, und wer vom Lande aus es besucht, der muß an Bord bleiben und die Quarantäne mit aushalten. Stirbt in dieser Zeit ein Mensch auf solch einem Schiff, und wäre es am vierzigsten Tag, so fängt die Quarantäne von neuem an, und es muß abermals vierzig Tage lang an der Stelle liegen bleiben. Frische Lebensmittel werden auf Verlangen vom Gesundheitsamt hinunter in die Boote geworfen, Briefe mittels einer langen Stange abgenommen, gleich durchstochen und in starken Essig getaucht, ehe man es wagt, sie zu öffnen oder abzugeben.

Wir sahen aus der Ferne ein türkisches Schiff auf dem Quarantäneplatz vor Anker liegen. Diese und die Algerier, welche oft hier einlaufen, um Proviant zu holen, dürfen nie landen, sie würden ohne weiteres von der Zitadelle aus in den Grund geschossen werden, wenn sie einen solchen Versuch wagen wollten. Die auf das heimliche Landen der Schiffsleute gesetzte Strafe wird streng und schnell vollzogen. Vor mehreren Jahren schlich sich ein Schiffer vor Ablauf der Quarantäne ans Land, um seine Frau einige Tage früher zu sehen; er ward entdeckt, mußte mit seiner Schaluppe vor dem Gesundheitsamt erscheinen und ward von dort aus ohne weiteren Prozeß auf der Stelle erschossen. Seitdem hat es keiner gewagt, ein Ähnliches zu unternehmen. Diese Strenge, so furchtbar sie erscheint, ist hier, in der gefährlichen Nähe des Orients, höchst notwendig; sogar menschenfreundlich wird man sie finden, unerachtet der anscheinenden Grausamkeit, wenn man die ganze Gräßlichkeit des Unglücks überdenkt, welches weichliche Nachsicht über Millionen von Menschen bringen könnte.

Vom Hafen folgten wir unserem freundlichen Führer in das Haus, welches er auch in Cette besitzt, und wurden dort von ihm mit wenigstens zwanzig Arten Muscheln, Austern und Fischen bewirtet, von denen die größte Anzahl uns bis jetzt noch unbekannt geblieben war. Frisch aus dem Meer gezogene und in Öl gebratene Sardellen erschienen uns als etwas Neues und gefielen uns auch in dieser Gestalt recht wohl; aber mit wahrem Bedauern sahen wir die schönen kleinen, goldenen Fische in der Schüssel gesotten liegen, die wir sonst nur lustig spielend, in kristallenen Kugeln als freundlich gepflegte Lieblinge und Hausgenossen zu sehen gewohnt waren.

Am nämlichen Abend erreichten wir Montpellier noch früh genug, um im Schauspielhaus die Wiederkehr des Frühlings in einem recht artigen Ballett gefeiert zu sehen. Wenige Tage darauf verließen wir diese Stadt, in der es uns so wohl gegangen war, um unsere Reise nach Marseille fortzusetzen.

Nismes

Unser Weg führte uns zuerst nach *Nismes**, durch ein wahrhaft gelobtes Land. Üppig grünt und blüht die ganze Natur, nirgends ist ein verkrüppelter Baum, eine ärmlich vegetierende Pflanze zu erblicken; und mitten in dieser Herrlichkeit liegt das Städchen *Lunel* im Kranze seiner Weinberge, deren Nektar, so wie wir ihn hier an der Urquelle vom besten Gewächs erhielten, allen Blumenduft und allen Honig dieses herrlichen Landes in sich vereinigt.

Noch bei guter Tageszeit langten wir in Nismes an und stiegen an der Esplanade im *Hôtel de Luxembourg* ab. Die eigentliche Stadt ist traurig, eng und dunkel, aber die von schönen Alleen durchschnittenen Vorstädte sind um so freundlicher, voll hübscher, moderner Häuser, die in Friedenszeiten von vielen fremden, größtenteils englischen Familien bewohnt werden.

Die vielen römischen Altertümer, welche diese Stadt vor allen anderen außer Italien gelegenen Städten auszeichnen, zogen hier vorzugsweise unsere Aufmerksamkeit an. Kaum konnten wir es

* *Nismes* – alte Schreibweise für *Nîmes*.

erwarten, zum ersten Mal bedeutende Überreste jenes Volkes zu erblicken, das einst mit mächtigem Szepter die Welt beherrschte und jetzt im Wechsel der Zeiten so tief gesunken ist. Mit hoher Erwartung eilten wir hin zum Amphitheater und fanden diese durch den wirklichen Anblick weit übertroffen.

Ganz fremd der jetzigen Welt und ihrem kleinlichen Treiben, steht dunkel und ehrwürdig das kolossale Denkmal menschlicher Größe und ihrer Vergänglichkeit, aus Felsenstücken zusammengetürmt, deren Durchmesser uns die Kräfte unbegreiflich macht, welche hier walteten, und die ohne Mörtel und Kitt seit vielen Jahrhunderten bloß durch eigene Schwere aufeinanderruhen. Lange staunten wir diese großen Trümmer an, ohne ein eigentliches Bild davon in uns auffassen zu können. Wir durchirrten die alten gewölbten Gänge, erstiegen die Treppen, die zu den Stufen führen, auf welchen genauer Berechnung nach siebzehntausend Zuschauer ihre Plätze fanden. Von der höchsten dieser Stufen blickten wir sinnend herab in den weiten länglich runden Raum, den dieses Riesengebäude umschließt. Dort, wo sonst Löwen und Tiger kämpften, wo Gladiatoren, wilder noch als diese, ihr eigenes und fremdes Leben dem augenblicklichen Beifalle der gedankenlosen Menge freudig blutig opferten, dort treiben jetzt fünfzig Familien in kleinen schmutzigen Hütten ihren ärmlichen Haushalt, neben und unter den Trümmern einer gewaltigen Vorwelt. Kinder, die hier geboren wurden, spielen unter den hohen Säulen, jagen einander in den verödeteten, von ihren Tritten schauerlich widerhallenden Gängen und pflücken für ihre Ziegen Gras und Blumen, die aus verwittertem Moose hervorblühen, zwischen zerfallenen Kapitälern, welche einst der Stolz des Baukünstlers waren. So keimt überall im ewigen Kreislauf der Welt das Leben aus dem Tode, blühende Gegenwart aus grauer Vergangenheit.

Endlich gewannen wir es über uns, den Gegenstand unserer Bewunderung auch in seinen einzelnen Teilen zu betrachten, um uns einen deutlichen, festen Begriff davon anzueignen. Im ganzen steht das Amphitheater noch wohlerhalten da, obgleich einzelne Stellen desselben sehr gelitten haben, teils durch die Macht der Zeit, teils mehr noch durch mutwillige Zerstörungslust und elenden Eigennutz der Bewohner von Nismes, die sich nicht scheuten, Steine aus diesen ehrwürdigen Mauern zu brechen, um sich jämmerliche Hütten daraus zusammenzuflicken. Es umfaßt einen länglich runden, ungefähr vierhundert Fuß* langen und dreihundert Fuß breiten Raum. Vom Boden bis zur Attika hinauf ist es gegen fünfundsechzig Fuß hoch, aber wenigstens zwölf Fuß seiner ursprünglichen Höhe wurden im Laufe der Jahrhunderte durch Schutt, Trümmer und durch das aus ihnen neuerstandene Erdreich verschüttet. Das Amphitheater ist in unregelmäßigem, dem dorischen sich nähernden Stil erbaut; der ganze untere Stock desselben bildet einen großen Portikus, in welchem sechzig hoch gewölbte Bögen den Eingang zu den Sitzen gewähren. Von diesen Bögen bildeten die gegen die vier Himmelsgegenden gerichteten die vier Haupteingänge und waren mit Frontons** geschmückt; eines derselben steht noch wohlerhalten da, und die hervorspringende Abbildung zweier Stiere ist noch darauf sichtbar. Auf einem nahe an diesem Haupteingang sich befindenden Pilaster sieht man noch ein Basrelief, auf welchem Romulus, Remus und die beide Kinder säugende Wölfin abgebildet sind. Zwischen diesem und den Stieren erblickt man auf einem Basrelief über einem der oberen Bogen die Abbildung zweier Fechter als Zeichen der Bestimmung des ganzen Gebäudes. Gewiß war es auf ähnliche Weise überall reich verziert: denn an den Bögen und den zwischen ihnen stehenden Pfeilern sind noch viele Spuren von Basreliefs und anderem architektonischen Schmuck vorhanden, bald mehr, bald minder gut erhalten.

Der zweite Stock des Amphitheaters besteht ebenfalls aus sechzig Bögen, über welche eine Attika hinläuft. Auf dieser Attika stehen hundertundzwanzig hervorragende Kragsteine***, in gleichen Entfernungen verteilt; in jedem derselben bemerkt man ein tiefes rundes Loch, in welchem Stangen befestigt wurden, an

---

* *Fuß* – von der Länge des menschlichen Fußes abgeleitetes Längenmaß, meist zwischen 25 und 40 cm.

** *Fronton* – Giebeldreieck über einem Gebäudevorsprung.

*** *Kragstein* – aus der Mauer herausragender, als Träger oder Stütze dienender Stein.

denen man Zelte ausbreitete, um die darunter sitzenden Zuschauer gegen Witterung und Sonnenschein zu schützen.

Zweiunddreißig sich übereinander allmählich erhebende Reihen von Stufen umringten das Amphitheater, auf diesen saßen die Zuschauer und konnten überall den Schauplatz bequem übersehen. Diese Stufen sind hin und wieder sehr verfallen; wo sie noch am besten erhalten sind, zählt man ihrer noch siebzehn. Drei Reihen gewölbter, im Innern des Mauerbezirks angebrachter Gänge leiten zu den Sitzen; die Treppen, welche aus den Portiken zu diesen Gängen hinaufführten, bestehen zum Teil noch.

Abb. 6: Amphitheater in Nîmes.

Das ganze Gebäude hat eine bräunlichgraue Farbe, welche die Abbildungen von Kork, so man in Kunstkabinetten findet, sehr getreu nachahmen; auch Form und Ansicht dieser und ähnlicher Überreste des Altertums gibt keine Zeichnung, kein Kupferstich so deutlich wieder als sie. Nur die Größe, den imposanten Anblick dieses Amphitheaters vermögen weder Worte noch bildende Kunst darzustellen; man muß es gesehen haben, um es sich denken zu können. Uns schwindelte selbst hier an Ort und Stelle vor dem Gedanken an das, was dieses kolossale Gebäude gewesen sein muß, als es noch in ursprünglicher Pracht dastand; wenn alle die vielen Tausende in der schönen malerischen Tracht ihrer Zeit diesen weiten Raum mit einem Kreis umschlossen, gebildet aus zweiunddreißig Reihen über einander sich erhebender Köpfe; wenn alle diese verschiedenen ausdrucksvollen Gesichter mit angestrengter Aufmerksamkeit auf das blutige Schauspiel in der Mitte hinstarrten! Wie donnernd ertönte hier ehemahls der Beifall der Menge, vermischt mit dem Brüllen der Löwen, der Tiger und dem Angst- und Wutgeschrei der von den Bestien zerrissenen Sklaven und Kriegsgefangenen oder der von wilder Kampfeslust entmenschten Gladiatoren, hier, wo durch die öde Stille jetzt nur noch zuweilen ein Ton des ärmsten Lebens verhallt. Die Erbauung dieses Prachtgebäudes wird von einigen dem Agrippa, von der Mehrzahl der Altertumsforscher dem Antonius Pius zugeschrieben. So hätten denn diese Mauern siebzehn Jahrhunderte hindurch dem Wechsel der Zeiten widerstanden.

Einen ganz verschiedenen Eindruck von dem, welchen das Amphitheater auf uns machte, gab uns der Anblick des schönen, den Söhnen des Augustus geweihten Tempels, der unter dem Namen *la Maison Carrée* allbekannt ist. Dort ergriff uns nicht nur staunende Bewunderung, sondern auch Wehmut über die Vergänglichkeit alles Großen und Schönen der Erde. Hier erfüllte uns die reinste Freude, welche nur der Anblick eines vollendeten Kunstwerkes gewähren kann, und hier erfuhren wir zuerst, daß die höchste Harmonie architektonischer Verhältnisse ebenso seelenerhebend rühren und erfreuen könne, als die Schöpfung der bildenden Kunst im engeren Sinne dieses Wortes. Wie vor dem Apoll von Belvedere hätten wir auch hier vor diesem Tempel stundenlang zu verweilen gewünscht, um uns an den schlanken Säulen, ihren schönen Kapitälern, der ganz einfachen edlen Schönheit diese Tempels mit immer neuer Freude zu ergötzen. Im Morgenlicht, im Abendrot, in der wechselnden Beleuchtung jeder Stunde des Tages, im Mondenscheine hätten wir ihn sehen mögen, immer zu ihm wiederkehrend, ohne zu ermüden. Und doch sind alle Regeln, die hier vorwalteten, uns völlig unbekannt. Aber das wahrhaft Schöne ist ein vom Himmel flammendes; um es zu empfinden, braucht es keiner mühsam erlernten Gelehrsamkeit; wie die Sonne erfreut, erwärmt, beglückt es ohne Ausnahme alle, die es nur recht betrachten.

Besser erhalten in allen seinen Teilen ist vielleicht kein Denkmal antiker Baukunst, als dieser gar nicht große Tempel; man vergißt bei seinem Anblick ganz, der vielen Jahrhunderte zu gedenken, die schonend an seiner hohen Schönheit vorübergingen. Darum erfüllte er uns auch mit so reiner, durch keine Trauer um ihn getrübter Freude.

Dreißig wunderschöne, kannelierte korinthische Säulen umgeben den inneren Tempel, der ein längliches Viereck bildet. Die zierlichen Kapitäler dieser Säulen sind aus Olivenblättern zusammengesetzt und, so wie auch die geschmackvollen Verzierungen am Fries und am Gesims, mit unendlicher Sorgfalt gearbeitet. Sechs von diesen Säulen bilden die Fassade des Tempels, indem sie das vorspringende Fronton desselben unterstützen; vier Säulen stehen an der hinteren Wand, die übrigen an den Seitenwänden des inneren Tempels, in abgemessener Entfernung verteilt; ein schmaler Gang, doch breit genug, um hindurchgehen zu können, ist zwischen ihnen und den inneren Mauern gelassen.

Das innere Gebäude des eigentlichen Tempels beginnt erst an der vierten der Säulen, welche die Seitenwände desselben schmücken; dadurch entsteht unter den das Fronton tragenden sechs Säulen eine oben bedeckte, ringsum offene Halle vor dem Eingang in den inneren Tempel. Zwölf breite Stufen führten sonst zu dieser Halle hinauf, jetzt sind ihrer weniger, weil das Erdreich mit der Zeit höher ward. Der innere Tempel ist bald zur Kapelle, bald zum Magazin, bald gar zu einem Büro mißbraucht worden; jetzt ist er verschlossen, und man benutzt ihn zu unserer großen Freude zu gar nichts. Der große Platz, in dessen Mitte dieser Tempel steht, gewährt von allen Seiten eine freie Ansicht desselben, die den Genuß des Anschauens nicht wenig erhöht. Ungern wandten wir uns endlich von ihm ab und gingen durch eine breite Allee, in deren Mitte sich ein schöner, mit Quadersteinen eingefaßter Kanal befindet, zum *Jardin de la Fontaine*.

Dieser Garten, mit dem die Einwohner von Nismes sich nicht wenig wissen*, ist, wie alle echt französischen Gärten, so angelegt, daß man ihn und die vollkommene Symmetrie aller seiner Teile mit einem Blicke fast ganz umfassen kann. Er eignet sich deshalb vortrefflich zu einem öffentlichen Spaziergange nach französischer Sit-

* *sich nicht wenig wissen* – veraltet für: nicht wenig stolz sein.

te und wird an heiteren Sommerabenden auch fleißig als solcher benutzt. Oben am äußersten Ende dieses Gartens strömt eine sehr reichhaltige Quelle, welche die ganze Stadt mit Wasser versorgt. Um diese Quelle zu fassen, wurden Nachgrabungen angestellt, bei welchen man bald auf Spuren und Grundlagen alter römischer Bäder stieß. Dies alten Gemäuer benutzte man beim neuen Bau wieder als Grundlage, ging aber dabei ganz von der früheren Einrichtung ab, und jede Spur derselben ist verschwunden. Einige treue Kopien der antiken Ornamente sind zwar hin und wieder angebracht, sie machen aber neben dem Neueren keinen guten Effekt, indem sie zu grell gegen die Geschmacklosigkeit desselben abstechen. An die Stelle der alten Bäder ist jetzt ein sehr großes Wasserbassin getreten, nebst einigen kleineren, welche etwas tiefer liegen. Alles ist mit Terrassen, Treppen, Balustraden und ähnlichem Schmucke dermaßen überladen und verputzt, daß es wie ein großer altmodischer, von einem Konfektbäcker verfertigter Tafelaufsatz aussieht; doch nimmt es sich in einiger Entfernung wenigstens reich aus. In der Mitte des großen Bassins erhebt sich ein gewaltig hohes Piedestal*; die Ornamente davon sind genau nach der Antike kopiert, und zum Kontrast mit diesen steht eine sehr verzerrte, manierierte Nymphe auf demselben, ganz im Geschmack des Bernini gearbeitet. Vier geschwollene, dickköpfige Genien** hocken auf den vier Ecken der sehr massiven Balustrade, welche dieses Wasserbassin rings umgibt, und in diesem Geschmack ist das Ganze, ein gewiß sehr kostspieliges Werk, eingerichtet. Wie es möglich war, daß etwas so durchaus Widersprechendes in der Nähe der herrlichsten antiken Vorbilder entstehen konnte, läßt sich nur aus der den Franzosen eigenen Art von Kunstsinn erklären.

Ein antiker, halb verfallener Tempel in einem abgelegenen Winkel des nämlichen Gartens läßt jene moderne Schnörkelei nur um so widerwärtiger erscheinen. Das Volk nennt ihn den Dianentempel, doch erhellt aus dessen ganzer innerer Einrichtung, daß er ein mehreren Göttern geweihtes Pantheon war. Die Außenseite dieses Tempels ist sehr zerstört; abgebrochene Säulen, zertrümmerte Statuen

---

* *Piedestal* – Sockel, Unterbau von Säulen oder Pfeilern.

** *Genien* – in der Kunst Bezeichnung für geflügelt dargestellte Gestalten.

und Basreliefs stehen und liegen in trauriger Verwüstung umher. Beim Eintritt in das Innere desselben bemächtigte sich unser ein unnennbares Gefühl von Wehmut und Bewunderung dieser alten, der Gewalt der Zeit hingeopferten Pracht. Auch im Inneren ist wenig Ganzes mehr zu sehen, doch diese Trümmer erstehen aus dem Staube wieder, wenn man mit Ernst sie betrachtet. Ein Bild von dem, was sie waren, umschwebt unseren Geist, ergänzt das Zerstörte, verbindet das Getrennte. Mehr als die Hälfte der gewölbten Decke liegt zwar zertrümmert im Staube, doch wunderschöne Rosetten und andere höchst elegante Ornamente von der feinsten Bildhauerarbeit schmücken den noch wohlerhaltenen Teil derselben. Sechzehn herrliche Säulen trugen dies Gewölbe; ein zierlich gearbeiteter Fries lief über sie hin. Nur vier dieser Säulen stehen, dem Eingange gegenüber, noch wohlerhalten vor der Nische, welche dem Bild der vornehmsten Gottheit dieses Tempels zum Standort diente. In den Seitenwänden bemerkt man an jeder Seite fünf ähnliche Nischen und eine an jeder Seite des Eingangs zum Tempel; alle sind zum Teil noch wie die Decke mit Bildhauerarbeit geschmückt; auch von dem schönen Fries über den Säulen erblickt man hier und da noch Fragmente. Ein dunkler, gewölbter Gang umgibt das Innere des Tempels von beiden Seiten und hat neben der Nische der Hauptgottheit zwei in denselben führende Türen. Diese inneren heiligen Gänge betraten wahrscheinlich nur die Priester und ihre Opfer. Der Fußboden des Tempels war Mosaik, wildes Gesträuch wächst jetzt darauf, und ein ziemlich großer Baum beschattet die unzähligen, in wilder Verworrenheit umherliegenden Trümmer von Säulenschäften, Kapitälern, Friesen und Ornamenten.

Aus dem *Jardin de la Fontaine* erblickt man auch die pittoresken Trümmer eines uralten Turms auf einem gegenüberliegenden hohen Berg. Das Volk nennt ihn *la Tour Magne*, und hält ihn für das Grabmal alter Könige, die vor grauen Zeiten hier geherrscht haben sollen; aber der Augenschein lehrt, daß er von den Römern im dorischen Stil erbaut ward. Aus den Trümmern ist es sichtbar, daß er sich in Pyramidenform zu einer beträchtlichen Höhe erhob und unten viel breiter als oben war. Er ist zu verfallen, um noch als Werk der Baukunst Eindruck zu machen, aber sein Dasein auf der Stelle, wo er steht, trägt zur romantischen Schönheit der Gegend unbeschreiblich viel bei.

Nismes wimmelt noch von anderen Überbleibseln aus den Zeiten der Römer. Grundmauern großer Gebäude, antike Brunnen, Trümmer aller Arten architektonischer Verzierung deuten auf das ehemalige Dasein großer, herrlicher Gebäude, die mit dem Volke, das sie erbaute, versanken. Sowie irgendeines Baues wegen etwas tiefer gegraben wird, stößt man auf Spuren davon. Ein Tempel des Augustus stand wahrscheinlich an der Stelle der jetzigen Kathedralkirche; auch von einem Tempel, der Isis und dem Serapis geweiht, und von einem Tempel des Apollo fand man bei Gründung großer neuerer Gebäude noch Trümmer, welche deren ehemaliges Dasein verkünden. Von zehn durch die Römer hier erbauten Toren ist noch eines einigermaßen erhalten, wenngleich durch mancherlei Neuerungen entstellt. Was muß diese enge, schmutzige Stadt in den Tagen ihres Glanzes gewesen sein? Wie groß, wie herrlich! Wie verschieden von der Gegenwart! Adler, halb verloschene Inschriften, Basreliefs, Überbleibsel herrlicher Säulen sieht man in allen Straßen, ihrem alten Standort entrissen, ohne Zweck und Geschmack bald hier bald da, oft verkehrt eingemauert zum Notbehelf, weil sie eben zur Hand waren. Mehrere treffliche Fußböden von Mosaik wurden bei verschiedenen Anlässen wieder zutage gefördert. Einige von ihnen sind ins Ausland verkauft, die meisten zerstörte aus höchst nichtigen oder gar keinen Gründen der Vandalismus dieser Franzosen, die sich für das gebildetste Volk der Erde halten, gewöhnlich weil es den Eignern lästig ward, sie den Fremden zu zeigen. Zwei von diesen Fußböden sind indessen noch vollkommen erhalten. Den einen davon sahen wir in einem Tuchladen, und die Besitzer desselben waren so gefällig, ihn unsretwegen mit einem nassen Tuche überfahren zu lassen. In diesem verklärten Zustande erschienen die Farben der Steine recht glänzend, aus denen er nach einem sehr hübschen Muster zusammengesetzt ist, ungefähr wie ein schöner, englischer Teppich. Noch vorzüglicher ist der zweite in einem Garten der Stadt, seine Farben sind noch lebhafter; eine Bordüre, wie aus roten, gelben und weißen Bändern zusammengeflochten, umgibt ein Viereck von grünem Stein; Abbildungen von Vögeln, Fischen und einer römischen Galeere zieren die

Ecken desselben; mehrere verschlungene, aus schwarzen und weißen Steinen zusammengesetzte Kreise bilden ein höchst zierlich gezeichnetes Medaillon in der Mitte desselben. Man kann in dieser Art nichts Hübscheres sehen, aber es gehört eine Zeichnung dazu, um einen deutlichen Begriff davon zu geben.

Von allen den kleinen Altertümern, die täglich in und um Nismes ausgegraben werden, hat der dortige Buchhändler, Herr Buchet, eine sehr interessante Sammlung zusammengebracht, die er uns mit großer Gefälligkeit zeigte. Wir sahen bei ihm eine Menge antiker Lampen, zwei darunter von Bronze, die anderen von Ton, zum Teil sehr schön geformt und mit kleinen Basreliefs geschmückt. Auch besitzt er eine große Anzahl kleiner Hausgötter, Damenschmuck, viele Aschenkrüge, unter denen einige recht merkwürdig sind, und ähnliche Dinge mehr, die wir hier nicht einzeln anführen können.

Geblendet vom Glanze der Vorzeit, vergaßen wir ganz der dürftigen Gegenwart, die sich uns aber bald entgegendrängte. In der Mitte eines großen freien Platzes sahen wir mehrere Frauen um einen Brunnen sitzen, sie spannen Seide auf langen Spindeln; die feinen, eben dem Kokon entwickelten Fäden glänzten in ursprünglicher Schönheit wie reines Gold. Diese von der unserigen so ganz verschiedene, wirklich antike Art zu spinnen und das schöne Material, das diese verarbeiteten, reizten uns, ihnen neugierig näherzutreten; da schalten sie uns aus in ihrer uns unverständlichen Sprache und glaubten, wir wollten sie necken, weil sie sich durchaus nicht denken konnten, daß wir nie Seide auf Spindeln hätten spinnen sehen. Etwas beschämt gingen wir weiter; ein Geräusch in einem Hause erinnerte uns aufs neue an unsere Modernität; wir standen vor einer der vielen hiesigen Fabriken, in welcher seidene Strümpfe gewebt werden. Hier empfing man uns freundlicher; wir sahen dem Wesen eine Weile zu und dachten dabei an Friedrich den Großen, welcher behauptet hat, es gäbe in der Welt nur zwei Dinge, die er nie begreifen würde, nämlich wie die Gobelintapeten verfertigt werden und wie man einen Strumpf webe. Endlich verließen wir Nismes und nahmen einen Umweg von etwa drei Stunden, um den *Pont du Gard* zu besuchen; den Rest des Tages und die Nacht gedachten wir, in der nicht weit davon entfernten Stadt *Tarascon* zuzubringen.

Der Pont du Gard

Die Gegend, durch welche wir von Nismes aus bis an den Pont du Gard kamen, gehört zu den schönsten und fruchtbarsten dieses Landes; aber der imposante, einzige Anblick, der unser dort wartete, hätte uns auch für die mühseligste Reise überschwenglich reich belohnt. In der tiefsten Einsamkeit einer wildromantischen Berggegend stand, ehe wir es vermuteten, dies Wunder der alten Zeit vor uns. Kaum trauten wir unseren Augen, da wir es erst aus der Ferne erblickten, so ganz fremd unseren Tagen erhebt sich majestätisch hoch der uralte Aquädukt zwischen Felsen und Bäumen, fern von menschlichen Wohnungen, ein Riesenwerk der Vergangenheit.

Wir sahen drei Reihen übereinandergebauter, schön gewölbter Bögen, gelehnt an beiden Enden auf das mit ihnen gleich hohe Felsenufer des unter ihnen hinströmenden Flusses *Gardon*. Das Gebäude ist toskanischer Ordnung; aus Quadersteinen erbaut, ebenfalls ohne Mörtel und Kitt, bloß auf sich selbst beruhend. Sechs große Bögen bilden die untere Reihe zwischen den beiden Felsen, auf diesen ist eine zweite längere Reihe von elf ebenso großen Bögen erbaut, denn die Felsen nehmen höher hinauf beträchtlich an Breite ab. Über diese zweite türmt sich eine noch längere Reihe von sechsunddreißig kleinen Bögen, die mit den beiden Felsenufern, zwischen denen sie sich über den Strom hinziehen, von völlig gleicher Höhe sind. Auf dieser letzten Bogenreihe ruht der Kanal, durch welchen das Wasser einer nah entspringenden Quelle bis Nismes geleitet ward. Dieser Aquädukt verdankt wahrscheinlich dem Agrippa seine Entstehung; das ganze Gebäude ist ungefähr einhundertvierundvierzig Fuß hoch, die untere kürzeste Bogenreihe fünfhundert Fuß lang, die obere längste über achthundert Fuß. Aus diesen Verhältnissen kann man sich einigermaßen die imposante Größe dieses ungeheuren Werkes denken, aber keine Beschreibung, selbst keine Zeichnung vermag es, die hohe, einfache Schönheit desselben würdig darzustellen. Unendlich erhöht wird diese noch durch die romantisch-wilden, pittoresken Umgebungen,

Abb. 7: Pont du Gard.

durch die starren Felsen und üppig wachsenden Bäume und den über Felsenstücke sich durch die unteren Bogen hin stürzenden Gardon. Himmlisch schön ist der Blick durch die unteren Bögen hindurch in das jenseits des Aquädukts liegende, stille, grünende

Tal. Hohe, waldige Berge umschließen ringsum diese liebliche Einsamkeit, als wollten sie sie vor jedem Eindringen des gewühlvollen Lebens beschützen. Silberhell rauscht der Fluß hindurch, nur sein Brausen und das Wehen in den Bäumen unterbricht die tiefe, heilige Stille.

Zu Anfang des siebzehnten Jahrhunderts kam der kleinliche Geist der Zeit auf den unseligen Einfall, den Aquädukt als Brücke über den Gardon für Wagen und Pferde zu benützen. Man fing zu diesem Zwecke an, die Pfeiler über der zweiten Reihe Bögen auszuhöhlen und mit Brustwehren versehene Vertiefungen in die alten Steine hineinzuarbeiten. Zum Glück zeigte es sich beizeiten, daß diese ökonomische Anstalt den baldigen, gänzlichen Untergang des ganzen herrlichen Gebäudes nach sich ziehen würde; der Plan davon ward also aufgegeben und das schon Verdorbene so gut als möglich wiederhergestellt. In der Mitte des vorigen Jahrhunderts wurde eine ganz neue Brücke über den Strom erbaut, sie lehnt sich an die erste Reihe der Bögen und ist in ihrer Art recht zweckmäßig und schön, verschwindet aber so ganz gegen die alte Pracht, daß man sie kaum bemerkt.

Beaucaire

Dankbar priesen wir das Andenken des Agrippa, dessen Aquädukt uns zu dem Umwege bewog, welcher uns hierher brachte; er führte uns durch Gegenden, denen wir auf dem geraden Wege nimmer begegnet wären und die zu den schönsten, anmutigsten Erinnerungen dieser ganzen Reise gehören. Zuerst fuhren wir durch eine reiche Ebene, durchströmt vom Gardon, der unter Blütenbäumen der Rhône zueilt. Allmählich erhebt sich die Ebene zu Hügeln, die Hügel werden Berge, und nun geht der Weg, dicht an einer steilen Felsenwand, neben der breiten, wild brausenden Rhône hin, aus deren silbernen Fluten sich blütenbekränzte Inseln erheben. Vom entgegengesetzten Ufer dufteten blumige Wiesen, neubelaubte Pappeln zu uns herüber. Dunkle Pinien mit ihren breiten malerischen Kronen und himmelan strebende Zypressen erhöhten den Glanz des jungen Grüns. Pfeilschnell jagte der Strom eine Welle über die andere; der eben sehr heftig gewordene Wind kräuselte die dunkelblauen, mutwillig hüpfenden Wogen und bekränzte sie schneeweiß, wie die blühenden Hecken, die ihnen vom Ufer freundliche Grüße zuzunicken schienen. Die untergehende Sonne goß ein Meer von Gold über den fliehenden Strom, über die bräutlich geschmückte Erde und rötete die dunklen Zinnen einer uralten Ruine, welche finster und drohend vom Gipfel eines der malerischen Felsen herabschaute, als zürne sie dem jungen, frischen Leben, das ihr nie wiederkehrt.

In einem wahren Freudentaumel erreichten wir den Flecken *Beaucaire* und eilten so schnell als möglich durch die engsten, dunkelsten Straßen, so wir je sahen, ans Ufer der Rhône, um dort auf der Schiffsbrücke* nach Tarascon hinüberzufahren; denn zwischen den himmelhohen Häusern von Beaucaire war uns zumute, als seien wir plötzlich aus dem Paradiese in ein dunkles Gefängnis versetzt. Da standen wir nun wieder am Ufer des unbändig wütenden Stromes, zählten die Fensterscheiben in Tarascon und konnten nicht hinüber. Schon um Mittag hatten die tobenden Wellen vier Kähne aus der Schiffsbrücke gerissen. Ihrer wieder habhaft zu werden, vollends sie anzuketten, war bei diesem Sturme unmöglich; die Rhône schlug Wellen wie das aufgeregte Meer, kein Schiffer wollte sich hinauswagen, und jede Hoffnung, in einem Nachen überzufahren, verschwand, je länger wir dem Toben zusahen.

Nach langem Deliberieren** beschlossen wir, diese Nacht in Beaucaire zu bleiben. Es war gewiß die klügste Partie, die wir ergriffen, denn sie war die einzige, welche uns übrigblieb; aber eine Kneipe dicht am Ufer, die uns als der einzige Gasthof im Orte gezeigt ward, sah so abschreckend aus, daß wir, immer zögernd, auf anderweitige Rettung dachten, ehe wir uns entschließen konnten, diese dunkle Schwelle zu überschreiten. Während wir so ratschlagten, hatte sich aber unser Bedienter ganz in der Stille aufs Rekognoszieren*** gelegt und glücklich am anderen Ende der Stadt ein *Hôtel des*

* *Schiffsbrücke* – Brücke, deren Balken auf Schiffe gelegt und befestigt wurden. Schiffsbrücken verwendete man vor allem dann, wenn der Grund eines Flusses es nicht zuließ, Pfeiler zu errichten.

** *Deliberieren* – Überlegen, Beratschlagen.

*** *Rekognoszieren* – veraltet für: Erkunden, Aufklären.

quatre Rois entdeckt. Triumphierend kam er zurück, da wir eben in die dunkle Behausung eintreten wollten, und führte uns durch ein Gewinde so enger Straßen, daß wir immer fürchteten, mit unserm Wagen ein paar Häuser an beiden Seiten mitzunehmen, bis zu seinen vier Königen, welche uns im Vergleich mit jenem Neste wie ein Feenpalast vorkamen. Das Haus war mit fluchenden Fremden angefüllt, welche gleich uns hier wider Willen Rasttag halten mußten. Wir fluchten nicht, sondern waren sehr froh, noch ein paar erträgliche Zimmer mit Betten zu finden.

Den Abend gab es noch manche lustige Szene, ehe wir alles erhielten, was wir bedurften; denn außer der Messe halten sich die Fremden hier nie auf, und der Wirt war auf so starken Zuspruch nicht eingerichtet. Beim Abendessen belustigte uns seine Angst über unseren guten Appetit, weil er auf den Abhub* unserer Tafel gerechnet hatte, um damit die übrige Gesellschaft zu bedienen. Und dennoch kämpfte auch wieder die französische Höflichkeit sichtbar mit dieser Angst; jeder Schnitt in den Braten war ihm ein Schnitt ins Herz, das sahen wir deutlich, während er uns immer beim Servieren seine Freude darüber ausdrückte, daß wir seine Kochkunst nicht verachteten.

Am folgenden Morgen hatten wir Zeit, Beaucaire mit aller Gemächlichkeit zu besehen; der Sturm hielt an, und die Brücke konnte aufs früheste erst gegen Mittag wieder in Ordnung gebracht werden. Der Ort hat viele große, mitunter ziemlich verfallene Häuser, ist aber so öde und menschenleer, als wären die Einwohner ausgewandert oder an der Pest gestorben. Nirgends erblickten wir eine Spur von tätiger Industrie, kaum hier und da das Zeichen eines Handwerkes. Die Einwohner leben einzig von dem, was ihnen der Zufluß unzähliger Fremder während der großen Messe im Juli einbringt. Dann vermieten sie jeden Winkel ihrer Häuser, ihrer Höfe, ihrer Scheuern**, sogar die steinernen Bänke vor den Haustüren zu unerhört hohem Preis und kriechen mit ihren Familien in die elendsten Dachkammern. In dieser Zeit kaufen sie auch alles, was sie das ganze Jahr über brauchen, sogar die Schuhe und Kleider lassen sie

* *Abhub* – Rest, vor allem Rest von Speisen einer Tafel.

** *Scheuer* – Scheune.

sich von den Fremden verfertigen; denn sowie der Tumult vorbei ist, kehren sie alle zur vollkommensten Untätigkeit zurück, und niemand mag die Nadel oder den Pfriemen führen. Sie haben ein solches inneres Grauen vor aller Arbeit, daß sie sich kaum entschließen können, ihre Olivenpflanzungen und Weingärten in leidlicher Ordnung zu erhalten; ein Handwerk oder eine Art von Handel zu treiben, fällt ihnen gar nicht ein: denn sie wissen, daß sie jedes Jahr ohne alle Mühe in wenigen Wochen so viel erwerben können, als sie brauchen, um sich notdürftig durchzuhelfen, bis jene Zeit wieder erscheint. Und höher gehen ihre Wünsche nicht.

Wie es also während des größten Teils des Jahres in Beaucaire aussieht, ist leicht zu ermessen; aber kommt der Juli herbei, dann gewinnt das düstere abgestorbene Nest eine gar andere Gestalt. Aus allen französischen Provinzen, aus der Schweiz und den sie begrenzenden deutschen Ländern, von der spanischen und italienischen Meeresküste eilen viele tausend Fremde herbei. Die eigentliche Stadt wird zu klein, alle zu fassen, und eine zweite, aus bretternen Hütten, wird dicht vor dem Tor auf einer Wiese erbaut, die aber auch ordentlich ihre Straßen und Plätze hat; sogar eine Kapelle, vor welcher der größte Teil der Gemeinde, während die Messe gelesen wird, weithin im Freien knien muß, weil bei weitem nicht alle Platz darin finden können.

Mehrere Arten von Waren haben in der Stadt ihre festen, angewiesenen Plätze, wo man alle Kaufleute, die mit den nämlichen Artikeln handeln, nebeneinander findet; auch draußen auf der Wiese herrscht dieselbe Einrichtung. Da stehen in langen Reihen die Marseiller mit ihrer Seife und ihren Korallen, die von Montpellier mit Likören und wohlriechenden Wassern. In vielen Straßen werden nur getrocknete Früchte, wie Feigen, Datteln, Rosinen, verkauft; man erzählte uns sogar von einer langen Sraße, in der man nichts sieht als Knoblauch und Zwiebeln, die so künstlich aufgetürmt werden, daß es den Anschein gewinnt, als wären Hütten daraus erbaut. Seiltänzer, Bereiter, fremde Tiere, Schauspiele aller Art, vom Trauerspiel an bis zur Hundekomödie herab, finden ebenfalls auf der Wiese ihren Platz.

Nicht nur das Land, auch der Strom wird während der Messe zum Marktplatz. Große Flöße, beladen mit Brennholz und Balken, Faßdauben, Reifen und Böttchern, welche bereit sind, daraus sogleich Fässer zu fertigen, bilden schwimmende Inseln. Bunt gemalte, genuesische Feluken, spanische Pinken,* Schaluppen aus Marseille kommen über Meer die Rhône herauf. Nachen aus Bordeaux benützen den Kanal, unzählige Barken aus Lyon, aus der Schweiz kommen die Rhône herunter, alle legen sich in gedrängten Reihen auf dem wilden Strome vor Anker; ihre Eigner hausen in diesen ihren mitgebrachten Wohnungen, haben ihre Magazine, ihre Aushängeschilder dort und betreiben ihren Handel ebenso gut, als wären sie auf dem festen Land.

Außer Kaufleuten versammeln sich auch fast alle anderen Stände während dieser Zeit in Beaucaire und finden Beschäftigung und reichlichen Erwerb, Handwerker, Künstler, Ärzte, Apotheker, Advokaten sogar; wären die Philosophen in Frankreich so häufig als in Deutschland, auch sie würden kommen, um der Menschheit mit ihrem Lichte zu dienen. Daß es an allem Trosse, der gewöhnlich die Märkte besucht, dort auch nicht fehle, versteht sich von selbst; ganze Horden Beutelschneider**, Spieler und ähnliches Volk ziehen beizeiten ein. An allen Ecken wird gekocht, gebraten, geschrien, gesungen, geprügelt; alle Sprachen tönen durcheinander wie beim Turmbau zu Babel; alle Arten von Volkstrachten, vom lustig gekleideten Katalonier bis zum polnischen Juden, bilden das bunteste Schauspiel. So währt der Tumult, das Stoßen, Drängen, Feilschen den ganzen Tag. Abends wird Ruhe; die Menge verliert sich zu den Sehenswürdigkeiten, zu den Eisbuden, den Kaffeehäusern bis zur Nacht. Dann versammelt sich wieder alles auf den Tanzplätzen; jede Landsmannschaft hat ihren eigenen Ort, wo sie beim Schall der vaterländischen Musik die

* *Feluke* – zweimastiges Küstenschiff mit dreieckigem Segel.
Pinke – dreimastiges Segelschiff, das vor allem in den Küstengewässern von Nord- und Ostsee verwendet wurde.

** *Beutelschneider* – veraltet für Taschendieb; eigentlich eine Person, die jemandem den Geldbeutel vom Gürtel abschneidet.

Tänze ihres Landes aufführt. Den lustigsten Anblick sollen die Katalonier gewähren. Die Männer tanzen mit großer Gewandtheit und Leichtigkeit ihre Nationaltänze ganz unter sich, ohne Frauen, nach der Melodie der Romanzen ihres Landes, welche sie singen, indem sie sich mit Kastagnetten dazu akkompagnieren*.

Der Handelsverkehr dieser Messe ist nicht minder groß als der Lärm dabei. Sehr bedeutende Summen werden umgesetzt, und alle nur erdenklichen Waren sind zu haben, vom bedeutenden Kunstwerk an bis zum rohen Material, das noch Bearbeitung erwartet. Sechs bis acht Tage lang währt der größte Tumult, dann wimmeln der Strom, die Brücke, die Chausseen von Heimkehrenden; die Einwohner von Beaucaire brechen die Hütten ab, schließen ihre Häuser und Zimmer zu und kehren mit vollen Taschen zurück zu ihrem gewöhnlichen Hamsterleben, bis der nächste Juli sie wieder aus dem trägen Schlummer rüttelt. Wir wußten nicht, sollten wir uns darüber freuen oder betrüben, daß wir diesen ganzen ungeheuren Wirrwarr nur aus Erzählungen und Beschreibungen kennenlernen konnten. Wenn wir das enge, dunkle Lokal betrachteten, so freuten wir uns, hier nicht in das furchtbare Gewühl geraten zu sein, und doch konnten wir es uns nicht verhehlen, daß dieses rege Leben mitten im Süden einen ganz einzigen Anblick gewähren muß. Am besten wäre es, wenn man einen Tag lang wie ein Vogel darüber hinschweben könnte, um alles zu sehen, ohne die Püffe, die Taschendiebe, den Lärm, den Knoblauch fürchten zu müssen.

Tarascon und St. Rémy

Gegen Mittag endlich war die Brücke wiederhergestellt; wir zogen hinüber, mit uns eine ganze Karawane zu Wagen, zu Pferde, zu Fuß. Wir wählten weislich auch die letztere Art; denn der Mistral tobte noch immer, die Wellen brachen sich gegen die krachenden, schwankenden Kähne der Schiffsbrücke, die kein

* *akkompagnieren* – einen Gesangsvortrag auf einem Instrument begleiten

Geländer hat. Bei solchem Sturm ist die Fahrt darüber nicht ohne Gefahr; schon oft wurden mit vier Pferden bespannte Wagen auf derselben vom Wind umgerissen und in die Rhône geweht. Der unbeschreiblich reißende, wilde Strom hat zwischen Tarascon und Beaucaire eine beträchtliche Breite. Ein steinerner Damm, der einzige Überrest einer altrömischen Brücke an diesem Ort, bildet ungefähr in der Mitte desselben eine Insel. An diese stützt sich die erste Hälfte der jetzigen Schiffsbrücke; die zweite geht dann in schiefer Richtung zum anderen Ufer, so daß die ganze Brücke einen ziemlich spitzigen Winkel bildet, um den Wellen besser zu widerstehen, die dennoch sehr oft, so wie am vorigen Tage, die Ketten sprengen, welche die Kähne verbinden, und dann diese weit wegtreiben.

Das alte, nahe am Ufer auf einem hohen Felsen erbaute große Schloß von Tarascon und ein ähnliches dicht an Beaucaire gewähren von der Brücke aus eine sehr malerische Aussicht; bei stillem Wetter muß der Anblick der nur durch den Strom getrennten Städte, der Ruinen, der angebauten Ebene und der ewig wild rollenden Rhône entzückend sein.

Obgleich beide Städte nur wie *eine* aussehen, so ist der Unterschied zwischen ihnen dennoch sehr groß. Sowie wir das Ufer von *Tarascon* betraten, wurde uns wohl zumute; die Stadt ist weit größer, heller, lebendiger. Mehrere Fabriken und ein beträchtlicher Getreidehandel verbreiten Leben und Wohlhabenheit unter den Bewohnern, während ihre Nachbarn jenseits des Wassers in Trägheit und daraus entstehende Armut versinken. Sonst war Tarascon der Sitz provençalischer Chevalerie* und Poesie; König René** gab hier oft Turniere und hielt seinen Liebeshof, dessen Schiller gedenkt:

Wo zarte Minne herrschte, wo die Liebe
Der Ritter große Heldenherzen hob,
Und edle Frauen zu Gerichte saßen,
Mit zartem Sinne alles Feine schlichtend.

---

* *Chevalerie* – Ritterschaft; Ritterlichkeit.

** *König René* – Herzog von Anjou und König von Neapel (1435 bis 1442); er dichtete und malte selbst und wirkte in Aix-en-Provence und in Angers als Kunstmäzen.

Der Nachhall jener Zeiten tönt noch wider im Gesange des Volkes, und mancher uralte Gebrauch ruft bis zum heutigen Tage jene alten Feste zurück; aber der alles belebende Geist ist entwichen, und das Volk weiß nicht mehr, was es tut, indem es dem Beispiel der Väter folgt, die es auch nicht besser wußten.

Abb. 8: Schloß von Beaucaire.

Noch bei guter Tageszeit erreichten wir *St. Rémy* und sahen hohe, mit Schnee bedeckte Gebirge auf dem Wege dorthin seitwärts liegen, deren blendend weiße Häupter mit den grünenden Frühlingsgefilden um uns her sehr reizend kontrastierten. Rings um den jetzt unbedeutenden Flecken St. Rémy, der sonst eine bedeutende römische Pflanzstadt war, ziehen sich Küchengärten wohl eine Stunde weit ins Land hinein. Bei keinem Ort im südlichen Frankreich bemerkten wir noch so viel Gemüsebau als hier; große Olivenbäume und Weinreben stehen in dicht gedrängten Reihen am Abhang der Hügel, und alles zeugt vom Fleiß der Bewohner und dem inneren Reichtum des Landes. Wir eilten durch St. Rémy hindurch dem Hügel zu, der in einiger Entfernung von der Stadt noch Überreste altrömischer Denkmäler bewahrt. Schon von ferne sahen wir sie am Fuße hoher zackiger Felsen, die hier im Halbkreis ein sehr wildes, pittoreskes Tal umschließen; düster stehen sie auf einer Anhöhe wie in ewiger Trauer mitten im blühendsten Leben.

Wir näherten uns zuerst einem großen, prächtigen Grabmal, das aber dennoch nicht den Namen des Helden, dem zu Ehren es erbaut ward, der Vergessenheit entreißt: denn keine Spur einer Inschrift ist daran zu entdecken. Es besteht aus drei Stockwerken oder Abteilungen; das untere, mit Pilastern an allen vier Ecken geschmückte, trägt das ganze höchst elegante Gebäude und dient ihm gleichsam zum Piedestal. Ziemlich gut erhaltene Basreliefs bilden die Seitenwände desselben; drei davon stellen Gefechte zu Pferde und zu Fuß vor, wahrscheinlich die Siege, die der Held erkämpfte; auf dem vierten ist ein großer Triumphzug abgebildet; ein schönes Gesims aus Laub, Masken und Genien zusammengesetzt, zieht sich oben darum her.

Den zweiten, ebenfalls viereckigen Stock des Gebäudes schmücken an den Ecken kannelierte Säulen mit korinthischen Kapitälern; große offene Bogen zwischen denselben bilden die Seitenwände; ein aus geflügelten Seepferden zusammengesetzter Fries läuft oben darum her; zwei geflügelte Sirenen sind in der Mitte dieses Frieses abgebildet. Über ihnen erheben sich sechs ebenfalls kannelierte Säulen mit korinthischen Kapitälern, die das Ganze krönen; sie stehen im Kreise und tragen eine Kuppel, so daß sie wie ein kleiner Tempel anzusehen sind. Zwei in der Mitte desselben befindliche Statuen sind leider bis zum Unkenntlichen verstümmelt. Das ganze Prachtgebäude macht bei aller anscheinenden Leichtigkeit einen höchst imposanten Eindruck, der durch die tiefe Einsamkeit des Ortes und den wenige Schritte davon sich erhebenden Triumphbogen noch erhöht wird.

Abb. 9: Triumphbogen von St. Rémy.

Leider ist dieser sehr verfallen und wem er erbaut ward, ebenfalls unbekannt; vielleicht dem, der unter dem Grabmal ruht, vielleicht seinem Sieger; gewiß aber haben beide in dieser Nähe errichtete Monumente aufeinander Bezug. Er bildet einen einzigen, nicht sehr großen Bogen, dessen inneres Gewölbe mit Rosetten, Trauben, Laubgewinden, Ölzweigen von Bildhauerarbeit sehr reich und geschmackvoll verziert ist. Die Pilaster, welche den Bogen tragen, sind dorischer Ordnung. Von außen stehen an jeder Seite desselben zwei kannelierte Säulen, und zwischen diesen zwei aus der Wand hervorspringende Figuren. Sie haben von der Zeit viel gelitten, kaum konnten wir noch entdecken, daß sie gebundene Krieger vorstellen. Auch durch diesen Bogen ist der Blick auf die St. Rémy umgebende Gegend bezaubernd schön: denn jede Aussicht gewinnt bekanntlich sehr, wenn man sie vom Ganzen abgeschnitten, wie mit einem dunklen Rahmen eingefaßt, betrachtet; und hier ist die Natur überschwenglich reich.

Der Mistral trieb uns leider früher, als wir wollten, in den Wagen zurück. Allmählich ward die Gegend, durch die wir nun kamen, so traurig öde, daß wir die Provence gar nicht wiedererkannten. So weit das Auge reicht, erblickt es nur dürre Kalkfelsen; der Weg, auf dem es sich indessen doch sehr bequem hinrollt, ist in sie hineingehauen.

Das Städtchen *Orgon,* wo wir die Pferde wechselten, hat die traurigste Lage, die sich nur denken läßt, auf dem Gipfel eines solch öden Felsens, wo kein Baum schattet, kein Grashalm dem dürren Boden entspringt und jede Spur des grünenden, lachenden Edens, das wir vor wenigen Stunden verließen, ringsumher verschwunden ist. Nur das mächtigste Band, das der Gewohnheit, vermag es, die Menschen an diese traurige Wüste zu fesseln, während ihnen das herrliche Land so nahe liegt.

Mit wenig Abwechslung blieb die Gegend in ihrer traurigen Einförmigkeit sich gleich bis zu dem kleinen Dörfchen *St. Cannat.* Hier beschlossen wir zu übernachten, wenn es nur möglich wäre ein leidliches Obdach zu finden. Der kleine Gasthof, vor welchem der Wagen hielt, sah ziemlich freundlich aus; das sehr verblichene Schild zeigte die Abbildung einer Frau in etwas ausländischer Kleidung, darunter stand mit großen Buchstaben: *A la belle Suédoise.* Wir stiegen aus, und auch das Innere des Hauses war zwar ärmlich, aber von einer Reinlichkeit, die wir in diesem Lande zu finden längst nicht mehr erwarteten. Wir waren wirklich im Hause einer Schwedin, eigentlich einer Stralsunderin. Mit einigen achtzig Jahren* auf dem Rücken, schlich unsere Wirtin die Treppe zu uns herauf, hoch erfreut, einmal deutsch sprechen zu können, was sie indessen ziemlich verlernt hatte, um uns ihre Sehnsucht nach dem geliebten Vaterlande auszudrücken. In Schwedisch-Pommern, meinte sie, sei doch ein ganz anderes Leben als hier in der Provence; dort gäbe es doch gute, ehrliche, treue Menschen, hier wären alle schlecht, falsch, böse; und Kartoffel wüchsen nun vollends gar nicht, lauter Oliven und Feigen und Wein, aus denen sie sich gar nichts machte. Im siebenjährigen Krieg war sie einem jetzt lange verstorbenen Franzosen hierher gefolgt, der aus Liebe

---

* *einige achtzig Jahre* – veraltet für: achtzig Jahre und noch einige mehr.

ihr Porträt zum Schild seines Gasthofes erhoben und die ihrer Versicherung nach damals sehr wahre Inschrift darunter gesetzt hatte. Mitleidig betrachteten wir die Trümmer der schwedischen Schönheit, die, neu belebt durch den Besuch von Landsleuten, sich alle Mühe gab, uns gut zu bewirten. Wie wirft uns das Schicksal herum, vom Gestade des Baltischen Meeres* bis in den glühenden Süden! Und was ist das Ende von dem allen? Ein Grab! Ob unter Pinien oder nordischen Tannen, gleichviel.

Aix

Von St. Cannat bis Aix hatten wir nur noch zwei Meilen vor uns. In der Nähe der Stadt wird die Gegend sehr angenehm; viele hundert artige, blendend weiße Landhäuser liegen zerstreut umher, umringt von Myrten, Granatbäumen und aller südlichen Herrlichkeit. Die Olivenbäume sahen wir noch nirgends von so üppigem Wuchs; hin und wieder geben die Pinien der Gegend etwas ungemein Malerisches; übrigens aber fehlt es durchaus an großen schattenden Bäumen, die Sonne brennt, und im Sommer erhält das ganze Land ein ödes, vertrocknetes Ansehen.

Aix ist eine bedeutende Stadt. Am *Cours*, einer der schönsten Straßen, die wir jemals sahen, stehen zu beiden Seiten palastähnliche Häuser in langen Reihen, und drei durch vierfache Reihen schöner Lindenbäume gebildete, breite Alleen erinnerten uns hier auf das lebhafteste an Berlin. Das Ende des Cours gewährt eine weite Aussicht auf die umliegende Gegend; und drei herrliche Springbrunnen in der mittelsten Allee erfrischen mit freundlichem Geplätscher die Luft. Das Wasser im mittelsten dieser Brunnen ist heiß und wird von denen, die in der Nähe wohnen, zum häuslichen Gebrauch als solches verwendet; ob man ihm aber auch Heilkräfte zuschreibt, konnten wir nicht erfahren. Doch gibt es hier andere noch heißere Quellen, die in früheren Zeiten Aix als Badeort berühmt machten und zu denen noch immer Kranke wallfahrten. Die Einrichtung des zum Baden bestimmten Hauses

* *Baltisches Meer* – die Ostsee.

fanden wir indessen nicht nur sehr unelegant, sondern sogar widerwärtig, schmutzig und schlecht. Die Badezimmer sind dunkle, unangenehme Winkel; das Wasser läuft darin aus einem Krahn in die sehr abschreckend aussehenden kleinen Badewannen; es ist sehr heiß, doch lange nicht so wie der Sprudel in Karlsbad. In Aix läßt man das Wasser nur kurze Zeit stehen, ehe man darin badet; in Karlsbad hingegen bedarf es vieler Stunden, ehe es dazu nur einigermaßen abkühlt.

Den Cours und noch ein paar hübsche Straßen ausgenommen, ist der übrige Teil von Aix winkelig und dunkel, und die darin vorherrschende Unreinlichkeit übersteigt allen Glauben. Zwar trifft man in allen Straßen schöne große Gebäude, aber zwischen ihnen auch die jämmerlichsten Hütten; es ist, als ob die Häuser nicht recht in Reih und Glied ständen, überall scheint etwas zu fehlen; und die ganze Stadt hat etwas Unordentliches, wir möchten sagen Unheimliches. Nur auf dem Cours sind alle Gebäude an Größe und Pracht einander gleich. Man nennt überhaupt in der ganzen Provence und den meisten großen Städten des südlichen Frankreichs die schönste Straße Cours; sie ist mit Bäumen besetzt und das, was die Italiener unter dem Namen Corso verstehen.

Die schönen, überall verteilten Springbrunnen in Aix sind die größte Zierde dieser Stadt. Der Überfluß an frischem, kühlen Wasser, welchen sie gewähren, ist unter diesem heißen Himmelsstrich eine unschätzbare Wohltat der Natur. Man zeigte uns einen hohen Turm mit einem Glockenspiel und einem künstlichen Uhrwerk, welches die Einwohner als eine ganz besondere Merkwürdigkeit betrachten. In Deutschland und in Holland findet man deren unzählige, auch hatte dies Uhrwerk das Schicksal fast aller dieser Art: Es ist verdorben, und der Türmer setzt alle Vierteljahre eigenhändig die Gottheit der eben beginnenden Jahreszeit hinaus, die der ursprünglichen Einrichtung nach zur rechten Zeit von selbst hinaus und herein spazieren müßte.

Der sehr weite, ansehnliche *Place de la Justice* gewährt einen ganz sonderbaren Anblick: denn der Bau eines großen, der ausübenden Gerechtigkeit gewidmeten Gebäudes in dessen Mitte war eben so weit fortgerückt, daß er über der Erde beginnen sollte, als er unterbrochen ward, und wie man glaubt auf immer. Nun ist der Grund ganz vollendet, und alle die unterirdischen Kerker, Gänge und Keller nehmen sich wunderlich aus, wenn man von oben hineinsieht. Der ganze schöne Platz ist dadurch verdorben und fast unwegsam gemacht; bei Nacht wenigstens wird es gefährlich, hier zu gehen; kein Geländer umgibt die einem Steinbruch ähnlichen, oben zum Teil ganz offenen Gewölbe, so daß man im Dunkeln leicht hinabstürzen und vielleicht den Tod darin finden könnte.

Die große Kirche, *St. Sauveur*, ist ein im vierzehnten Jahrhundert erbautes, dem gotischen Stil sich näherndes Gebäude, mit einem runden, hohen Glockenturm, der aber nicht leicht und luftig durchbrochen in die Lüfte steigt, sondern schwerfällig aussieht. Mehrere ziemlich plump und schlecht gearbeitete Statuen stehen über dem Portal; alle tragen deutliche Spuren des während der Revolution auch des Heiligsten nicht schonenden Zerstörungsgeistes; viele davon sind mutwilliger Weise verstümmelt, andere von ihrem Standort ganz herabgestürzt; nur die großen uralten Türen von Zedernholz mit ihrem zum Teil recht zierlich gearbeiteten Schnitzwerk sind noch leidlich wohl erhalten. Wir traten ins Innere der Kirche; düstere, feierliche Dämmerung herrschte darin, und vor der zahlreich knieenden Gemeinde ward eben am Hochaltar die Messe gelesen. Dies verhinderte uns, alles genau zu betrachten; denn obgleich die durch den Besuch schaulustiger Fremder verursachte Störung des Gottesdienstes in katholischen Kirchen nichts Seltenes ist, so scheuen wir uns doch immer, sie zu veranlassen, und opfern lieber den Genuß, sie zu betrachten, auf. Dennoch bemerkten wir im Vorübergehen einige schöne Marmorsäulen am Taufstein und mehrere alte Denkmäler. Merkwürdige Gemälde, die uns zu einem zweiten, bequemeren Besuch derselben hätten anreizen können, enthält diese Kirche nicht. Im ganzen ist wenig Freude bei dem Besehen der alten Kirchen in Frankreich; denn fast alle alten Monumente vernichtete die zügellose Wut des Volkes; Kunstwerke von Bedeutung wurden geraubt, und was übrigblieb, steht gewöhnlich in unerfreulichem, zerstörtem Zustand da, ein Denkmal schrecklicher Zeiten.

Aix hat mehrere auffallende Wechsel des Schicksals erlebt. Unter der Regierung des seiner Phantasie sich ganz hingebenden, ein wunderbar poetisches Leben führenden Königs René war es der Sitz der provençalischen Dichter, der Künste und des romantischen Rittertums. Hier gab dieser König seine ewig wechselnden Feste, versammelte die ersten Künstler, die ersten Sänger des Landes und des nahen Italiens, rief die edelsten, schönsten Frauen herbei, ergriff mit ihnen und seiner vielgeliebten Gemahlin, Isabelle von Lothringen, zuweilen in kindlicher Lust den Schäferstab und hieß die edelsten Ritter, zu Ehren der schönen Schäferinnen in feierlichen Turnieren ihre Lanzen gegeneinader versuchen. Später versammelte das hier seinen Sitz habende Parlament die vornehmsten Familien von Frankreich. Sie erbauten alle die herrlichen Paläste, welche jetzt verödet dastehen; ihre Pracht verbreitete Wohlstand unter den Bewohnern, alles war lebendig, und die Straßen wimmelten von fröhlichen Menschen und schönen Equipagen. Die Revolution trieb sie alle hinweg; menschenleer und öde steht die einst so blühende Stadt, und alle Freude, alles Glück scheint mit dem alten Glanze derselben entwichen.

Wir brachten einen Sonntag in Aix zu und sahen die Einwohner, wie gewöhnlich an diesem Tag, auf dem Cours spazieren gehen. Fast alle trugen den Stempel der Armseligkeit in der Kleidung und wilden Mißmut in den düsteren, von der Sonne verbrannten Zügen. Eine Menge katholischer Geistlicher in den verschiedensten Ordenstrachten wandelte in allen Straßen. Kirchliche Feierlichkeiten und aus alten Zeiten stammende, oft sehr barocke Prozessionen sind das einzige, was noch zuweilen einiges Leben unter diese in bittere Armut versinkende Menschen bringt. Zwar ist der Boden ringsumher ergiebig; das schönste Öl wächst hier im Überfluß, auch Wein und Korn geraten wohl; doch ist dies nicht genug, um den Einwohnern von Aix den alten Wohlstand wiederzugeben, da es ihnen an Industrie und Tätigkeit fehlt, um durch Handel und bedeutende Fabriken das zu ersetzen, was sie in der Revolution und durch die Entfernung der reichen Familien verloren.

Zwischen Aix und Marseille liegt nur eine Station, denn beide Städte sind etwa zwei Meilen voneinander entfernt. In der Nähe von Aix ist die Gegend sehr angebaut und freundlich, dann kommen wieder dürre, öde Felsen bis gegen Marseille, wo alles in blühendem Leben aufsproßt, weil die hohe Kultur des Landes den sonst unfruchtbaren Kalkstein besiegt. Ungefähr anderthalb Stunden von der Stadt hielt der Postillion auf einer Anhöhe und

Abb. 10: Ölmühle in Aix.

machte uns auf die *Vista* aufmerksam. So heißt dieser Platz vorzugsweise mit vollem Recht, denn eine schönere Aussicht als die, welche jetzt im funkelnden Abendstrahl der Sonne vor uns lag, sahen wir nie. Zur rechten Hand erblickten wir das weite Mittelländische Meer, belebt durch unzählige Segel, die hellglänzend zu uns herüber schimmerten; wunderbar gezackte Felsen bilden das Ufer; geradeaus liegt die große Stadt tief im Grund, umgeben von einem Halbzirkel ebenso schöner Felsen; und linker Hand eine weite Ebene, besät mit mehreren Tausenden weißer, zerstreut liegender Landhäuser, den berühmten *Bastiden** der Einwohner von Marseille.

* *Bastide* (franz.) – in der Provence, besonders rund um Marseille, Bezeichnung für Landhaus oder Bauernhaus.

Marseille

Der erste Eintritt in *Marseille* von Aix aus ist wirklich imposant. Gleich am Tor beginnt der herrliche, breite Cours, welcher die ganze neue Stadt vom Tor von Aix an bis zum römischen Tor durchschneidet. Er ist eine gute Viertelmeile lang, und da er an den beiden äußeren Enden höher liegt und gegen die Mitte sich allmählich hinabsenkt, so kann man ihn an beiden Toren seiner ganzen Länge nach bequem übersehen; hohe schattige Bäume bilden eine breite Allee in der Mitte, und ansehnliche Häuser umgeben ihn an beiden Seiten, deren unterer Stock fast durchgängig zierlich aufgeputzte Warenmagazine enthält, wie wir sie in London und Paris sahen. Die zum Hafen führende, mit schönen, ganz gleichförmig erbauten Häusern besetzte Straße *Canebière* durchschneidet den Cours in der Mitte, und schon von hier aus erblickt man den Wald von Mastbäumen der im Hafen liegenden Schiffe. Noch schöner beinahe ist die nahe liegende Straße *Beauvau* mit ihren palastähnlichen Gasthöfen und prächtigen Wohnhäusern. Wir wohnten dort im *Hôtel des Ambassadeurs* und hatten alle Ursache, sowohl mit der Bedienung als mit der Billigkeit des Wirtes zufrieden zu sein. Das große Theater liegt am Ende dieser Straße auf einem ganz freien Platz, mit der Hauptfront gegen jene gewendet. Die Säulen und der übrige architektonische Schmuck daran machen einen sehr schönen Effekt. Im ganzen ist der neuere Teil von Marseille mit den schönsten Straßen und Plätzen des besten Teiles von London zu vergleichen und übertrifft sie wohl noch durch die regelmäßige Schönheit der durchgängig massiv aus Quadersteinen erbauten Häuser. Das Straßenpflaster ist ganz vortrefflich, und die zu beiden Seiten sich hinziehenden, breiten, mit Steinplatten belegten Fußpfade machen das Gehen in der Stadt sehr angenehm. Klares, frisches Wasser strömt in schmalen steinernen Kanälen durch alle Straßen; zwar muß man oft über sie wegsteigen, und dies macht sie ein wenig unbequem; sie tragen indessen sehr viel zur Reinlichkeit und Kühlung bei, besonders aber zur Milderung des Staubes, welcher ohne sie in den heißen Sommermonaten, wo fast kein Tropfen Regen fällt, unerträglich werden würde. Die nächtliche Erleuchtung der Straßen ist vortrefflich, auch hält die Polizei sehr streng auf Reinlichkeit derselben, so daß die Damen mit weißen Schuhen zu Fuß gehen können. Diese Reinlichkeit fiel uns besonders auf, und die schöne zierliche Stadt, in welcher sogar die Fenster zuweilen gewaschen werden, gefiel uns umso besser, je länger wir die Freude entbehrt hatten, alles um uns her sauber zu sehen.

Ganz von dem neueren Teil der Stadt verschieden ist der auf einer beträchtlichen Felsenhöhe erbaute ältere Teil derselben, und der Kontrast zwischen beiden erinnerte uns auf das lebhafteste an Edinburgh, wo man auch nur über eine Brücke zu gehen braucht, um in einem ganz anderen Ort, unter ganz anderen Menschen zu sein. Im alten Marseille fanden wir die hierzulande gewöhnlichen, engen, winkeligen Straßen, die alten, hohen, düsteren Häuser wieder und eine durch die furchtbarste Unreinlichkeit verpestete, kaum zu atmende Luft. Das Pflaster der bald auf- bald abwärts führenden Straßen ist abscheulich; und nicht ohne Gefahr, den Hals darauf zu brechen, kletterten wir herab, dem Hafen zu, zwischen elenden, mit Einsturz drohenden Hütten.

Die Menschen, welche diesen Teil der alten, an den Hafen grenzenden Teil der Stadt bewohnen, sind die ärmsten in Marseille, vielleicht in ganz Frankreich. Sie gehören zu einer eigenen Kaste, welche sich sowohl in der Sprache als in Sitten, Gebräuchen und Kleidung von allen anderen Franzosen unterscheidet. Die groben Lumpen, welche sie kaum verhüllen, und ihre kümmerliche Nahrung erwerben sie einzig mit ihren Fischernetzen. Von allen anderen Bewohnern Marseilles wegen seiner Wildheit gemieden, die oft in Raub und Mord ausartet, lebt dies wunderliche Volk bloß unter sich und verlangt von selbst nach keiner Gemeinschaft mit seinen Nachbarn. Die dunklen, düsteren Gesichtszüge zeichnen es auf eine unverkennbare Weise aus. Manche wohnen, um dort zu fischen, den größten Teil des Jahres hindurch fast ganz in den Höhlen und Klüften der Felsen, die den Hafen an dieser Stelle begrenzen. In Marseille glaubt man, diese Leute wären Abkömmlinge der ersten Bewohner, der Phokier, die hier in grauer Vorzeit eine Art Kolonie anlegten, welche das Gepräge ihres Ursprungs durch alle Jahrhunderte hindurch rein und echt erhalten haben, da sie bloß Töchter ihres eigenen Stammes heirateten.

Der Hafen von Marseille ist einer der schönsten in der Welt; neunhundert Schiffe können darin, vor Sturm gesichert, liegen; hohe, schützende Felsen umgeben ihn und die Reede, auf welcher mehrere Inseln den Eingang in das weite Meer zu bewachen

Abb. 11: Hafen von Marseille.

scheinen. Täglich wandelten wir auf den den Hafen umgebenden Quais und ergötzten uns an der köstlichen Aussicht und dem fröhlich-lebendigen Gewühle zu Wasser und zu Lande, ohne dessen müde zu werden. Bunte Flaggen und Wimpel der verschiedensten Nationen flatterten hier lustig gegen den dunkelblauen Äther hinauf; kleine, sonderbar gestaltete Schiffe von der Küste des Mittelländischen Meeres, beladen mit Orangen, Kastanien, sogar mit Blumen, ankern neben den gewaltigen, großen Kauffahrteischiffen des fernen Nordens und den ganz fremdartig aussehenden Fahrzeugen der levantinischen Küsten. Viele hundert Boote, Schaluppen und Fischernachen kreuzen lustig dazwischen herum, auch recht zierliche Gondeln, deren immer eine große Anzahl zur Luftfahrt auf den smaragdenen, oft kaum sich kräuselnden Wogen am Ufer bereit liegen.

Auf den mit ansehnlichen Häusern umgebenen Quais herrscht das mannigfaltigste Leben, wie auf dem Wasser daneben; alle europäischen Nationen versammeln sich hier neben den Bewohnern von Asien und Afrika; alle Sprachen ertönen, und die mannigfaltigsten Trachten und Nationalphysiognomien aller gebildeten Völker sieht man vielleicht nirgends so auf einem Punkt vereint. Oft glaubten wir uns auf einer großen Maskerade, wenn wir die vielen Türken, die Armenier und Griechen, die Afrikaner mit gelben, maskenartigen Gesichtern, jeden in der Tracht seines Vaterlandes, unter den schönen geputzten Marseillerinnen umherwandeln sahen, dazwischen die schwarzen Gesichter der Neger und Negerinnen und die Griechinnen, welchen man überall begegnet. Diese stimmten indessen unseren Begriff von den berühmten Schönheiten ihres Landes gewaltig herab; Aspasia, Lais und die übrigen berühmten Frauen Griechenlands müssen denn doch ganz anders ausgesehen haben, als diese orangegelben, langnasigen Damen, deren geschmacklos bunte, mit Schmuck und Verzierungen überladene Kleidung ihre wirkliche Häßlichkeit ins grellste Licht stellt.

Der Quai an der Seite der alten Stadt sieht zum Teil wie ein orientalischer Bazar aus; er ist viel schmäler, als der ihm gegenüberliegende an der anderen Seite des Hafens, aber auch weit lebhafter: denn der untere Stock der ihn umgebenden Häuser enthält Magazine, in welchen sowohl die seltensten, teuersten Waren als auch die unbedeutendsten zum Verkauf zierlich aufgestellt sind. Türken und Griechen halten hier die kostbarsten Erzeugnisse des Orients feil, reiche Teppiche, prächtige orientalische Stoffe, echt türkische Shawls in den glänzendsten Farben, mit so grellen, wunderlichen Blumen, Palmen und Streifen, als man sie sich nur wünschen kann, damit jedermann von weitem sehe, daß diese geschmacklos bunte Hülle viel Geld kosten muß. Rosenduft strömt schon von weitem aus anderen, mit den köstlichsten Essenzen angefüllten Magazinen. Aus einem Magazin daneben schauen Papageien, Kakadus und andere Vögel südlicherer Zonen in ihrer Federn bunter Pracht gar fremd in die Welt hinein, während possierliche Affen neben ihnen den Vorübergehenden Gesichter schneiden. Alles ist hier zu haben, Juwelen und Perlen, Uhren und Heiligenbilder, Landkarten und Kupferstiche; die herrlichsten Früchte des Südens, Orangen, Granatäpfel, Kokosnüsse, Pistazien, fast frische Datteln, in langen Trauben noch aneinanderhängend, und die köstlichsten Blumen in Sträußen und Blumentöpfen.

An dem entgegengesetzten Quai nehmen große, verschlossene Magazine die Stelle jener glänzenden Herrlichkeiten ein. Sie sind mit Kaufmannsgütern aller Art, mit Holz, Hanf und allem, was zum Schiffsbau gehört, angefüllt; deshalb verirren sich die bloßen Spaziergänger selten hierher, obgleich der zum Fahren eingerichtete breitere Quai weit schöner ist als der andere.

Zwei Zitadellen, welche auf den Spitzen der den Hafen umgebenden Felsen sich höchst pittoresk ausnehmen, beschützen den Eingang desselben. Die an dem breiteren Quai ist zwar viel neuer, aber weit verfallener als die an der Seite der alten Stadt. Dieser gegenüber müssen alle der Gesundheit wegen verdächtige Schiffe während der Zeit der Quarantäne vor Anker liegen, und das Verbot, vor Ablauf derselben nicht ans Land zu kommen, wird hier ebenso streng als in Cette gehalten. Die Passagiere sowohl als auch die Schiffsmannschaft haben die Wahl, an Bord zu bleiben oder sich in die in einiger Entfernung von der Stadt am Ufer der Reede erbaute Quarantäne-Anstalt zu begeben; die Passagiere wählen gewöhnlich den Aufenthalt auf den Schiffen; oft sahen wir sie auf dem Verdeck, wenn wir fröhlich durch den Hafen schifften, wie sie mit langen Fernrohren sehnsuchtsvoll die Ufer und die glücklichen Menschen anblickten, welche dort frank und frei herumwandeln durften. Die Langeweile eines solchen gezwungenen Aufenthalts dem lange erwünschten Hafen gegenüber, muß entsetzlich sein, besonders nach einer Seereise von mehreren Monaten, mit der Sehnsucht nach dem Wiedersehen von Verwandten und Freunden im Herzen, die am nahen Ufer mondenlang harren. Dennoch hat er vor dem in den Quarantänehäusern viele Vorzüge. In diesen herrscht eine an peinlichen Zwang grenzende Ordnung, um jeder möglichen Gefahr einer Ansteckung in dieser Anstalt selbst vorzubeugen. Und doch versicherte man uns, daß fast immer Pestkranke in einem Teil dieser Gebäude sich befänden. Selbst aus der Ferne war uns der Anblick dieser Gebäude immer grauenvoll, obgleich sie am Fuße hoher Felsen, dicht am Meere, recht angenehm zu liegen scheinen. Sie nehmen sich fast wie eine kleine Stadt aus, so viele Wohnhäuser, Magazine für die Waren und Ställe für die mit ankommenden Tiere sind dort nebeneinander erbaut.

Außer den vielen schönen Häusern schmücken auch noch zwei ansehnliche öffentliche Gebäude den Quai, nämlich das Rathaus und die *Consigne*. Die Front des Rathauses war ursprünglich recht schön, nur vielleicht mit Verzierungen, Basreliefs und dergleichen etwas überladen. Diese wurden in der Revolution größtenteils heruntergeschlagen, und Jakobinermützen*, schlechte Freiheitsbilder, republikanische Inschriften im Geiste jener Zeit kamen an ihre Stelle. Den unteren Stock des Gebäudes nimmt die Börse ein, den oberen ein großer Saal, zu Rechtsversammlungen bestimmt, und mehrere Büros für öffentliche Angelegenheiten. Die zu ihm führende Treppe ist dicht neben dem Rathaus in einem anderen Gebäude angebracht, entweder aus Mangel an Raum im Hauptgebäude, oder weil man sie auf gut schöppenstedtisch** beim ersten Grundriß vergaß. Sie

* *Jakobinermütze* – rote, beutelförmige Mütze, die von den Jakobinern als Freiheitssymbol getragen wurde.

** *schöppenstedtisch* – den Einwohnern der kleinen deutschen Stadt Schöppenstedt wurde eine besondere Einfalt zugeschrieben, man erzählte zahlreiche lächerliche Begebenheiten über sie.

wäre eine der schönsten, wenn nicht ein elendes, hölzernes Geländer die breiten, kühn gewundenen Stufen entstellte; denn das eiserne, welches sonst sie schmückte, ward während der Revolution ebenfalls weggerissen und verkauft; auch dient ihr die marmorne Bildsäule eines in früheren Zeiten um Marseille hochverdienten Mannes, Pierre Libertat mit Namen, zu keiner besonderen Zierde. Etwas Ungestalteteres und Geschmackloseres gibt es nicht viel im Gebiet der plastischen Kunst; zum Überfluß hält Herr Libertat auch noch einen wirklichen Degen von Stahl in den marmornen Händen.

In dem Vorzimmer vor dem Ratssaal zogen zwei sehr große Gemälde unsere Aufmerksamkeit an. Sie sind von Serres gemalt, einem außer Marseille wenig bekannten Schüler Pugets, und enthalten eine gräßlich wahre Darstellung der Pest, die im Jahre siebzehnhundertzwanzig Marseille zur Totengruft machte. Serres erlebte jenes fürchterliche Elend dort selbst und wagte mit wahrem Heldenmut und äußerster Aufopferung sein Leben, um zu retten, zu helfen, zu trösten, wo es irgend möglich war. Und weil ebendiese Gemälde treue Kopien dessen sind, was er sah und erlebte, so ergreift ihre schauderhafte Wahrheit jeden, der sie erblickt, mit unaussprechlichem Grausen, obgleich sie als Kunstwerke keineswegs vorzüglich genannt werden dürfen. Eines davon stellt den *Cours*, das andere den Hafen vor, beide angefüllt mit Kindern, Müttern, Greisen in wilder Verzweiflung; überall erblickt man darauf das unausweichbarste, entsetzlichste Elend in tausend verschiedenen Gestaltungen, überall das furchtbarste Sterben in aller seiner Gräßlichkeit; dazwischen Ärzte und Geistliche gleich tröstenden, rettenden Engeln, die heldenmütig den Kranken beistehen. Die Köpfe sind alle Porträts von edlen, zu jener Zeit lebenden Männern, besonders von Ärzten, welche in der allgemeinen Not ihr Leben daran setzten, dem Elend zu steuern; auch der Kopf des Erzbischofs, der sich damals besonders hilfreich erwies, ist porträtiert.

Noch voll von schauderhaften Phantasiegebilden, welche diese Gemälde in uns aufriefen, gingen wir zu der nahen *Consigne*. So heißt das Gebäude, vor welchem die Gesundheitspässe der Schiffe genau untersucht werden, ehe ihnen vergönnt ist, im

Hafen vor Anker zu gehen und auszuladen. Diese wohltätige Einrichtung, welche hier allein das Wiederkehren jener gräßlichen Szenen vielleicht von einer halben Welt abwendet, ist mit wenig Abänderungen dieselbe wie in Cette, nur das Gebäude hier ist größer und prächtiger als dort das Gesundheitsamt. Es enthält mehrere Säle, Archive, Magazine, welche die weit bedeutendere Anzahl der im Hafen von Marseille einlaufenden Schiffe notwendig macht. Von dem einen der beiden großen Balkone über dem Hafen werden die Schiffe examiniert, von dem andern ihnen frische Lebensmittel in die Schaluppen geworfen; ein Brunnen unter den Balkonen ist so eingerichtet, daß das frische Wasser gleich in ihre mitgebrachten Fässer geleitet werden kann. In einem Saal der Consigne sahen wir das berühmte Gemälde, welches der bekannte Künstler David, ein geborener Marseiller, in Rom zum Andenken jener seine Vaterstadt zerstörenden, furchtbaren Pest malte. Es ist eine seiner früheren Arbeiten, noch frei von der theatralischen Manier, der er sich nachher ergeben hat. Der Farbton ist weniger grell, die Beleuchtung weniger gesucht, die ganze Komposition einfach und natürlicher als an allen seinen späteren uns bekannten Werken. Auf glänzenden Wolken thront die heilige Jungfrau als Himmelskönigin, der heilige Rochus kniet vor ihr, Erbarmen flehend für die leidende Stadt; ein Sterbender liegt im Vordergrund; seitwärts, etwas höher, sieht man zwei Jünglinge eben verscheiden; der Kopf des heiligen Rochus ist besonders edel und ausdrucksvoll.

Ein schönes Basrelief, in carrarischem Marmor von Puget* gearbeitet, würde eine wahre Zierde dieses Saales sein, wenn es so angebracht wäre, daß man es recht sehen könnte; dies ist aber leider nicht der Fall. Es stellt die Pest in Mailand vor; der fromme Erzbischof kniet betend in der Mitte, neben ihm zwei andere Geistliche; Engel in den Wolken verheißen ihm die ersehnte Hilfe, indem sie ihm das Kreuz zeigen. Diese ganze Gruppe ist vortreff-

---

* Der französische Bildhauer, Maler und Architekt *Pierre Puget* (getauft 1620, gestorben 1694) ging nach seiner Ausbildung nach Italien; in seinen Skulpturen wurde er von Michelangelo und Bernini beeinflußt. 1643 bis 1679 war er mit Unterbrechungen in Marseille und Toulon als Schiffsdekorateur, Maler und Bildhauer tätig und führte Bauaufträge aus.

lich, besonders der ausdrucksvolle schöne Kopf des Erzbischofs; den übrigen weiten Raum erfüllen Bilder der Verzweiflung und des Todes, wie auf den Gemälden seines Schülers Serres. Pugets unerwarteter Tod verhinderte ihn, die letzte Hand an dieses Werk zu legen, welches daher in einigen Nebenpartien noch unvollendet geblieben ist. Er war ein ausgezeichneter Künstler, aber die Franzosen nennen ihn mit ihrer gewohnten Bescheidenheit den zweiten Leonardo da Vinci, eine Ehrenbezeigung, über die er wohl in jener Welt noch zürnen müßte, wenn er etwas davon erführe; denn echtes Talent nimmt lieber bitteren Tadel als übertriebenes Lob an.

In der alten Stadt ist das Lyzeum ein sehenswertes Gebäude. Es war ehemals das sehr prächtige und weitläufige Kloster der Bernhardiner-Nonnen, jetzt werden in einem Teil desselben etwa hundertfünfzig Knaben erzogen. Die Anstalt ist auf öffentliche Kosten, wie es uns schien, recht zweckmäßig eingerichtet, zwar etwas klösterlich der Form nach, aber dies pflegt auf die Jugend selten nachteilig zu wirken, besonders unter diesem heißen Himmelsstrich, wo Menschen wie Pflanzen sich früher entfalten und die Lust zum Vergnügen mit der Luft eingeatmet wird. Die Knaben erhalten in ihr den Anfang einer gelehrten Bildung; sie wohnen, essen und schlafen unter immerwährender Aufsicht ihrer Lehrer. Die vielen großen Gärten und Höfe des Gebäudes gewähren ihnen Raum und Gelegenheit, sich im Freien zu bewegen; die großen Speisesäle, die Schlafsäle, die zum Unterricht bestimmten Zimmer sind alle sehr reinlich und luftig; auch sehen die Knaben sehr fröhlich und gesund aus.

Ein anderer Teil dieses ehemaligen Klosters ist zu einer öffentlichen Zeichenschule eingerichtet, in welcher wir manche wohlgeratene, viel für die Zukunft versprechende Arbeiten mehrerer Zöglinge mit Vergnügen sahen. Die öffentliche Bibliothek und ein ziemlich unbedeutendes Naturalienkabinett sind in einigen Sälen aufgestellt, andere dienen zur Versammlung der hiesigen Akademie der Wissenschaften und einiger zum allgemeinen Besten, besonders zu wohltätigen Zwecken, eingerichteter Gesellschaften. Mehrere waren für das Museum bestimmt, welches eben, zum großen Herzeleid der die Kunst nicht sonderlich liebenden Marseiller, eingerichtet werden sollte.

Vergebens hatte die gute Stadt sich lange gegen das von Paris aus an sie gelangte Ansinnen gesträubt, einen Teil der geraubten Kunstschätze in ihren Mauern aufzunehmen und daraus ein Museum zu bilden, wie sie in allen bedeutenden Städten Frankreichs existieren; nicht eben aus Widerwillen gegen irgendeinen Anteil an unrechtmäßig erworbenem Gute, sondern weil für den Transport und das Einpacken zwanzigtausend Franken bezahlt werden sollten. Vergebens hatte sie vielfältig erklärt, sie wisse dergleichen gar nicht zu schätzen, sondern bäte, andere Städte damit zu beglücken, die mehr Sinn für die Kunst hätten als die einzig dem Handel ergebenen Einwohner von Marseille. Da half kein Remonstrieren*, die zwanzigtausend Franken mußten gezahlt werden, die Gemälde wurden eingepackt und kamen während der Zeit unseres Aufenthaltes in Marseille richtig an. Wir sahen sie gleich nach dem Auspacken und erstarrten über den traurigen Anblick derselben. Die Pariser waren beim Emballieren** mit beispiellosem Leichtsinn und Unwissenheit zu Werke gegangen; fast keines der Gemälde war unbeschädigt angekommen, in viele große, bedeutende Stücke waren Löcher gerissen, an anderen die Farbe dermaßen heruntergerieben, daß es fast unmöglich wurde zu erkennen, was sie gewesen waren. Zum Glück sind die großen Namen, mit welchen diese Sammlung prangt, größtenteils nur titular. So sahen wir zum Beispiel einen die Apokalypse schreibenden Johannes, angeblich von Raphael, welchen der unsterbliche Meister wohl nie erblickt hat. Doch ist auch manches Gute mit zugrunde gegangen. Einer vortrefflich gemalten, sonst höchst widerwärtigen Geißelung von Rubens war gar arg mitgespielt, so wie auch zwei herrlichen Gemälden von Perugino, einer heiligen Familie und einer Grablegung. Der tief empfundene Ausdruck und die hohe Einfachheit der Komposition dieser letzteren zog uns besonders an. Die Mutter hält mit dem edelsten Ausdrucke des innigsten Schmerzes den toten Christus auf ihren Knien; sein

---

* *Remonstrieren* – Einwände, Widerspruch erheben.

** *Emballieren* – Verpacken, Einpacken.

Liebling Johannes unterstützt, tief gebeugt, das sinkende Haupt; ihm gegenüber weint Magdalena kniend zu den Füßen des Erlösers; Nicodemus und Joseph von Arimathia stehen zu beiden Seiten; den Hintergrund des Gemäldes bildet ein offener Portikus, durch welchen man hinaus in eine weite Gegend blickt. Es ist ein herrliches Bild, welches uns später von den Gemälden aus der deutschen Schule lebhaft zurückgerufen wurde, die wir bei dem Herrn von Boisserée in Heidelberg sahen. Alle seine Fehler und alle seine Vorzüge fanden wir bei diesen alten deutschen Künstlern wieder, welche uns, Dank sei jenen echten Kunstfreunden, aus dem Grabe der Vergessenheit neu erstanden; dieselbe einfache Anordnung, denselben Ausdruck des wahren inneren Lebens, nur nicht die Farbenpracht der alten deutschen Kunst.

In einer Darstellung im Tempel hat Le Sueur den großen Gedanken in Correggios Nacht zu benutzen gesucht; das Licht, welches den Tempel erleuchtet, strömt vom Kinde aus. Mehrere von Paris gesandte Gemälde aus der französischen Schule und einige in Marseille schon vorhanden gewesene von Puget und Serres sollen, wenigstens der Zahl nach, diese Sammlung vollständig machen. Die bedeutenden Beschädigungen, welche die von Paris gesandten Gemälde erlitten hatten, machten der guten Stadt Marseille große Not; restauriert mußten sie werden, darüber waren alle Stimmen einig, nur das Wie war schwer zu entscheiden. Am Ende entschloß man sich, den Maler dazu zu nehmen, der sich in seinen Forderungen am billigsten bewies; es fand sich auch einer, welcher nur einen Laubtaler* den Tag verlangte und dabei versprach, recht fleißig zu sein, damit er bald fertig würde. Armer Perugino! Wie mag es dir unter solchen Händen ergangen sein!

In der umliegenden Gegend standen ausgegrabene antike Fragmente von Grabsteinen, Inschriften und Basreliefs, nebst einigen aus Kirchen geraubten Grabmälern und Monumenten, noch ungeordnet in den Höfen und mehreren Sälen umher und

* *Laubtaler,* auch *Lorbeertaler* – von den zwei Lorbeerzweigen der Wappeneinfassung abgeleiteter Name der französischen *Écus aux lauriet,* die zwischen 1726 und 1780 in großer Zahl geprägt wurden und auch in Deutschland in beträchtlichen Mengen im Umlauf waren.

erwarteten die Zeit, wo sie, in Reih und Glied gestellt, das Ihrige beitragen sollen, um das Museum von Marseille zu verherrlichen.

In einem Zimmer des Lyzeums vollendete eben ein junger, geschickter Dekorationsmaler einen Theatervorhang von großem Effekt. Grazien und Musen umtanzen den Wagen des Phöbus – denn ohne Phöbus tun die Franzosen nichts –, Minerva führt den Zug an, und Friede und Weisheit schreiten vor ihr her. Dieser brillante Vorhang fiel uns um so mehr auf, da man sie in Frankreich gewöhnlich nur sehr einfach sieht. Er war für ein sehr hübsches, in der Altstadt neu erbautes Theater bestimmt, das bis auf einige Dekorationen schon völlig vollendet dastand und nur noch die Schauspieler erwartete, welche ihr Wesen oder Unwesen darin treiben sollten.

Spaziergänge und nächste Umgebungen von Marseille

Einen Spaziergang kann man es wohl nicht nennen, wenn man sich in eine Gondel setzt und durch den gewühlvollen Hafen hindurch hinaus auf die Reede fährt; aber das Herrlichste bleibt es immer, was Marseilles Umgebungen bieten können. Die Aussicht von der oft spiegelglatten, smaragdenen Fläche der Reede auf die Inseln, die an ihrem Eingang liegen, und über diese hinaus auf das ewig bewegte Meer, ist eine der erhabensten. Nicht minder herrlich ist es, wenn man sich rückwärts wendet. Da liegt der lebensreiche, große Hafen vor uns, die ihn umgebenden malerischen Felsen mit ihren Zitadellen, die schöne Stadt, welche um ihn her einen großen Halbkreis bildet, umschirmt von den weiter hinaus sich erhebenden zackigen Felsen, die *Vista* mit ihren Bastiden und überall der reichste Überfluß aller Gaben des günstigen Himmels. Marseille gewährt von diesem Standpunkt aus einen Anblick, den wohl nicht leicht eine Seestadt schöner aufzuweisen hat; auch benutzen die Einwohner die vielen Gondeln recht fleißig, um sich seiner zu erfreuen und dann nach einer der Inseln zu fahren, wo sie Meeresfrüchte frisch aus den Wellen kaufen. *Fruits de mer* nennen sie alle die verschiedenen eßbaren Muscheln, Austern und sonstige Schalentiere, die hier im größten Überfluß von den Fischern gefangen werden.

Dem Hafen am nächsten liegt die malerische Felseninsel, auf deren Gipfel das bekannte traurige *Chateau d'If* erbaut ist, dieses fast unzugängliche, fürchterliche Staatsgefängnis, in welchem die unglückliche eiserne Maske* mehrere Jahre lang im engen Verwahrsam gehalten ward. Auch jetzt noch war es nicht leer von ärmlichen Opfern des grausamsten Despotismus, die dort aller Welt verborgen und unbekannt, vielleicht von ihren Freunden als Tote beweint, in dunklen Kerkern schmachteten.

Mehr seitwärts und etwas entfernter liegt die kleine Insel *Ratonneau*. Die Überbleibsel eines alten, verödeten Schlosses und eine kleine Zitadelle, in welcher ein paar Invalide die Wache haben, sind die einzigen Gebäude; arme Fischer, die zuweilen in Felsenklüften und elenden Baracken dort hausen, sind die einzigen Bewohner dieses ganz unfruchtbaren Felsenklumpens, der dennoch einem ehrgeizigen Menschen den Kopf insoweit verrückte, daß er sich einbildete, als König desselben zu den mächtigsten Monarchen sich zählen zu dürfen. Ein alter Korporal, der vor mehreren Jahren dort die aus vier Invaliden bestehende Besatzung kommandierte, kam nämlich auf die sublime Idee, sich von ihnen als König von Ratonneau huldigen zu lassen; die Untertanen bezeigten sich indessen widerspenstig. Da beschloß der König, sie samt und sonders zu verbannen; und da sie einmal alle vier nach Marseille gefahren waren, um Lebensmittel zu holen, ließ er sie bei ihrer Rückkunft nicht wieder landen, trieb sie fort, schoß nach ihnen und blieb auf diese Weise ganz allein unumschränkter Herr in seinem Gebiet. In Marseille nahm man die Sache nicht ernst, sondern lachte über den neuen Monarchen und ließ ihn im ruhigen Besitz seiner Staaten, bis die Fischer seiner ewigen Requisitionen** von Lebensmitteln überdrüssig wurden. Einige von ihnen ersannen eine List, um seiner habhaft

* *Eiserne Maske* – ein unbekannter französischer Staatsgefangener zur Zeit Ludwigs XIV., der stets eine schwarze Samtmaske trug.

** *Requisitionen* – Anforderung oder Beschlagnahme von Sach- und Dienstleistungen.

zu werden. Sie kamen als Unzufriedene vom festen Lande zu ihm und verlangten, ihm als ihren Fürsten zu huldigen, was er denn auch hocherfreut ihnen in Gnaden gewährte; aber im Schlaf überfielen die Treulosen ihren Monarchen und brachten ihn gebunden nach Marseille, wo er noch einige Jahre in der festen Überzeugung seiner hohen Würde als entthronte Majestät im Irrenhaus lebte.

Die Insel *Pomègues* ist die größte und von Marseille am weitesten entfernt. Sie begrüßt der Schiffer als den letzten Punkt des Landes, ehe er in das grenzenlose Meer hinaussegelt; ihrem Hafen naht er sich wieder zuerst bei der Heimkehr: denn die Quarantäne-Anstalten beginnen schon hier. Jedes von der Levante* kommende Schiff muß zuerst auf der Insel Pomègues seine Pässe zeigen, dort wird ihm die Stelle, wo es auf der Reede oder im Hafen von Marseille ankern darf, bezeichnet; deshalb darf auch kein Boot, das nicht in der Quarantäne begriffen ist, dem Hafen vom Pomègues sich nähern. Fischer und wer die Insel sehen will, müssen sie umfahren, an der entgegengesetzten Seite landen und dürfen nicht tiefer ins Land, nicht in die Gegend des Hafens gehen, selbst die Soldaten nicht, die hier auf einem Wachtturm Wache halten. Die ganze Insel besteht aus einem einzigen großen Felsen, öde und unwirtlich, voll tiefer Spalten und Klüfte. Mehrere kleine namenlose Inseln liegen noch um sie her. Alle diese im Meer zerstreuten Felsenmassen gewähren bei ihrer Öde doch einen höchst malerischen, die weite Meeresfläche belebenden Anblick; sie gleichen schwimmenden Festungen, von der mächtigen Hand der Natur mitten im wildesten Elemente erbaut.

Die Spaziergänge in und um Marseille sind sehr angenehm, obgleich wir die eben erwähnte Wasserfahrt ihnen allen vorziehen möchten. Rings um die Stadt läuft der an die Stelle der abgetragenen Wälle angelegte Boulevard und gewährt manche erfreuliche Aussicht auf ihre nächsten Umgebungen. Die jungen Platanen und Sykomoren, welche ihn einfassen, wachsen lustig empor und werden ihn mit der Zeit zu einem der schattigsten

* *Levante* – Bezeichnung der Küsten Kleinasiens, Syriens und Ägyptens.

Spaziergänge machen, die in diesem heißen Lande eine wahre Wohltat sind. Abends wird der Cours in der Stadt von unzähligen Spaziergängern besucht, so auch die an die Straße Canebière grenzende, mit zwölf Reihen Bäumen bepflanzte und mit schönen Gebäuden umgebene Allee *Meillan*. Ganz nahe an der Stadt liegt die *montée de Bonaparte*, welche seitdem wohl einen anderen Namen erhalten haben wird. Ein sehr bequemer Weg windet sich zum Gipfel des Felsens hinauf, von welchem man die Stadt, ihre Umgebung und das Meer übersieht.

Interessanter, aber auch beschwerlicher, ist der Weg nach *Notre Dame de la Garde*, einem steilen Felsen, ebenfalls nahe an der Stadt, der sich fünfhundert Fuß hoch über die Fläche des Meeres erhebt. Eine Zitadelle und eine kleine, der heiligen Jungfrau geweihte Kapelle krönen die Spitze desselben; von letzterer trägt er den Namen.

Die über allen Ausdruck erhabene, herrliche Aussicht lohnte uns oben aufs reichlichste für alle Mühseligkeit des Steigens auf dem mit spitzen Kieseln besäten Pfade. Die ganze Stadt liegt zu unseren Füßen; die breiten, regelmäßigen Straßen und großen Plätze der Neustadt sehen wie das mit bunten Steinen und Muscheln ausgelegte Parterre eines holländischen Gartens aus; in dem höher liegenden Häuserklumpen der Altstadt erkennt man jedes einzelne größere Gebäude; man könnte fast die Fenster darin zählen. Weit hinaus liegen alle die tausend, auf Höhen und in Tälern zerstreuten Bastiden mitten in ihren Gärten vor uns, die pittoresken Felsenufer mit ihren Zitadellen, die Quarantänegebäude, der Hafen, die Reede mit ihren Inseln und das weite Meer, dessen blaue Ferne einem Blicke in die Ewigkeit gleicht. Ganz klein erschien uns die Insel, auf welcher das *Château d'If* steht, noch kleiner die vielen Eilande, welche um sie her zu schwimmen scheinen. Auf der Insel Pomègues konnten wir deutlich die von der Abendsonne geröteten Gebäude erkennen. Das Meer war still, glatt wie ein Spiegel und dunkelblau; unzählige Fischerboote kreuzten darauf umher und erschienen uns auf dieser Höhe wie kleine glänzende Punkte; großen majestätischen Schwänen ähnlich schwammen mächtige, dem ersehnten Hafen sich nähernde Schiffe mit vollen Segeln zwischen ihnen hindurch. Am herrlichsten ist der Blick von der Terrasse vor der Zitadelle. Ein Wächter sitzt hier, so lange der Tag währt, vor einem großen Fernglas, um jedes am Horizont erscheinende Schiff zu beobachten und durch Signale dessen Ankunft und Flagge der Stadt kund zu tun. Ganz in der Ferne zeigte er uns ein englisches Kriegsschiff; oft sah er die ganze englische Flotte dicht vor der Reede kreuzen und hatte nur noch am gestrigen Abend dreizehn ihrer Segel gezählt.

Die Zitadelle ist nicht bedeutend. Ihre Gewölbe umschlossen sonst viele unterirdische Gefängnisse, und noch vor wenigen Jahren mußte Orléans Egalité* eines derselben mehrere Monate lang bewohnen, ehe er zum wohlverdienten Lohne seiner Untaten nach Paris abgeführt ward. Durch eine kleine Öffnung in der Tür blickten wir in den hochgewölbten, feuchten Kerker, den nur ein matter Lichtstrahl durch eine ganz oben angebrachte kleine Öffnung erhellt. Es ist ein furchtbar schwarzer, entsetzlicher Aufenthalt, und er dünkte uns selbst für diesen großen Verbrecher zu arg, der hier wohl oft in düsterer Verzweiflung an sein vormaliges üppiges Leben, an seine vergoldeten Säle und alle die Tausenden zurückdachte, die jeder seiner Launen frönten!

Nahe an diesem Kerker ist die uralte, der Mutter Gottes geweihte Kapelle erbaut. Klein und dunkel steht das fromme Gebäude da, welches sonst ein wundertätiges Marienbild von gediegenem Silber enthielt, das aber die Carmagnolen** in die Münze trugen, um seine Wunderkraft recht gemeinnützig zu machen. Das Bild ist fort, der Glaube ist geblieben; noch immer empfehlen sich die Schiffer dem mächtigen Schutz der *Notre Dame de la Garde*, die ihnen hoch vom Felsen noch lange entgegenleuchtet, wenn sie ihre gefahrvollen Reisen antreten, und die Kapelle hängt

---

* *Orléans Egalité* – Louis Philippe Joseph, Herzog von Orléans (1747 bis 1789) wurde *Philippe Egalité* genannt, weil er sich als Mitglied der Generalstände dem dritten Stand anschloß; er stimmte im Nationalkonvent 1793 für den Tod des Königs. Als sein Sohn, der spätere König Louis Philippe, emigrierte, wurde er verhaftet und guillotiniert.

** *Carmagnole* – kurze Jacke, von italienischen Arbeitern in Südfrankreich eingeführt; später wurde sie Teil der Revolutionstracht der Jakobiner, Schopenhauer verwendet den Begriff für die Revolutionäre selbst.

voll kleiner Dankopfer derer, die in Sturm, Schiffbruch und Sklaverei von ihr gerettet zu sein glauben.

Die Bastiden

Alle Einwohner von Marseille, reiche und minder wohlhabende, fühlen das Bedürfnis, den Sommer auf dem Lande zuzubringen oder doch wenigstens vom Sonnabend bis zum Montag sich im Freien von der Arbeit der anderen Tage zu erholen und frische Luft zu atmen. Daher die Menge der in geringer Entfernung von der Stadt zerstreut liegenden Landhäuser, hier *Bastiden* genannt, welche das Land umher beleben und ihm einen ganz eigentümlichen Reiz gewähren.

Man gab uns die Zahl derselben auf zehntausend an; sie schien uns zuerst unglaublich; wenn man aber von irgendeiner etwas beträchtlichen Anhöhe umherschaut und rings, so weit das Auge reicht, alle diese großen und kleinen blendend weißen Häuser zwischen Myrten, Granaten und Pinien hervorschimmern sieht, auf allen Höhen, in allen Tälern, zwischen Felsen und Klüften, von der Vista an bis hinab an das Gestade des Meeres: so fängt man an, diese große Anzahl derselben wenigstens wahrscheinlich zu finden. Sie sind freilich an Größe und Schönheit sehr voneinander verschieden, nur in der weißen Farbe stimmen alle überein, doch darf man auch bei den bedeutendsten derselben nicht an die schönen Landhäuser bei Hamburg, Amsterdam und anderen großen deutschen und holländischen Städten denken, noch weniger an England, wo die Reichen nur auf dem Lande in ihren stolzen Villas Raum finden, ihre Pracht zu zeigen. Im Süden ist das ganz anders; da braucht man im Sommer nur die frische Seeluft, kühlen Schatten und höchstens eine Quelle; die Wohnung ist das letzte, woran man denkt, denn man bedarf ihrer nur zum Schlafen und Schutz gegen den sengenden Mittagsstrahl, nicht gegen Nässe und Kälte, die in unserem Norden uns auch mitten im Sommer ein bequemes, schönes Haus unentbehrlich machen, aus dessen Fenstern man wenigstens ins Grün blikken kann, wenn es draußen recht unfreundlich regnet und stürmt. Der größte Teil der Bastiden ist daher sehr klein und enthält höchstens eine Küche und ein paar Wohnzimmer; die wenigen größeren könnten freilich überall für recht artige Landhäuser gelten, aber auch unter diesen würde man vergeblich das Feenschloß suchen, welches Herrn von Thümmels reiche Phantasie in dieser Gegend erbaute; keins ist zu finden, das nur die entfernteste Ähnlichkeit damit hätte. Jede Bastide hat ihren eigenen Garten um sich her liegen, der aber nie von bedeutendem Umfang, noch weniger mit künstlichen Anlagen geschmückt ist. Man baut Gemüse und Obst und begnügt sich übrigens mit dem so unendlich reichen Schmucke, welchen die Natur über Felder und Wiesen verbreitet. Die edelsten Bäume, die köstlichsten Pflanzen wachsen ja beinahe wild; da braucht es nicht der Kunst des Gärtners, um mühsam sie zu pflegen, wie bei uns. Blendend weiße, lange Mauern trennen die Gärten von den Landstraßen und geben diesen ein langweiliges Ansehen, wie die Weinbergsmauern in der Gegend von Meißen; aber viele dieser Gärten stoßen im Inneren aneinander, ohne merkbare Begrenzung jedes einzelnen Eigentums; die ganze Nachbarschaft benützt sie als Spaziergang ohne allen Zwang, und nur der Genuß des Ertrags bleibt dem Eigner, alles Übrige ist gemeinschaftliches Gut der in der Nähe Wohnenden.

Einige auf Anhöhen erbaute Bastiden gewähren eine ausgebreitete, herrliche Aussicht auf Land und Meer; bei vielen scheint man einzig auf diesen Genuß bedacht gewesen zu sein, da man sie auf steilen, unwirtlichen Felsen errichtete, in deren Spalten nur Lavendel und andere stark duftende Kräuter wachsen, die fast keiner Nahrung bedürfen. Andere in Tälern erbaute erfreuen sich des Schattens der Felsen in dieser von großen Bäumen entblößten Gegend, wo nur Obstbäume, Reben, Maulbeerbäume gedeihen, die wenig Schatten geben. Unzählige würzige Kräuter, die herrlichst blühenden Blumen und Sträucher erfüllen die Luft mit einem Balsamduft, der abends, wenn der Tau fällt, oft betäubend wird; aber die Buchen, die Eichen, die weit schattenden Linden unseres Vaterlandes können hier nicht fortkommen, weil der sengende Mittagsstrahl sie schon im Keimen zu Staube brennt.

Die provençalische Sonne ist ganz etwas anderes als die unsrige. Hoch steht sie am dunkelblauen Himmel und kein Nebel, kein Wölkchen hält ihren fast senkrecht herabblitzenden, alles versengenden Strahl zurück. Im Sommer regnet es fast nie, und alle Vegetation erliegt der glühenden Hitze, bis der Abendtau sie wieder einigermaßen erfrischt. In der Mitte des Sommers ist kein grüner Grashalm mehr zu erblicken, und das Laub an den Bäumen verdorrt. Schon zu Ende des Monats April fanden wir es in Marseille so heiß als bei uns in den wärmsten Sommertagen, aber die Hitze ist weniger drückend, weil die Luft ganz frei von Dünsten bleibt. Im Mai begann man schon die Fußpfade um den Hafen, den Cours und die besuchtesten Straßen mit Dächern von Leinwad zu bedecken. Die Strahlen der Mittagssonne sind hier im Sommer sehr gefährlich, oft tödlich. Eine in Neapel geborene Dame, die Gattin eines sehr angesehenen Kaufmannes, deren freundlicher Aufnahme wir unsere schönsten, geselligsten Stunden in Marseille verdanken, beweinte noch den Tod eines ihrer Kinder, das in der Mittagssonne in den Garten hinauslief, getroffen vom Sonnenstich sogleich hinsank und wenig Stunden darauf starb, ein Opfer der Pfeile des zürnenden Helios. Diese Dame versicherte uns auch, daß selbst in Neapel die Mittagsstunden des Sommers nicht heißer sind als hier, wo alsdann jede Regung des Lebens erschlafft, und alles entnervt und ermattet hinsinkt. Zwar erhebt sich alle Tage ein sanfter Seewind, der regelmäßig von zehn Uhr morgens bis gegen Abend anhält, aber in der Stadt wird man seines erfrischenden Hauches kaum gewahr, darum flüchten die Marseiller zu ihren Bastiden, wo die Luft sie freier umweht, wenngleich sie auch dort wenig erquickenden Schatten finden. Die Herrlichkeit der Sommernächte ist dagegen unbeschreiblich, besonders wenn der Vollmond vom reinen, beinahe schwarzblauen Himmel herniederstrahlt, mit einer Pracht, von der nur unsere kältesten Winternächte einen Begriff geben können. Auch eilt dann alles hinaus, und selbst angesehene Familien sieht man in den Straßen vor den Haustüren sitzen, um die köstliche Kühlung der wunderschönen Nacht zu genießen.

So wie der Abend des Tages, so ist auch der Abend des Jahres, der Herbst, die schönste Zeit desselben. Mild und segensreich herrscht er vom Oktober an bis spät im Dezember; oft braucht man erst im Februar Kaminfeuer anzuzünden. Die kalte Regenzeit, die hierzulande Winter heißt, dauert etwa drei Wochen. Auch während derselben bleibt die Luft mild, und selten merkt man morgens früh ein wenig Reif oder dünnes Eis; ein paar Stunden Schnee sind die größte Seltenheit. Der wunderschöne Frühling schließt sich so eng an den Winter, daß man kaum seinen Anfang, wohl aber sein Fortschreiten bemerkt; er wäre der herrlichste in der Welt, wenn nicht der schneidend kalte, alles austrocknende Mistral gerade in dieser Jahreszeit am heftigsten und anhaltendsten wehte.

Die hohe, pittoreske Schönheit des Landes um Marseille entzückte uns jeden Tag aufs neue. Obgleich es ihr ganz an ländlichem Reiz frischer Wiesen und schattender großer Bäume fehlt, so wurden wir es doch nicht müde, uns der prächtigen Felsen, des Meeres, der wunderbaren Pflanzenwelt zu erfreuen; die Marseiller hingegen konnten gar nicht begreifen, was uns an dem nackten Gestein entzückte. Ihr Ideal von Schönheit der Natur ist gerade das, was ihnen als das Seltenste erscheint. Wo sie nur ein frisches, grünes Plätzchen, von ein paar großen Platanen oder Ulmen beschattet, und eine kühle Quelle wissen, da wallfahrten sie hin, betrachten es als ein Wunder, freuen sich darüber ohne Ende und lachten über uns, die wir in der Begeisterung über ihre große Natur uns oft fast zu Asche verbrennen ließen.

„Schloß Borelly, Aygalades müssen Sie sehen, wenn Sie unsere Gegend in der höchsten Schönheit kennenlernen wollen“, war das ewige Lied unserer Marseiller Freunde; auch ruhten sie nicht, bis sie uns hingebracht hatten. Beide Orte sind in nicht sehr weiter Entfernung von der Stadt; wir kamen zuerst nach *Aygalades* und fanden zu unserem Erstaunen eine ganz deutsche Gegend. Eine kleine grüne Wiese, durch welche sich ein lustiges Strömchen windet, ein kleines Weizenfeld, dessen Ähren aber schon jetzt, im Anfange des Monats Mai, so groß waren, daß wir es kaum dafür erkannten, und einige herrliche Platanenbäume von ausgezeichneter Größe und Schönheit, daneben ein recht hübsches Landhaus, um das wir uns aber nicht weiter bekümmerten.

Im Schloß *Borelly* fanden wir es ungefähr ebenso; das Gebäude ist viel weitläufiger und in größerem, vornehmeren Stil erbaut, nach Art aller französischen Schlösser auf dem Lande. Es enthält sogar eine der Zahl nach ziemlich ansehnliche Gemäldesammlung, durch welche wir aber von dem uns herumführenden Bedienten dermaßen gejagt wurden, daß wir wenig davon sahen. Der Schloßgarten ist unbedeutend, desto reizender ein von Weiden und Erlen dunkel beschatteter Fußpfad, der längs dem kleinen Fluß Huveaune hinführt, bis dahin, wo dieser ins Meer fällt, welches beim Austritt aus dem Schatten der Bäume plötzlich in aller seiner Herrlichkeit vor uns liegt, ohne daß man es früher erblickt. Schloß Borelly gewährt übrigens gar keine Aussicht; hohe Felsen umgeben es von der einen Seite, an der anderen ist die Gegend zu flach, um weit sehen zu können, aber die frische Kühlung der hohen schattenden Bäume, die von silberhellem Wasser durchströmten Grasplätze erheben es in den Augen der Marseiller zu einem paradiesischen Aufenthalt, und wir stimmten ihnen gern an diesem heißen Tag bei. Einen Sommer hier zu verleben, muß freilich etwas Köstliches sein.

Das Leben in Marseille

Man lebt in Marseille weit teurer als in Montpellier und anderen Städten des südlichen Frankreichs, wahrscheinlich wegen der größeren, auf einem Punkt hier versammelten Anzahl von Menschen; denn das Land umher ist reich an allem, was man zum Leben eigentlich bedarf. Wir nehmen das Brot aus, da auf diesem felsigen Boden kein Weizen fortkommt. Dieser muß aus der Ferne herbeigeschafft werden, was indessen durch die Schiffahrt wieder sehr erleichtert wird. Gemüse ist das ganze Jahr hindurch im Überfluß zu haben, besonders mehrere Arten Blumenkohl, die in Deutschland nicht wachsen, und ganz vortreffliche Artischocken. Die köstlichsten Früchte stehen überall zum Verkauf; die Marseiller Feigen sind berühmt, aber auch alle anderen Gattungen des ausgesuchtesten Obstes, Melonen, Trauben, Pfirsiche, Aprikosen, Granatäpfel und Mandeln bringt das Land im Überfluß. Kastanien wachsen nicht viel hier, aber sie werden aus benachbarten Provinzen und Ländern in solcher Menge eingeführt, daß sie beim Volk die Stelle der Kartoffel vertreten. Hyères und die spanischen und italienischen Küsten schicken Orangen, Zitronen und Arbusen*; die Levante Datteln, Pistaziennüsse und viele andere Früchte; alle werden zu unglaublich wohlfeilen Preisen verkauft, und es ist eine wahre Freude, sie überall in großen Körben, malerisch gruppiert, in der höchsten Vollkommenheit zu erblicken. Bei der Nachbarschaft des Meeres fehlt es auch nicht an vortrefflichen Fischen aller Art; sie sind im Überfluß vorhanden; so auch Austern, Muscheln und alle Gattungen eßbarer Schalentiere. Die wunderbare Form, die glänzenden Schalen vieler dieser uns bis jetzt unbekannt gebliebenen Tiere, die uns einst samt und sonders am Tisch eines Freundes vorgestellt wurden, machten die ganze Tafel einem Konchylienkabinett** ähnlich; aber die unscheinbare Auster behielt doch den Preis. Einige Molluskenarten***, die auch gegessen werden, mochten wir gar nicht berühren, so sehr sie uns auch angepriesen wurden; sie sehen gar zu widerwärtig aus; desto besser aber behagten uns die Krabben, die Taschenkrebse und die riesengroßen Hummer.

An wildem und zahmem Geflügel aller Art ist ebenfalls kein Mangel, aber Rindfleisch ist selten zu haben, noch seltener Kalbfleisch, weil diese Tiere in der Nähe von Marseille kein Futter finden. Man muß sich mit dem Fleisch von jungen Ziegen, Lämmern und Hammeln begnügen, welche aber auf den mit würzigen Kräutern bewachsenen Felsen trefflich gedeihen. Viele Menschen in Marseille haben vielleicht in ihrem Leben gar keine Kuh gesehen, und in der Nähe der Stadt leben kaum zehn dieser nützlichen Tiere, die als eine Seltenheit mit großen Kosten erhalten werden müssen, da es keine Wiesen gibt. Eine Schweizerin, die Gattin eines Marseiller Kaufmanns, beschenkte uns zuweilen mit frischem Rahm und Butter von den zwei Kühen, die sie auf ihrer Bastide mit großer Mühe hielt; sonst hätten wir beides ganz

---

* *Arbuse* – eine Art der Wassermelone.

** *Konchylien* – Schalen der Weichtiere.

*** *Mollusken* – Weichtiere.

entbehren müssen. Die Marseiller kennen nur die Milch von Ziegen und Schafen; es wird auch Butter davon bereitet, die aber sehr widrig riecht und ekelhaft weiß ist. Man macht fast gar keinen Gebrauch davon, die Speisen werden alle mit dem hier im Überfluß vorhandenen trefflichen Olivenöl bereitet. Sie schmekken deshalb nicht schlechter, und wir gewöhnten uns sehr bald daran; zum Braten, Backen, zur Bereitung des Gemüses und der Fische fanden wir das Öl sogar vortrefflich.

Große Kleiderpracht wird in Marseille nicht getrieben, obgleich die Damen sich sehr geschmackvoll und vorteilhaft anzuziehen wissen. Der Hitze wegen werden viele leichte, seidene Zeuge getragen, die als Produkte des Landes nicht teuer sind; viele Verzierungen daran würde die Wärme des Klima beschwerlich machen, da man sich oft umkleiden muß und durchaus nichts Beengendes ertragen kann. Der Orient liefert schöne Shawls und leichte gedruckte Musseline, die man sehr schätzt; Italien die feinen Strohhüte, und damit ist gewöhnlich der ganze Putz vollendet. Auch die Männer tragen im Sommer seidene Kleider und leichte, überzogene Strohhüte.

Bei der Einrichtung der Häuser strebt man vor allem nach möglicher Kühlung. Tische und ähnliche Möbel haben gewöhnlich marmorne Platten; die Stühle sind häufig von geflochtenem Rohr, die Fußböden der sehr hohen, geräumigen Zimmer mit zierlich glasierten Backsteinen belegt, seltener mit Marmor oder Stein, weil diese in der Wärme oft feucht werden. Die Treppen bestehen alle aus Stein, mit eisernen Geländern versehen, und die bis auf den Fußboden hinabreichenden Fenster haben außer den inneren Jalousien noch von außen angebrachte, leinene Schirme, um jeden Sonnenstrahl so viel möglich abzuhalten. Die breiten, mit Matratzen belegten Bettgestelle sind immer mit leichten Vorhängen versehen, zum Schutz gegen Mücken und ähnliche Ruhestörer. Diese sind hier sehr grimmig und blutdürstig; auch schleichen sich zuweilen Skorpione ein, doch hält man gegen diese gefährlichen Feinde strenge Wache, ebenso gegen die Schlangen, die wohl zuweilen in den Bastiden sich einfinden, aber doch nicht sehr giftiger Art sind. Überhaupt bringt hier die Sonne allerhand wunderbares Gewürm hervor; es ist ein ewiges Rauschen und

Zischen und Rascheln in den Kräutern und Gebüschen, besonders während der Mittagszeit; ungeheuer große Eidechsen fahren oft plötzlich hervor und erschrecken durch ihre Ungestalt, und ewig zirpen die Zikaden und klingeln wie mit silbernen Glöckchen.

Eine eigene Equipage ist in Marseille ein fast unbekannter Luxus; kaum mögen in der ganzen Stadt ihrer zwanzig gezählt werden können. Kein einziger der vielen angesehenen, reichen Kaufleute hält sich Wagen und Pferde, und außer denen des Präfekten, der dort den kleinen Kaiser spielte, und einiger reicher, russischer Familien, die sich eben in Marseille aufhielten, haben wir während der ganzen Zeit, die wir dort zubrachten, keine gesehen. Selbst die wenigen Fiaker, die an einigen Plätzen halten, stehen ewig müßig da; denn es geht sich so angenehm auf den bequemen Steinplatten der reinlichen Straßen, daß niemand fahren mag. Auch den gewöhnlich sehr kurzen Weg zu den Bastiden legt man gern zu Fuß zurück, da kein Regen im Sommer das Gehen unangenehm macht und man ohnehin nur abends und in den ganz frühen Morgenstunden sich hinauswagt. Bei vielen Bastiden wäre es sogar ihrer Lage wegen unmöglich, bis an die Türe derselben zu fahren. Zu weiten Landpartien nimmt die Hitze allen Mut; auch kann man recht gute Pferde und Wagen billig zur Miete haben, wenn man in einzelnen, seltenen Fällen ihrer bedarf.

Zum geselligen Leben wäre in Marseille eine Equipage sehr überflüssig: denn es gibt dort eigentlich keine Gesellschaft. Alle die vielen angesehenen Kaufleute, welche diese dem Handel so günstig gelegene Stadt bewohnen, sowie auch alle anderen bedeutenden Familien, leben für sich allein. Höchstens beschränkt sich ihr Umgang auf zehn oder zwölf Personen, die zuweilen des Abends einander auf eine Stunde besuchen. Das im übrigen Frankreich übliche Visitengeben findet in Marseille nur bei sehr seltenen Anlässen statt; Gesellschaften zu Mittag oder zu Abend, Tees, Soirees wie in Paris, in Bordeaux und im übrigen Frankreich, existieren gar nicht; nur der damalige Präfekt machte hiervon eine Ausnahme und lud seine Erwählten zuweilen zu sich ein. Als Fremde hatten wir mancherlei Empfehlungen an angesehene Familien, wurden von allen freundlich empfangen und mehrere Male bald in der Stadt, bald auf der Bastide von ihnen eingeladen, aber immer fanden wir sie allein, höchstens mit ein paar Hausfreunden oder Fremden wie wir, und sahen aus allem, daß dies die allgemeine Lebensweise sei. Unsere Abende brachten wir deshalb nicht minder angenehm im Hause der früher erwähnten Dame aus Neapel zu und fanden bei dieser liebenswürdigen Frau immer einen zwar sehr kleinen, aber desto anziehenderen Kreis ihrer gewählten Freunde. Ihr ausgezeichnetes musikalisches Talent, ihre Portefeuilles*, angefüllt mit Zeichnungen von ihr selbst, auf ihren vielen Reisen geistvoll entworfen, das immer lebendige Gespräch gaben den Stunden Flügel, und es fiel uns nie dabei ein, größere Gesellschaften herbeizuwünschen.

Nicht Vorliebe für stilles, häusliches Glück ist der Grund dieses Mangels an Geselligkeit in Marseille, sondern der größte Hang zu rauschenden Vergnügen und zum niedrigst ausschweifenden Leben. Hohes Spiel, wilder Tanz und die aufs höchste getriebene Sittenlosigkeit sind Freuden, welche den Männern jede Gesellschaft verleiden, die ihnen den mindesten Zwang auferlegt. Die wenigen, welche hierin eine Ausnahme machen, sind größtenteils Ausländer und leben mit den Ihrigen ganz in der Stille, wie sie es müssen, wenn sie nicht mit dem Strome fortwollen.

Jeder Mann, verheiratet oder nicht, unterhält eine Geliebte, in deren Wohnung er alle Stunden zubringt, welche Geschäfte oder anderweitige Vergnügungen ihm frei lassen. Dieses ist so allgemein anerkannte Sitte oder vielmehr Unsitte, daß es niemandem einfällt, ein Geheimnis daraus zu machen. Seit wenigen Wochen verheiratete Männer und ältere Hausväter führen ihre sogenannte Freundin öffentlich ins Theater und bleiben bei ihr, oft der Loge gegenüber, in welcher ihre Frauen, ihre erwachsenen Söhne und Töchter sich befinden, als wenn es so sein müßte; und die Frau, welche es wagte, die mindeste Unzufriedenheit darüber zu äußern, würde selbst unter den anderen Frauen sich lächerlich machen. Nirgends tritt das Laster öffentlicher und ohne Scheu auf

* *Portefeuille* – veraltet für Mappe.

als in Marseille; die Stadt wimmelt von ganz berüchtigten Mädchen aller Klassen, man begegnet ihnen bei jedem Schritt; im Theater, in Konzerten, auf Bällen kann es die unbescholtenste Frau nicht vermeiden, in ihrer Gesellschaft zu sein und ihre Töchter mit ihnen in einer Reihe zu sehen; ja sie muß es anhören, wie ihre Söhne und ihr Mann mit solchen Bekanntschaften großtun. Viele von diesen Mädchen machen ein Haus und sehen alle Abende große Männergesellschaften bei sich, in welchen Hasardspiele die Hauptunterhaltung ausmachen.

Das Spiel zerstört vollends jedes angenehme häusliche Verhältnis; in allen Straßen sind mehrere von der Regierung privilegierte Spielhäuser, die jährlich oft zwanzig- bis dreißigtausend Franken Pacht geben. Man kann daraus schließen, wie besucht sie sind und welche großen Summen dort umgesetzt werden. Selten gehen Frauen hin, die nicht zu der ganz verrufenen Klasse gehören, außer im Carnaval, und dann nur maskiert; aber manche setzen sich doch auch darüber hinaus und besuchen diese Orte öffentlich und zu jeder Zeit.

Daß bei dieser ausschweifenden, alle Rücksichten vernachlässigenden Lebensweise der Männer auch nicht alle Frauen makellos bleiben, läßt sich denken, um so mehr, da sie von der frühesten Kindheit an sehr schlechte Beispiele sehen und niemand hier die strengen Gesetze des Anstandes kennt, die in anderen französischen Städten wenigstens den Schein der Tugend erhalten, welchen hier niemand achtet. Verworfene Geschöpfe, die man in Paris oder Bordeaux in keiner guten Gesellschaft dulden würde, erscheinen hier überall; und gelingt es einer von ihnen, einen ihrer Anbeter so zu fesseln, daß er sie heiratet, so tritt sie ohne Widerspruch in die Reihe der unbescholtenen Frauen und genießt mit diesen in der Gesellschaft gleiche Ehre.

Die Folgen dieses zügellosen Lebens erblickt man sowohl in den höheren als geringeren Klassen und begegnet bei jedem Schritt fürchterlich entstellten Gesichtern, welche die Geschichte ihres Lebens zur Schau tragen, ohne sich übrigens sonderlich darum zu kümmern.

Unter solchen Umständen bleibt also denen, welche sich diesem sittenlosen Leben nicht hingeben wollen, keine Wahl, als still in ihrem Hause oder ihrer Bastide zu leben, und kein Vergnügen außer demselben, als der Besuch des Theaters.

Das große Schauspielhaus in der Straße Beauvau ist ein schönes Gebäude, obgleich die Säulen an der Fassade desselben im Verhältnis zu ihrer Höhe etwas zu stark sind. Auf dem großen, freien Platz, in dessen Mitte es steht, nimmt es sich dennoch recht imposant aus. Die innere Einrichtung desselben ist lobenswert in jeder Hinsicht, die Bühne sehr geräumig und die Dekorationen sind vortrefflich. Die Schauspieler entfernten sich freilich nur wenig von der goldenen Regel des Mittelmäßigen; aber man hoffte auf Verbesserung derselben wie überall. Im Grunde bekümmert sich aber auch das Marseiller Publikum wenig um das, was auf der Bühne gesprochen wird, ihm ist der Tanz die Hauptsache; auch fanden wir hier das Ballett in einer Vollkommenheit wie nirgends außer Paris. Mehrere der ersten Tänzer waren ehemals mit bedeutendem Gehalt bei der italienischen Oper in London engagiert, und die Ausführung des großen berühmten Balletts, Psyche, setzte uns durch seine Vortrefflichkeit in Erstaunen, obgleich wir das nämliche Bild mit ganz erneuter Pracht in Paris hatten geben sehen, wo Mad. Gardel, Clotilde und Duport die Hauptrollen hatten.

Der für die Zuschauer bestimmte Teil des Theaters bildet einen großen Halbzirkel, so daß man nirgends zu weit von der Bühne entfernt ist, um alles zu hören, und zugleich die ganze Versammlung übersieht. Die Logen sind alle von Abonnenten eingenommen, Fremden und Nicht-Abonnenten bleibt eine weite, offene Galerie, die, etwas niedriger als der erste Rang Logen, sich an diese lehnt und vor ihnen rings um das ganze Haus hinläuft. Dort sieht und hört man freilich am besten, aber in sehr schlechter Gesellschaft; letzere scheint sich indessen, nach einer Art stillschweigender Konvenienz, gewöhnlich zur linken Seite des Theaters zu halten. Da jeder Abonnent seine Loge wie er will dekoriert, so erhalten diese ein buntscheckiges, die Harmonie des Ganzen zerstörendes Ansehen: denn jede ist mit einer anderen Farbe tapeziert, einige sind offen, andere haben Vorhänge, andere Gitter, andere Rouleaus von Gaze; manche sehen wie aufgeputzte Gardinenbetten aus, andere wie Schiffskajüten. Hinter der

Musik im Orchester nehmen viele Frauenzimmer mit ihren Führern Platz; im Parterre aber sieht man, wie überall in Frankreich, nur Männer. Von der baldigen Eröffnung des sehr hübschen, in der Altstadt neu erbauten Theaters hoffte man viel Schönes. Außer diesen beiden großen Schauspielhäusern existieren auch noch drei oder vier kleinere in Marseille. In das größte derselben, *au Pavillon*, wagten wir uns einmal hinein, aber sowohl die Vorstellung als die Gesellschaft, die wir dort fanden, bewogen uns, noch vor Ende des Stückes wieder hinaus zu gehen, und nahmen uns den Mut, auch die übrigen kleinen Tempel Thaliens zu besuchen.

So wenig Reiz das gesellige Leben in Marseille auch bieten mag, der Aufenthalt in der schönen Stadt machte uns dennoch viel Freude. Überall ist frohes, munteres Leben zu schauen, dessen Details man nur vermeiden muß, um sich an der Außenseite desselben erfreuen zu können. Abends ist es ein Wogen und Leben in den Straßen; viele Leute sitzen vor den Häusern; die Läden sind erleuchtet; überhaupt wird das Leben im Süden weit öffentlicher betrieben als bei uns. Man ißt und trinkt im Freien; man geht in den Straßen spazieren ohne Furcht, damit etwas Unschickliches zu begehen; und manche Handwerker arbeiten in offenen Läden dicht an der Straße.

Die Menschen sehen in Marseille ganz anders aus als in der *Gascogne;* so häßlich das Volk dort ist, so schön ist es hier. In allen Klassen bemerkten wir im Durchschnitt große herrliche Gestalten mit ausdrucksvollen, regelmäßigen Gesichtern, schwarzen, blitzenden Augen und weit weniger braun von Farbe, als man es in diesem Klima vermuten sollte. Unter den Frauen der höheren Stände sahen wir sogar viele blendend weiße Blondinen mit goldenen Locken und schwarzen Augen, überhaupt viele auffallend schöne Weiber, denen die dem Süden eigene Lebhaftigkeit etwas unwiderstehlich Reizendes gibt. Diese Lebhaftigkeit des Volkes in Sprache und Bewegung ist hier nicht minder groß als in der Gascogne, nur weniger unangenehm; die Leute sehen nicht immer aus, als ob sie einander totschlagen, eher als ob sie miteinander tanzen wollten. Der volle, schöne Klang des provençalischen Dialekts trägt auch viel dazu bei, ihr Tun und Treiben angenehmer zu machen. Doch darf man dem gemeinen Volke nicht sehr trauen; im Zorn ist es zu jeder Untat fähig, und die Jahre der Revolution, in welche fast die Jugend der ganzen gegenwärtigen Generation fiel, haben wenig Keime des Guten in ihr aufkommen lassen, welche die allgemeine Sittenlosigkeit vollends zerstört.

Abb. 12: Tracht der Provence.

Fabriken

Bei dem allgemein herrschenden Streben, sich zu vergnügen, vernachlässigen die Einwohner von Marseille doch keineswegs ihr Interesse und suchen durch Tätigkeit und Industrie sich die Mittel zu verschaffen, jeden Tag nach getaner Arbeit auf ihre beliebte Weise zu beschließen. Handel und Fabriken blühen und werden eifrig betrieben; Spiel aber und ein ausschweifendes Leben tun dem Kredit des Kaufmanns hier keinen Abbruch, weil fast keiner in dieser Hinsicht eine Ausnahme macht und die meisten sich einbilden, daß man anders gar nicht leben könne, da sie es von Jugend auf so sehen.

Einer der bedeutendsten Erwerbszweige sind hier die Seifenfabriken. Lange widerstrebten wir dem Ansinnen unserer Freunde, eine der größten derselben zu besuchen, weil wir ihre unangenehme Atmosphäre fürchteten, und willigten zuletzt nur halb gezwungen darein. Wir bereuten es jedoch nicht: denn da man nur Olivenöl in diesen Fabriken anwendet und der Mangel an Viehzucht die bei uns übliche Benutzung der Knochen und des Talgs unmöglich macht, so war der Geruch in der Fabrik lange nicht so unangenehm, als wir erwartet hatten. Immer erfreute uns der Anblick einer Werkstatt, in welcher ein unentbehrliches Bedürfnis in großen Massen hervorgebracht wird und alles wohl berechnet vom Größten bis zum Kleinsten ineinander greift, was doch gewöhnlich nur ein einziger leitet.

Der Prozeß der Hervorbringung dieses für Marseille höchst wichtigen Handelsartikels erschien uns sehr einfach. In einem sehr großen Gebäude sahen wir lange Reihen großer eingemauerter Kessel, in welchen die Mischung von Öl, Kalk und Wedasche* kocht. Das Feuer, das sie im Kochen erhält, brennt in einem unter dem Gebäude liegenden feuerfesten Keller, in dem ebenso viele Öfen als oben Kessel stehen, welche alle mit Steinkohlen geheizt werden. Acht Tage und Nächte lang muß die Masse in unaufhörlich starkem Kochen erhalten werden, dann wird sie in große gemauerte, viereckige Formen gegossen, in welchen sie zehn Tage lang abkühlt und hart wird, zuletzt mit einem schwertförmigen Messer in Blöcke geschnitten und ist dann zum Verkauf und zum Versenden bereit. Die schwerste Arbeit dabei ist, die Wedasche vor dem Gebrauch in kleine Stücke zu zerschlagen. Diese gleicht einem lockeren, schwärzlichen Stein und wird in Spanien aus einer dort häufig wachsenden Pflanze gebrannt. Die Marseiller Seife versendet man überall hin in sehr großen Quantitäten; es gibt deren weiße und blaue; erstere ist die beste, aber die blaue, zu welcher mehr Wedasche kommt, wird teurer bezahlt, weil der Absatz davon bedeutender ist, da sie besonders zum Waschen von gröberer Leinwand für vortrefflich gilt.

---

* *Wedasche* oder *Weidasche* – ursprünglich aus Weidenholz gebrannte Asche zur Seifenerzeugung.

Auch die Korallenschleiferei der Herrn *Megi, Garambois* und *Augienne* besuchten wir. Sie ist die einzige in Frankreich. In Italien sind auch einige, vielleicht auch in Spanien; und die Seltenheit solcher Fabriken ist wohl die Ursache der Kostbarkeit dieses in seiner Vollkommenheit so glänzenden Schmuckes: denn die Korallen selbst werden in großer Menge aus den Tiefen des Meeres heraufgebracht. Die, welche man in Marseille verarbeitet, kommen größtenteils von den provençalischen Küsten, viele auch von den afrikanischen und spanischen. Die schönsten und merkwürdigsten Zweige dieses wunderbaren Geschenks Aphroditens hatten die Eigner in einem kleinen Kabinett gesammelt und auf Sockeln gestellt; es waren Stücke von ungeheurer Größe und wunderschöner Farbe darunter, die jedem Konchylienkabinett zur größten Zierde dienen würden. Die Korallenzweige reinigt man zuerst mit einer Feile und befreit sie von ihrer Rinde; dann werden sie in kleine Stücke zerteilt und der Farbe und Schönheit nach sortiert, dann gebohrt; darauf gibt man ihnen auf einem Schleifstein die gehörige Rundung; nur die allerschönsten werden zuletzt wie Diamanten in Facetten geschliffen. Die Preise einer solchen Korallenschnur sind sehr verschieden. Bloß gebrochene, von der Rinde befreite und durchbohrte Stücke Korallen werden in langen Schnüren aufgereiht und nach den von Negern bewohnten Küsten zum Schmuck für diese pechschwarzen Herren und Damen gesendet. Der Handel mit dieser geringeren Sorte ist der bedeutendste, obgleich jede einzelne Schnur sehr wohlfeil verkauft wird. Rund geschliffene Korallen, wie sie gewöhnlich in allen europäischen Ländern besonders vom Volke getragen werden, sind weit teurer. Von diesen gehen viele nach Rußland; auch gibt es deren eine Gattung von ganz blaßroter Farbe, die in China sehr beliebt ist. Die schönsten Korallen werden brillantiert und sind am teuersten, besonders wenn sie eine recht dunkelrote Farbe haben. Eine gar nicht lange Schnur dieser Art kostet in der Fabrik selbst wenigstens hundertundfünfzig Franken, oft weit mehr, wenn die Korallen von ungewöhnlicher Größe sind: denn das Schleifen ist sehr mühsam und Stücke von der zu dieser Gattung erforderlichen Schönheit werden nicht häufig gefunden.

Seitdem dieser Schmuck von neuem Mode ward, ist er auch im Preis gestiegen.

Es gibt noch viele Fabriken anderer Art in Marseille, besonders Zuckerraffinerien, die wir aber nicht besuchten, weil man sie überall findet. Nur eine fiel uns noch ihrer Seltenheit wegen auf, in welcher man scharlachrote, gestrickte, kalottenartige Mützen* verfertigt, die besonders nach der Levante und selbst nach Indien in großer Menge verschickt werden.

Reise nach Toulon

Nach *Toulon*, nach *Hyères*, ins schöne Land, wo die Zitronen blühen, mußten wir, in dieser Nähe desselben, doch eine Wallfahrt unternehmen. Eine junge, im nämlichen Hause wohnende Engländerin hörte von diesem unseren Vorsatz und bat, uns begleiten zu dürfen. Da sie in ihrem eigenen Wagen mitfahren wollte, so willigten wir gern ein. Sie war ein zartes, kränkelndes Wesen, wie so viele ihrer Landsmänninnen, unbehilflich in dem fremden Land und voll nationaler Eigenheiten und Gewohnheiten, die sie nicht ablegen konnte und die ihr unter diesen damit unbekannten Menschen jeden Schritt erschwerten. Während des Krieges war sie ihrer zerrütteten Gesundheit wegen mit ihrem Vater, einem Parlamentsmitglied, und ihrer Schwester nach Frankreich gekommen. Bei dem unerwartet schnell ausgebrochenen Kriege wurde diese Familie, wie alle damals in Frankreich anwesenden Engländer, auf höchst widerrechtliche Weise für kriegsgefangen erklärt, der Vater nach Verdun geschleppt, und die arme kranke Lucy blieb des wärmeren Klimas wegen bei ihrer Schwester in Toulouse, die sich indessen dort mit einem angesehenen Mann verheiratet hatte. Mit hohem Erröten, fast weinend über das Gefühl der in ihren Augen damit verknüpften Schande, gestand uns Lucy das Unglück, einen Franzosen zum Schwager zu haben, so daß wir nicht wußten, ob wir mit ihr darüber weinen oder über den komisch-ernsten Ausdruck ihres gekränkten Patriotismus lachen sollten. Jetzt war sie auf dem Wege nach Verdun zu ihrem Vater und glaubte nur einen ganz kleinen

* *kalottenartige Mützen* – Kalotten: knapp anliegende runde Käppchen.

Umweg zu machen, indem sie von Toulouse über Marseille, Toulon und Hyères nach Verdun reiste. Denn obgleich alle englischen Damen in ihren Pensionen* Geographie lernen, so haben sie doch keinen Begriff von der Größe der Welt, besonders des festen Landes, indem sie immer ihre kleine Insel, die ihnen das Größte dünkt, zum Maßstab nehmen.

Da stand nun das wirklich liebenswürdige junge Mädchen ganz allein in der wildfremden Stadt, mit einem englischen Kutscher, ein paar englischen Pferden und einer französischen *femme de chambre*** von der schlimmsten Art, die sie ganz treuherzig unterwegs in einem Gasthofe angenommen hatte, weil die von ihrer Schwester mitgegebene Engländerin wieder umgekehrt war, da sie der Provence keinen Geschmack abgewinnen konnte. Der Kutscher behauptete, seine Pferde wären die klügsten Personen im ganzen Lande, weil sie doch wenigstens Englisch verständen, und Miß Lucy hätte bald aus dem nämlichen Grunde dasselbe von uns behauptet; wenigstens erschienen wir ihr höchst tröstlich in dieser peinlichen Lage.

An einem sehr schönen Morgen machten wir uns also in zwei Wagen auf den Weg. Miß Lucy, mit Yoricks empfindsamen Reisen in der Hand, die ihr unterwegs zum Leitstern dienen sollten, behauptete: sie müßte überall hin, wo Yorick gewesen wäre, an dessen strenger Wahrheit in Beschreibung des Landes sie nicht den mindesten Zweifel dulden wollte. Wir durchfuhren die mit Bastiden besäte Umgegend von Marseille und kamen bald ans Ufer des Huveaune, der jetzt still und silbern unter grünen Bäumen dahinfloß, oft aber zum reißenden Bergstrom wird und großen Unfug anrichtet. Bei *la Renarde*, einer der schönsten Bastiden, stiegen wir aus. Hier ist eins der lieblichsten Fleckchen auf Gottes Erdboden, wo man gleich hätte Hütten bauen mögen. Das artige Wohnhaus liegt auf einer kleinen Höhe, an deren Fuße der Strom durch ein liebliches, grünes Tal voll herrlicher Bäume sich windet und zuletzt, wild brausend, vom Felsen in die Tiefe stürzt. Hohe, teils nackte, teils mit Zypressen und Fichten bewachsene

---

* *Pensionen* – Erziehungsanstalten für Mädchen.

** *femme de chambre* (franz.) – Kammerfrau.

Felsen schützen den freundlichen Ort gegen die sengenden Strahlen der Sonne und den alles Leben aussaugenden Mistral; daher grünt und blüht hier alles in unbeschreiblicher Pracht. Nur ein bescheidener Küchengarten liegt dem Wohnhaus zur Seite, und die französische Gartenkunst tut unstreitig sehr wohl daran, hier keine Verschönerungen zu wagen.

Hinter la Renarde wird die Gegend wilder; zuletzt ziehen sich die steilen Felsen um eine enge Kluft zusammen, durch die der Weg sich windet. Lucy war außer sich vor Freude über den schönen Greuel (*beautiful horror*) und rezitierte eine Menge Beschreibungen ähnlicher Gegenden von Thompson, Shakespeare und allen möglichen namhaften englischen Dichtern, die jeder gebildete Engländer bei solchen Gelegenheiten zur Hand hat. So traurig die Natur hier eigentlich ist, so besitzt sie für Nordengländer in der Tat einen ganz eigenen Reiz. Die Vegetation zwischen den wunderbar gezackten Felsen hat nur eine Art von geistigem Leben; nichts ist grün; die Olivenbäume, welche zwischen den Steinklüften wachsen, der Lavendel und ähnliche Kräuter, die überall sprossen, sehen alle grau aus, aber ein süßberauschender Duft steigt aus ihnen empor, die Felsen glühen im Abendschein, und tausend Zikaden klingeln ihr einfaches Lied unaufhörlich.

Wir übernachteten in dem tief im Grunde liegenden, von Felsen umgebenen Städtchen *Cuges*. Ringsum bedeckt wildwachsendes Kaperngesträuch die Felsenwände. Diese klimmende Pflanze wird dadurch zum Hauptnahrungszweig der Einwohner, welche die eben sich zeigenden Blütenknospen mit großer Sorgfalt sammeln, sie auf der Stelle in Essig einmachen und dann zur Versendung in alle Welt verkaufen. Ein sehr angenehmer Duft, fast wie von Zedernholz, kam uns beim Einfahren in den Ort entgegen, dessen Ursache wir bald in dem Kaminfeuer entdeckten, welches unsere Engländerin nach ihrer Landessitte im Gasthof anmachen hieß, um die Luft im Zimmer zu trocknen. Die Leute brennen nämlich in Cuges nur Rosmarinholz. Diese bei uns so zarte Pflanze wächst hier in ihrer Heimat zu einem Strauch von ansehnlicher Größe heran, mit mehr als armdicken Zweigen, und die Wurzeln davon, welche man vorzüglich gern brennt, sind noch weit stärker.

Hinter Cuges führt der Weg eine sehr steile Anhöhe hinauf. Zwar ist er breit genug; dennoch grauste uns vor dem Abgrunde, der seitwärts schwarz und fürchterlich den Reisenden angähnte. Oben empfing uns ein wunderschönes Tal, von noch höheren Felsen umgeben, durchrauscht von einem wilden, schäumenden Bergstrome, zu welchem mehrere silberhelle Quellen von den Felsengipfeln pfeilschnell hinabeilen. Reben, Mandeln, Olivenbäume und Maulbeerbäume wachsen zwischen dem Gestein üppig hervor; an einigen Stellen erheben die malerischen Felsen ihre zackigen Häupter hoch gen Himmel und stehen schroff und zürnend da; aber wo nur irgendein fruchtbares Plätzchen sich zeigt, hat auch der fleißige Mensch gebaut, und die Mischung von Kultur und widerstrebender Natur in diesem Tale gibt der Gegend einen unnennbaren Reiz. Der steinige Weg zwang uns, viel zu Fuß zu gehen. Miß Lucy war damit besonders zufrieden, denn hier und nirgends anders wollte sie durchaus den Schauplatz von Yoricks empfindsamen Abenteuern entdecken, vor allem den Berg, auf welchem er eine Pächtersfamilie zum Abendgebet tanzen sah. Leider war keine Spur von dem allen zu finden, gar nichts, das nur von ferne einen sentimentalen Anstrich hatte, wollte uns begegnen; und zu Miß Lucys Herzeleid ging in dieser poetischen Gegend alles ganz prosaisch seinen Gang.

Allmählich ziehen sich die Felsen von beiden Seiten zusammen, so daß der Strom und der Weg das immer enger werdende Tal einnehmen; die Olivenbäume und alle Kultur verschwinden; die Felsen erheben sich höher in immer kühneren Formen, und wir betreten das wilde Tal von Olliules, in welchem in früheren Zeiten und auch während der Revolution große Räuberbanden hausten. Im wild verworrenen Labyrinth dieser grauenerregenden Klüfte ward es ihnen leicht, Verfolgern zu entgehen oder sich gegen sie zu verteidigen; und selbst jetzt noch betritt der einsame Wanderer diese Gegend nur mit Schauern als eine der unsichersten. Alles Leben verstummt hier in der wildesten Einöde; kein Vogel singt; selbst die Zikaden meiden den Ort, wo auch kein einziger Halm dem harten Stein entkeimt. Wild braust der Strom neben dem steil in die fürchterliche Tiefe hinabführenden Wege, der sich durch enge Klüfte krümmt; drohend blicken die unersteiglichen Felsen auf ihn herab, oft neigen sie sich gegen einander über den Weg hin, einem ungeheuren Gewölbe ähnlich, durch dessen Spalte nur ein schmaler Streif des Himmels sichtbar wird; oft treten sie so vor, daß wir nicht begreifen konnten, wo wir hergekommen waren und wo wir wieder hinaus wollten. Seitwärts blickt man in noch engere Täler, in finstere Höhlen und schwarze, furchtbare Abgründe und Steinklüfte. Alles ist öde, verworren, wie bestimmt zum Schauplatz dunkler Taten, die das Licht der Sonne scheuen. Große Felsenblöcke liegen überall zerstreut umher, als wären sie in grauer Vorzeit von Riesenhänden herumgeschleudert. Im heißen Sommer, wenn die Strahlen der Sonne von diesen Felsenwänden zurückprallen, verschmachten Menschen und Tiere in der glühenden Hitze, und oft verunglükken sie, wenn bei Gewitterregen der Strom wild anschwillt und plötzlich das ganze Tal überschwemmt.

Eine gute Stunde lang durchzogen wir diese steinerne Wüste, bis sich wieder die ersten Olivenbäume zeigten, als freundliche Boten des wiedererstehenden Lebens der Natur. Wir erblickten von ferne das Dörfchen *Olliules* in dem immer weiter und freundlicher werdenden Tale. Wir kamen näher und sahen mit unaussprechlicher Freude die ersten Orangenbäume in den Bauerngärten, sich beugend unter der Last der goldenen Früchte und dabei mit Blüten besät. So plötzlich waren wir aus dem dem Eingang der Hölle ähnlichen Felsenschlund in das Elysium ähnliche Land unserer schönsten Träume versetzt, so daß uns alles wie Feenzauber erschien. Jubelnd vor Freude legten wir den uns jetzt zu kurz dünkenden Weg von Olliules bis Toulon zurück, durch eine paradiesische, in der üppigsten Vegetation blühende und grünende Ebene, von vielen hundert Bastiden der Einwohner von Toulon belebt, bis zu dieser Stadt, wo wir im Malteserkreuz ein sehr gutes Absteigequartier fanden.

Toulon

Die Stadt *Toulon* ist nicht groß, wenn man das berühmte Arsenal nicht dazurechnet, das mehr Raum einnimmt als sie. Der ältere Teil derselben ist eng, schmutzig und winkelig, nicht so der neuere. In diesem führt eine lange, breite, durchgängig mit schönen, großen Häusern besetzte Straße zu dem für die Kauffahrteischiffe bestimmten Hafen der Stadt; der der Kriegsschiffe liegt beim Arsenal. Den ersteren haben mit unsäglichem Aufwand an Kraft und Geld Menschenhände ausgegraben und müssen jährlich daran arbeiten, ihn im Stande zu erhalten. Er ist weit kleiner als der von Marseille, aber breite Quais umgeben auch ihn; das fröhliche Leben auf diesem, der Anblick der vielen verschiedenen Schiffe und über ihn hinaus die Aussicht auf das Meer machen ihn zum interessantesten Punkt in der Stadt und zum Lieblingsspaziergang der Einwohner. Das Rathaus, ein großes, ansehnliches Gebäude, schmückt den Quai; zwei kolossale Karyatiden*, die den Balkon desselben unterstützen, sind von Puget gearbeitet; sie werden gewöhnlich, besonders von den Franzosen, als Meisterwerke bewundert und sind auch in der Tat vortrefflich in der Ausführung, erregten in uns aber ein peinliches Gefühl beim Anschauen: denn der Ausdruck der beiden Riesen ist von so gemeiner Natur, daß man immer fürchten muß, sie werden die schwere Steinlast fallen lassen, die sie mit der mühseligsten Anstrengung aller Kräfte zu tragen scheinen. Nahe am Rathaus steht die sehr hübsche, mit Säulen geschmückte Wohnung, die Puget hier sich selbst erbaute. Außer diesen sind wenig besonders merkwürdige oder schöne Gebäude in der Stadt, der weitläufige stattliche Palast, welchen ehemals der Erzbischof bewohnte, steht verödet da; und der großen, halb in christlichem, halb in heidnischem Stil erbauten Kathedralkirche konnten wir auch nicht viel Geschmack abgewinnen.

Eine Miniaturkopie vom Cours in Marseille wird leider in Toulon zum Trödelmarkt mißbraucht, aber doch abends von der eleganten Welt als Spaziergang benutzt, so wie auch die schönen Wälle, welche die Stadt umgeben. Ein großer viereckiger, mit Bäumen besetzter Platz heißt das *Champ de bataille***, weil er zum Exerzierplatz dienen muß. Er ist an zwei Seiten mit großen an-

---

* *Karyatide* – Bauplastik in Form einer Frauengestalt in langem Gewand, die anstelle einer Säule das Gebälk eines Bauwerkes trägt.

** *Champ de bataille* (franz.) – Schlachtfeld.

sehnlichen Häusern umgeben, an der dritten beschränkt ihn eine hohe Mauer, die den Bezirk des Arsenals einschließt; die vierte nimmt ein großes, nicht im besten Geschmack, aber doch reich verziertes Gebäude ein, welches damals vom Präfekten bewohnt ward. So wie in Marseille tragen auch hier Kanäle mit frischem Wasser zur Reinlichkeit der Straßen bei. Die Stadt schien uns sehr volkreich zu sein; überall war ein lustiges Gewimmel fröhlicher, wohlgebildeter Menschen, durch welches aber die Ketten schwer belasteter, unglücklicher Galeerensklaven schauderhaft klirrten, die eben von der sauren Arbeit am Hafen in ihre schreckliche Heimat zurückkehrten.

Die nächsten Umgebungen von Toulon sind wunderschön. Hohe, kahle Felsen schützen die Stadt an der Nordseite; deshalb ist hier das Klima noch wärmer als in Marseille und die südliche Pracht der Vegetation üppiger und reicher. Viele Sträucher und ganz südliche Pflanzen, die selbst in der Gegend von Marseille nicht ganz einheimisch werden, gedeihen hier aufs beste; doch sieht man nur wenige Orangenbäume als Seltenheit in einzelnen Gärten im freien Lande wachsen, nicht, wie bei Olliules, in allen Bauerngärten, vielleicht weil das Erdreich ihnen nicht günstig ist. Dattelpalmen, sagt man, würden hier sehr wohl gedeihen, wenn man sie nur pflanzte; aber bei dieser Freigebigkeit der Natur werden die Menschen zu träge, um ihr noch mehr abzugewinnen. Wie die Bewohner von Marseille so haben auch die von Toulon alle ihre Bastiden in der Nähe der Stadt.

Das Arsenal von Toulon

Die Umgebungen des Arsenals, die Flotte, die überall rege Tätigkeit, selbst die Galeeren machen es zu einem der interessanten Punkt unserer Reise. Doch wären wir schwerlich zum Anblick desselben gelangt, wenn unsere Freunde in Marseille uns nicht mit Adressen an Herrn Bastionelli versehen hätten. Dieser bei den dortigen hydraulischen Arbeiten angestellte Neapolitaner wußte sehr gefällig alle Schwierigkeiten zu beseitigen, die sich uns entgegenstellten; da doch sonst, selbst in Friedenszeiten, Fremde um eine besondere Erlaubnis nachsuchen müssen, um den Bezirk des

Arsenals betreten zu dürfen, welche nicht immer leicht erteilt wird und vollends im Krieg sehr schwer zu erhalten ist.

Ein mit Säulen, Statuen und Basreliefs reich verziertes Portal öffnete uns, unter Herrn Bastionellis Schutz, den Eingang in diese Wohnung immer reger Arbeitsamkeit, tiefen Jammers und entsetzlicher Verbrechen. Wir dachten dabei an Dantes Beschreibung der Pforten der Hölle; denn auch hier mußten Tausende, welche durch sie hinschritten, allem Hoffen auf ewig entsagen, wenn der Mensch dieses vermöchte, solange er auf Erden noch lebt. Das erste, was wir erblickten, war ein zum Marinehafen führender großer Kanal und die an seinem Ufer errichteten Schiffswerften. Zwei große Linienschiffe lagen eben auf dem Stapel; Tag und Nacht ward unablässig daran gearbeitet, selbst an Sonn- und Feiertagen; denn Bonaparte strebte damals besonders, seine Flotte wieder herzustellen. Eine große Anzahl Galeerensklaven mußte hier den Schiffszimmerleuten und Baumeistern die Balken, das Eisenwerk und alles, was jene bedurften, herbeitragen. Tief gebückt, wie Lasttiere, keuchten sie unter der schweren Bürde, während der Stock der Aufseher immer über ihnen schwebte, und das Klirren der Ketten tönte gräßlich durch das Hämmern und Rufen der Arbeiter.

Vom Kanal gelangten wir zu den verschiedenen Werkstätten, in welchen alles verfertigt wird, was die Flotte braucht, vom großen Mast und zentnerschweren Anker an bis zum blechernen Leuchter jedes einzelnen Matrosen. Wir sahen im Vorübergehen die vielen großen Magazine, teils mit Hanf, mit Schiff- und Brennholz, mit Eisen, Kupfer, Getreide angefüllt, teils mit schon fertigen Arbeiten; dann die ungeheure Bäckerei, in der außer dem Schiffsproviant noch das tägliche Brot für mehr als sechzigtausend Menschen bereitet wird. In einem großen Gebäude waren Bildhauer mit Verfertigung der Figuren und Verzierungen beschäftigt, die das Vorderteil der Schiffe schmücken und ihnen den Namen geben. Mehrere kolossale Figuren von Puget werden darin aufbewahrt, nachdem die Schiffe, zu denen sie gehörten, unbrauchbar wurden. Sie sind in ihrer Art geistreich und vollendet und dienen den neueren Bildhauern in diesem Fach zum Vorbild.

Beim Tischler sahen wir schaudernd eine große Anzahl auf Vorrat verfertigter hölzerner Beine und Krücken. Seine Werkstatt enthielt außerdem eine Menge großen und kleinen Hausgeräts für die Kajüten und Schiffsräume. Man denkt nicht daran, was der Mensch im kultivierten Zustande alles braucht, selbst wenn er sich aufs Notwendigste beschränkt, wie es auf Schiffen der Fall ist. Die Menge und Verschiedenheit aller hier befindlichen Gegenstände ist fast unglaublich, freilich aber auch für kleine schwimmende Welten berechnet, auf denen viele hundert Menschen wohnen, abgeschnitten von allem übrigen.

In der sehr großen Nagelschmiede werden in ungeheurer Menge und mit bewundernswürdiger Schnelligkeit alle die vielen verschiedenen Nägel gemacht, deren ein Schiff bedarf; riesengroße, die das Steuerruder befestigen, und ganz kleine, an die der Schiffer seine Seekarten und seinen Kalender hängt. Bei der ewig schwankenden Bewegung der Schiffe muß jedes Ding befestigt werden, wenn nicht alles durcheinander fallen und die größte Unordnung entstehen soll; die Menge der Nägel, welche also ein Linienschiff außer denen zum Bau notwendigen noch braucht, ist daher fast unzählbar.

Neben der Nagelschmiede arbeitet der Messerschmied, der jedem Matrosen sein Messer schaffen muß; nicht weit von diesem sahen wir die ungeheure Schmiede, in welcher die Anker und alles größere Eisenwerk zum Schiffbau geschmiedet werden. Vierundzwanzig große Öfen sprühen darin Feuer; lange Reihen von Ambossen stöhnen unter den gewaltigen Hammerschlägen rüstiger Zyklopen, deren schwarzberußte Riesengestalt in der Flammenbeleuchtung recht gut zu Fouques gewaltigen Schmieden des Nordens passen würde.

In einer anderen Werkstatt werden die Kupferplatten gehämmert, mit denen man den Kiel der Linienschiffe belegt, um sie dauerhaft zu machen und gegen die Beschädigung der Seewürmer zu sichern, die das Holz zernagen. Auch den Blechschläger besuchten wir und bewunderten die Geschicklichkeit, mit der er unendlich viele Dinge aus Blech verfertigt, die wir in unseren Häusern von Porzellan oder Steingut zu besitzen gewohnt sind, was aber freilich auf einem Schiff, der Zerbrechlichkeit wegen, nicht angeht.

Ein neues Gebäude zur Richtung der Mastbäume ward eben vollendet, um das alte zu ersetzen, welches die Engländer bei ihrem Besuch in Toulon verbrannten. Solch ein großer Mast besteht nicht aus einem einzigen Baum, wie wir geglaubt hatten, denn ganz gesunde Bäume von der Größe und Dicke, wie sie dazu erforderlich wären, gibt es in der Welt nur wenige. Daher wird ein Mastbaum sehr mühsam der Länge nach aus künstlich dazu behauenen, ineinanderpassenden Stücken Holz zusammengesetzt, welche große eiserne Ringe fest verbinden. Man behauptet, daß ein solcher Mast dem Sturme weit besser widersteht und nicht so leicht bricht, als wenn er aus einem einzigen Stück bestände.

Die Seilerbahn ist eines der merkwürdigsten Gebäude der ganzen Anstalt, und nie sahen wir eines, das wir damit vergleichen könnten. Man denke sich einen unabsehbaren, über neunzehnhundert Fuß langen gewölbten Saal, durch Pfeiler in drei gleich breite Gänge geteilt, welche die die Decke unterstützenden Bögen tragen. Zu einer Illumination, zu einem großen Volksfest, läßt sich kein herrlicheres Lokal erdenken. Gemessenen Schrittes wandelt eine ganze Armee Seiler darin auf und ab und dreht den Hanf zum feinsten Bindfaden und zum stärksten Ankertau, welches selbst nichts anderes ist, als eine große Anzahl Bindfäden, die, zu einem Ganzen vereinigt, Kraft haben, den mächtigsten Elementen zu widerstehen. Nahe an der Seilerbahn werden in einem großen Gebäude Segel gewoben, zusammengenäht, ausgebessert; weiterhin treiben eine Menge Faßbinder ihre lärmende Hantierung; überall reicht hier eines dem anderen die Hand, alles wird vorbereitet und nichts vergessen, was zum Ganzen gehört. Wir haben bei weitem nicht aller der Anstalten gedacht, welche sich in diesem Arsenal befinden, und nur der hauptsächlichsten erwähnt, um nicht durch eine zu genaue Beschreibung ermüdend zu werden.

In allen den verschiedenen Werkstätten müssen die Galeerensklaven Handreichung tun und die beschwerlichsten Arbeiten verrichten, oft sogar an die Stelle von Lasttieren treten. Der Anblick dieser mit Ketten belasteten Unglücklichen, die wir überall antrafen, verleidete uns die Freude an dem der wohlberechneten Kräfte, die hier zu einem großen Ganzen streben, besonders da man uns sagte, daß nur vorzüglich Begünstigten das Glück würde, hier unter der schweren Arbeit fast zu erliegen, und daß das Los von tausend anderen noch unendlich härter sei.

Die eigentlichen Zeughäuser, in welchen Kanonen und Waffen aller Art aufbewahrt werden, besuchten wir nicht; teils weil wir dergleichen schon oft in großer Vollkommenheit sahen, teils weil diese wirklich wenig Sehenswertes aufzuzeigen haben. Sie stehen fast leer, denn was die Engländer bei ihrem Besuch an brauchbaren Waffen übrig ließen, wurde in den langen Kriegen zur Ausrüstung der Armeen verwendet. Aber in das Modellhaus führte uns Herr Bastionelli und erklärte uns mit großer Sachkenntnis die vielen, recht künstlich ausgeführten Modelle einiger durch ihren Bau sich auszeichnender Schiffe, großer Schleusen und anderer hydraulischer Werke. Das Merkwürdigste darunter ist das von dem großen Bassin im Hafen. Im letzteren kann man durch Ableiten des Wassers die größten Linienschiffe ganz aufs Trockene legen und bequem ausbessern, wenn sie beschädigt sind. Ganz neu erbaute Schiffe werden ebenfalls mittels dieser Anstalt in das für sie bestimmte Element gebracht, ohne daß man nötig hat, sie auf die gewöhnliche, besonders bei großen Schiffen höchst gefahrvolle Weise dadurch vom Stapel laufen zu lassen, daß man den letzten stützenden Balken weghaut. Hier kommt das Meer zum Schiffe, hebt es sanft auf und trägt es fort, statt daß sonst das Schiff mit einem gewaltsamen Stoß, der durch Reibung die hölzerne Unterlage in Flammen setzt, zum Meer hinabgleiten mußte. Ein großer hölzerner Kasten von der Größe des selbst einem kleinen Hafen gleichenden Bassins mußte erst mittels ungeheurer Steinlasten tief in den Meeresgrund versenkt werden; auf diesen so künstich gelegten festen Grund baute man hernach alle die Schleusen, Pumpen und Leitungen, durch die das Wasser ein- und ausgelassen wird. Es war ein Riesenunternehmen, aber der Mensch kann alles und macht sich zum Herrn einer Welt, wenn er nur viele zu einem Zweck zu verbinden weiß. Und doch ist dieser mächtige Herrscher höchst beschränkt, wenn er allein steht, und sein Dasein umfaßt eine Spanne; aber Jahrhunderte nach ihm bleibt noch das Leblose, was er schuf, während er selbst in wenig Tagen spurlos verschwindet.

Wir fuhren in einem Boot durch den zum Hafen führenden Kanal; das Meer tobte draußen, wild aufgeregt; im Hafen war es still. Mehrere große Linienschiffe lagen am Ufer vor Anker. Nie zuvor ergriff uns solch staunende Bewunderung bei Betrachtung dieser schwimmenden, aus Holz zusammengetürmten Berge wie hier auf dem ruhigen Wasser, wo wir ihre Riesengröße mit den Gebäude des ganz nahen Landes vergleichen konnten. Aus unserem kleinen Boot blickten wir schwindelnd zu ihrer gewaltigen Höhe hinauf, und selbst da, als wir früher in anderen Gegenden ein solches Schiff auf der Reede bestiegen und überall darauf herumwanderten, war der Begriff seines Umfanges uns nicht so lebendig geworden.

Auch die Galeeren liegen dicht am Ufer im Hafen; sie sind eigentlich unbrauchbar gewordene Kriegsschiffe ohne Mastbäume, mit rot angestrichenen, hölzernen Dächern bedeckt; jedes derselben dient fünfhundert Gefangenen zur traurigen Wohnung. Die, welche hier nicht Platz finden, werden in großen, dunklen und feuchten Kerkern eingesperrt, welche noch fürchterlicher sein sollen als die Galeeren. Den leise geäußerten Wunsch, eine dieser Galeeren zu besuchen, schlug Herr Bastionelli gleich durch die Versicherung nieder, daß wir sowohl den Anblick als auch die verpestete Luft kaum sekundenlang ertragen und dennoch das Bild davon nie wieder vergessen würden. Männer, die im Krieg und in Lazaretten das Schrecklichste mutig betrachten lernten, beben dennoch vor diesem höchsten Jammer versunkener Menschlichkeit schaudernd zurück, und die, welche ihr Beruf zuweilen die Gefangenen zu besuchen zwingt, betreten immer mit bleichem Entsetzen die unheilvollen Schwellen.

Eben schlug die Glocke, welche die Gefangenen nach dem mühseligen Tagewerk zum betäubenden Schlaf in ihr schreckliches Nachtlager ruft. Von allen Seiten rasselten sie in ihren schweren Ketten herbei, immer zwei und zwei zusammengeschmiedet. Der Anblick war kaum auszuhalten, aber wir konnten ihm nicht entgehen, wenn wir uns nicht mitten durch die fürchterlichen Reihen der Elenden drängen wollten. Alle sind in grobe, rotbraune Kleider gehüllt, die an vielen als halb vermoderte Lumpen herumflattern. Auf den ganz kahl geschorenen Köpfen tragen sie glatt anschließende rote Kappen. An vielen bemerkten wir wild verzerrte Gesichter, wahre Teufelslarven, mit dem vollen

Ausdruck der tiefsten Verworfenheit, wilder Mordlust und grimmiger Verzweiflung. Andere schienen durch das lange Elend zu dumpfer Tierheit herabgesunken; vielen sah man den herzzerreißenden Gram an, das Gefühl der entsetzlichen Schande. Die schrecklichsten waren uns die, welche mit frecher Lustigkeit ihre innere Wut in wilden Liedern und noch entsetzlicherem Lachen austobten. So sahen wir einen, dem eben die Fessel an den Fuß geschmiedet wurde; er pfiff und sang und lachte dazu so schallend laut, in so grausigen Tönen, daß es uns das Haar emporsträubte. Mit inniger Wehmut sahen wir Menschen von noch nicht zwanzig Jahren mit dem Gepräge vergangener besserer Tage an greise Verbrecher geschmiedet, aus deren versteinerten Zügen die tiefste Verworfenheit sprach.

Wie entsetzlich muß die Nacht für die Besseren sein, in der alle die Verbrecher, welche nichts als dies elende Leben zu verlieren haben, sich schamlos ihrer Untaten rühmen, laut und frech dem Geschick und jedem besseren Gefühl hohnsprechen, ohne die Peitsche zu achten, die alle schonungslos trifft, wenn der Lärm zu arg wird.

Unbegreiflich ist es, wie so manche, die auf Lebenszeit oder doch auf zwanzig, dreißig Jahre hierher verurteilt wurden, bei dem Mangel an allem dennoch ein Greisenalter erreichen; noch unbegreiflicher, daß nicht alle in den ersten Monaten ihrer Gefangenschaft der unglaublich harten Lebensweise erliegen. Ihre Nahrung ist trockenes Brot und Wasser; nur zum Frühstück erhalten sie eine elende Wassersuppe, mit einigen gekochten Bohnen darin. Die, welche Arbeiten tun müssen, denen jede menschliche Kraft erliegt, erhalten täglich ein Bierglas voll Wein zur Stärkung, und einigen Auserwählten von besonderem Fleiß und auszeichnender Geschicklichkeit gibt man auch wohl ein paar Sous den Tag, mit denen sie ihr jammervolles Dasein sich erleichtern können. Ihr Lager sind hölzerne Bänke, auf denen sie sich nicht ausstrecken können; ihre Kleider tragen sie, bis diese in Fetzen herabfallen. Die größten Verbrecher sind an ihre Bänke nebeneinander geschmiedet, die ihnen zum Sitze, zur Lagerstatt, zur Aufbewahrung ersparter Bissen dienen und von denen sie sich nur wenige Schritte entfernen können, so weit es nämlich die nicht lange Kette erlaubt. Im Kerker müssen sie arbeiten, verlassen ihn nie, atmen nie reine Luft, sehen die Sonne nie und leben doch oft viele lange Jahre hindurch. Die minder Schuldigen sind die, welche wir in den Werkstätten des Arsenals die schwersten Arbeiten tun sahen; die Glücklichsten werden zuweilen in die Stadt geschickt, wenn es dort etwas zu tun gibt, was niemand anders unternehmen mag; über allen aber schwebt immer der Stock der Aufseher und fällt beim kleinsten Versehen in unbarmherzigen Schlägen auf sie nieder. So sahen wir sie zählen wie eine Herde Vieh und eintreiben zu ihrem entsetzlichen Nachtlager, sechstausend Menschen; denn so groß ist die Anzahl der jammerbelasteten Elenden, die hier zum Teil in verzweifelnder Wut ihre Tage verleben, um am Abend eine noch weit schrecklichere Nacht einbrechen zu sehen. Um keinen Preis der Welt möchten wir in dieser grauenvollen Nachbarschaft in Toulon leben, obgleich die Natur ihr reichstes Füllhorn hier ausschüttete. Wenn nun einmal Flammen das Arsenal ergriffen, die Riegel, die Ketten sprengten, und nun die Einwohner der Stadt der Wut dieser sechstausend Verzweifelnden preisgegeben wären! Der Gedanke ist einer der fürchterlichsten, und doch bei weitem nicht außer dem Gebiet der Möglichkeit.

Beim Ausgang aus dem Arsenal kamen wir noch bei dem Bassin vorbei, dessen Modell uns früher gezeigt ward; wir sahen die Schleuse, durch die es hoch genug angefüllt wird, um Linienschiffe zu tragen, und die große Anzahl Pumpen, mittels welcher es die Galeerensklaven wieder leeren müssen, wenn das beschädigte Schiff hineingelassen ist. Es lag eben eines da, an welchem gearbeitet ward. Ganz außer seinem Elemente war seine Größe noch weit auffallender als im Hafen.

Zum Umfallen ermüdet, kehrten wir in unser Malteserkreuz zurück und hielten noch den Abend großen Rat wegen der morgigen Reise nach Hyères. Der Weg dahin beträgt nur zwei deutsche Meilen*, wurde uns aber als einer der fürchterlichsten beschrieben; besonders an einer Stelle desselben, welche die Fuhrleute *pièce de toile* nennen, sollte es fast unmöglich sein, ohne Halsbrechen davonzukommen. Wir waren mit unserem Entschluß in dieser großen Gefahr bald fertig, denn wir wollten fahren, wo der Weg erträglich wä-

* *1 deutsche Meile* – rund 7,4 km.

re, und an bösen Stellen aussteigen, im Notfall auch wohl die ganze Strecke zu Fuß zurücklegen; aber unsere Engländerin befand sich in großer Not. Sie behauptete in vollem Ernst, daß Angst und Schrecken sie im Wagen wahnsinnig machen würden, und zum Gehen war ihr der Weg zu weit. Endlich kam einer von uns auf den luminösen* Gedanken, ihr das Reiten vorzuschlagen, was sie denn mit großer Freude ergriff. Ein gutes Reitpferd ward schon bestellt, als es ihr auf einmal einfiel, daß sie gar nicht reiten könne, und so waren wir wieder in der vorigen Verlegenheit. Bescheiden und halb ängstlich wagte es nun der Wirt, ihr einen Esel vorzuschlagen; das war das Rechte; Miß Lucy war vor Vergnügen über diesen Vorschlag außer sich und bat, ihr ja gleich ein solches, von ihrem verehrten Yorick so hochgeschätztes Tier zu besorgen. Aber der Esel, der des Glückes teilhaftig werden sollte, die schöne Bürde zu tragen, mußte auch die Krone seines Geschlechts sein, das ward dabei ausbedungen: sanftmütig, von gutem Betragen, vernünftigen Sitten und hauptsächlich mit einem bequemen Damensattel nach englischer Weise versehen. Der Wirt machte bei jeder neuen ihm genannten Eselsqualität einen tiefen Bückling und verpfändete sein Ehrenwort, die ganze Stadt Toulon noch diesen Abend zu durchstöbern, um diesen Phönix unter den Eseln aufzufinden, und damit wurden wir denn alle beruhigt. Miß Lucy war vor Freude außer sich, wenn sie an ihren morgigen Ritterzug dachte; als wir aber am andern Morgen früh um fünf Uhr in den Hof traten, um beim herrlichsten Wetter abzufahren, sahen wir mit Erstaunen auch ihren Wagen angespannt. Ihr war besserer Rat über Nacht gekommen, die Furcht vor dem Tollwerden war von ihr gewichen, sie hatte beschlossen, wie andere Leute zu fahren, und alle Gedanken an den Esel aufgegeben, der indessen völlig gerüstet zu ihrem Befehle dastand. Unterwegs aber ergriff sie aufs neue die Reue, da wir ungefähr in der Mitte des Weges einer, wahrscheinlich kranken, Dame begegneten, die in einer ordentlichen Portechaise von Menschen getragen ward. Schmerzlich bedauerte Lucy, nicht auf diesen Einfall gekommen zu sein, und wenig fehlte, so wäre sie wieder umgekehrt, um in Toulon eine Sänfte zu nehmen.

---

* *luminös* – vortrefflich, leuchtend.

Hyères

Unser Weg führte uns zuerst über eine weite, herrlich angebaute Ebene; die Felsen von Toulon blieben seitwärts liegen. Der Weg ist zwar mit Steinen besät, die uns manchen unangenehmen Rippenstoß versetzen, hin und wieder auch voll tiefer Löcher, wo der Fuhrmann Vorsicht brauchen mußte, aber durchaus nicht so gefährlich, als er uns beschrieben war, und auf keinen Fall dem zu vergleichen, den wir zwischen Paris und Bordeaux zu unserer eigenen Verwunderung glücklich überstanden. Selbst die so grausig beschriebene *pièce de toile* ist nur ein großer, etwas sumpfiger Fleck, auf welchem freilich ein Wagen umwerfen könnte, wenn der Fuhrmann sich nicht in acht nimmt, den man aber mit wenigen Schritten zu Fuß umgeht. Näher an Hyères wird das ganze Land ein köstlicher Garten; Goldlack, Tazetten, Narzissen, tausend wunderschöne Blumen, die wir sorgsam pflegen müssen, bedecken die Wiesen und Felder, Balsamduft von Lavendel und unendlich vielen Kräutern erfüllt die Luft, überall glänzen die Hecken von wilden, einfachen Granaten, blühenden Centifolien, Myrten, Oleander, Laurus Tinus*, Aloen und den schönsten Jasminarten. Breitblättrige Feigenbäume, hohe Granatbäume, Mandeln, Pinien, Zypressen, Lorbeerbäume, alle Arten der edelsten Obstbäume beschatten die Landstraße. Auch beim besten Wege wäre es unmöglich, die Pracht nur aus den Wagenfenstern anzuschauen. Kurz vor der Stadt öffnet sich eine herrliche Aussicht auf das Meer, und über alle Gartenmauern ragen mit Früchten beladene Orangenbäume hervor.

Hyères selbst liegt auf einem steilen Felsen und ist ein enges, schmutziges Nest, aber am Abhang des Berges sind sehr artige Wohnungen zur Aufnahme der Fremden erbaut. Wir fanden unter letzeren einen sehr gut eingerichteten Gasthof; er heißt auch *l'Hôtel des Ambassadeurs*, wie der in Marseille; die Wirtin führte uns eine Treppe hoch in ein Zimmer mit verschlossenen Jalousien, und da sie diese öffnete, standen wir alle sprachlos da vor überraschendem

* *Laurus Tinus* – gemeint ist vermutlich der Schneeballstrauch, besonders der Steinlorbeer, mit ledrigen dunkelgrünen Blättern und rötlichweißen Blüten.

Entzücken. Der Abhang des Berges, auf dem das Haus steht, senkt sich sanft hinab bis ans Gestade des Meeres, welches weit ausgebreitet vor uns lag, gekräuselt von kleinen blütenweißen Wellen. Gerade vor uns erhoben sich aus der Flut, schwimmenden Gärten gleich, die drei mit Wäldern gekrönten Hyèrischen Inseln, etwas entfernt seitwärts hohe Felsen, einen Wald von Olivenbäumen schirmend, der zu ihren Füßen liegt. Nie sahen wir diese Bäume so frisch und groß; der Wind durchwühlte ihre mächtigen Zweige, und funkelnd blitzte die weiße Seite der Blätter durch das bläuliche Grün. Orangen- und Zitronenbäume bedecken den ganzen Abhang des Ufers, vom Hause an so weit das Auge reicht; berauschend stieg der Blütenduft zu uns herauf, und tausend Nachtigallen flöteten im dunkeln, glänzenden Laube der von der Last schöner Früchte tief gesenkten Zweige.

So ist es in diesem glücklichen Lande das ganze Jahr hindurch, ewig herrschen hier Frühling und Herbst im herrlichsten Verein, die Bäume blühen immer und tragen zugleich Früchte, und kein Winter entlaubt ihre Zweige. Alte Leute erzählen ihren Kindern von Schnee und Eis als einer seltenen, furchtbaren Naturerscheinung, die etwa alle dreißig Jahre einmal auf kurze Zeit die Einwohner erschreckt. Im Sommer mildert die Nähe des Meeres die drükkende Hitze, doch soll die Luft dann weniger gesund sein, weil nahe Sümpfe sie mit schädlichen Ausdünstungen verderben, ohne daß man es spürt; aber im Frühling, im Herbst, besonders im Winter ist sie die reinste und mildeste in der Welt. Ihren wohltätigen Einfluß bewiesen uns augenscheinlich die vielen schönen, blühenden Gestalten unter den Einwohnern; die Mädchen besonders waren auch recht reinlich und zierlich gekleidet. Der ihnen Vorteil bringende Umgang mit Fremden hat die eigentlichen Bewohner von Hyères sehr humanisiert, doch ist besonders dem Landvolk dieser Gegenden nicht zu trauen. Man sagt, sie seien wild, falsch und raubsüchtig; beim kleinsten Anlaß wallt ihr schnell rollendes Blut im heftigsten Zorn auf und verleitet sie oft zu Untaten, die sie nicht leicht bereuen, und dann, um den Folgen zu entgehen, zur Flucht in die nahen Felsen, besonders in das zum Räuberhandwerk so wohlgeeignete Tal von Olliules, wo sie dann oft in Gesellschaft morden und rauben, bis die Hand der Gerechtigkeit sie erfassen kann.

Jeder Einwohner von Hyères hat seinen Orangengarten. Nicht nur die Früchte, auch die Blüten derselben werden in großen Quantitäten zu wohlriechenden Essenzen und Konfitüren verkauft, denn die das ganze Jahr hindurch blühenden Bäume können kaum den vierten Teil ihrer Blüten bis zur Frucht bringen; auch von diesen fallen viele in unvollkommenem Zustand ab und werden ebenfalls in Zucker eingemacht. Die vollkommen reifen Früchte müssen immer einige Tage liegen, ehe sie ganz süß werden; zum Verschicken in ferne Länder pflückt man sie, wenn sie eben anfangen, sich gelb zu färben, besonders im Herbst; sie reifen unterwegs. Der Besitz eines solchen Gartens ist sehr einträglich und erfordert dabei wenig Mühe. Zwei- oder dreimal im Jahr wird das Erdreich ein wenig aufgelockert; dies und das Begießen der Bäume ist die ganze dabei nötige Arbeit. Freilich hat letzeres bei dem Mangel an frischem Wasser einige Schwierigkeit. Die Eigner der beiden größten Gärten haben die auf einem nahen Felsen entspringende Quelle in ihre Gärten geleitet; um jeden Baum sind kleine Wasserleitungen geführt, die jeden Abend angelassen werden und allen Bäumen in wenigen Minuten die nötige Feuchtigkeit geben. Dies ist sehr bequem, aber bei der großen Menge von Bäumen auch notwendig; wer deren weniger hat, hilft sich mit Begießen, so gut er kann. Wir besuchten beide berühmte Gärten, zuerst den des Herrn Fille als den bedeutendsten wegen der Menge Orangenbäume, die er enthält, und deren Anzahl man uns auf zwanzigtausend angab. Sie bringen ihm, wie man sagt, jährlich sechzigtausend Franken ein, obgleich das Hundert der Früchte nur mit etwa vier bis fünf Groschen bezahlt wird. Unmöglich ist es, die unendliche Pracht und Schönheit dieses Orangenhaines zu beschreiben, den Duft der von Millionen Bienen umschwirrten Blüten, den Glanz der goldenen Früchte, deren Last die Zweige kaum tragen, in denen Hunderte von Nachtigallen unaufhörlich laut schmetterten, als wollten sie die Herrlichkeit, die sie umgab, aller Welt verkünden. Kein Schatten irgend eines Waldes gleicht der dichten Dämmerung dieses in allen Nuancen von Grün spielenden, glänzenden Laubes; immer sprossen junge Blätter neben den älteren, Knospen neben völlig entfalteten Blüten, kleine grüne Früchte neben ganz goldenen, an Farbe und Größe bei weitem die übertreffend, welche halb unreif für uns arme Nordländer gepflückt werden. Die Bäume stehen alle nebeneinander, in zierlich dichte Reihen gepflanzt; ihre Zweige verschlingen sich und bilden ein fast undurchdringliches Dickicht, durch welches man nur auf den schmalen Fußsteigen sich winden kann.

Im natürlichen Zustand hat der Orangenbaum eine ganz andere Gestalt als in unseren Orangerien. Ihm fehlt der hohe Stamm; die Zweige wachsen nur wenige Fuß über die Erde heraus, sie breiten sich gewaltig aus und erreichen eine bedeutende Höhe, ungefähr wie ein mittelmäßiger Apfelbaum. Unten am Stamme sind die Bäume von großem Umfang, und die starken, gewaltsam ins Weite strebenden Zweige geben ihnen ein schönes, kräftiges Ansehen. Ein sehr hübsches, einfaches Landhaus, die beneidenswerte Wohnung des Herrn Fille, liegt mitten in diesem Götterhain. Mit den seltensten Blumen geschmückt breitet sich ein wunderschönes Parterre vor dem Eingang desselben aus. Der Menge von Heliotropen und Tuberosen mögen wir kaum erwähnen, die findet man bei jeder Bauernhütte, aber neben ihnen funkelten hier die Amaryllis im Purpurkleide und die köstlichsten Liliaceen in bunter Farbenpracht. Die *Yucca gloriosa*, die *Fuchsia coccinea*, die *Datura arborea* und viele andere von unseren Treibhausblumen stehen hier immer in der mütterlichen Erde im Freien, beschattet von der *Mimosa Farnesiana*, dem *Jasminum sambac*, die wir kaum erkannt hätten, so üppig grünten und blühten sie. Die auserlesensten Bäume umgeben dieses Blumenland und das Haus, besonders herrliche, gefüllte Granatbäume. Staunend betrachteten wir die Zitronen, die Orangen, die Pampelmusen von einer nie zuvor gesehenen Größe und noch viele uns bis jetzt unbekannt gebliebene Arten der Hesperidenfrüchte*, unter deren Gewicht die schlanken Zweige sich tief beugten. Muntere goldene und silberne Fischchen plätscherten in einem kleinen kristallhellen Wasserbecken, mitten unter den Blumen, und vollendeten den Feenzauber um uns her. Miß Lucy vergaß hier zum ersten Mal ihren Yorick und alle Zitationen ihrer Dichter; sie hüpfte unter den Blumen herum wie ein fröhliches Kind und wurde uns in dieser natürlichen Art, sich zu freuen, um vieles lieber.

---

* *Hesperidenfrucht* – Bezeichnung für die Orange, manchmal auch für andere Zitrusfrüchte, die wegen ihrer Farbe mit den goldenen Äpfeln verglichen wurden, die in der griechischen Sage von den Hesperiden bewacht wurden.

Im zweiten Garten kam uns Herr Beauregard, der Eigner davon, selbst entgegen, um uns in seinem Paradiese herumzuführen; ein schlanker, freundlicher Greis, dem achtzig Jahre die Locken bleichten, aber seine hohe Gestalt nicht beugen konnten. Unser Entzükken über alles, was wir sahen, schien ihm große Freude zu gewähren, und recht väterlich sorgsam bemühte er sich, uns auf alles Merkwürdige aufmerksam zu machen. Sein Garten schien uns noch größer als der des Herrn Fille, aber die Orangenbäume nehmen nur ungefähr zwei Drittel des Raumes ein; die edelsten Fruchtbäume und viele andere aus dem Ausland, die aber hier einheimisch wurden, wachsen in üppiger Pracht im übrigen Teil des Gartens. Ein großer Mahagonibaum und eine prächtige, hoch hinauf in den dunkelblauen Äther strebende Dattelpalme zogen, als zuvor nie gesehen, besonders uns an. Keine Zeichnung, kein Gemälde gibt nur eine Idee von dem Eindruck, welchen die hohe, dem Süden so ganz eigen angehörende Gestalt der Palme in der Wirklichkeit macht. Traurig ist es, daß man in diesem schönen Lande nicht mehrere pflanzt; sie gedeihen herrlich und lohnen jedes Jahr zweimal mit ihrer süßen Frucht. Herr Beauregard besaß sonst zwei dieser edlen Bäume, sie standen dicht nebeneinander; aber der eine davon ist abgestorben, und seitdem bringt der zweite keine reifen Früchte mehr, mit denen er sonst, ehe er einsam stand, im Überfluß seinen Pfleger lohnte.

Außer den seltensten Früchten baut Herr Beauregard auch die herrlichsten Blumen und unglaublich viele Gemüse von allen Gattungen. Er sagte uns selbst, daß er jährlich allein aus den Artischocken über tausend Franken löst, obgleich dies Gemüse hier sehr wohlfeil ist. Es war für uns etwas rührend Erfreuliches im Anblick dieses Greises, der hier unter mächtigen Bäumen wandelte, die er selbst gepflanzt hatte, und der mit so inniger Liebe an seiner Schöpfung hing. Ungern verließen wir ihn; jetzt ruht er wohl schon unter seinen Blumen, nach einem langen, glücklich tätigen Leben. Leicht sei ihm die Erde, die er schmückte!

Irregeführt durch die Berichte einiger Reisenden, wollten wir zu den Hyèrischen Inseln hinüberschiffen und hofften dort auf neue Orangenhaine; doch gaben wir den Plan auf, da alle Welt in Hyères uns versicherte, daß wir dort nur wilde, waldbewachsene

Felsen, aber durchaus keine Kultur, noch weniger einen Orangenbaum finden würden. Uns genügte also der unbeschreiblich schöne Anblick dieser Inseln vom festen Lande aus. Die größte derselben heißt *Porquerolles*; eine kleine Zitadelle steht darauf, übrigens ist sie durchaus mit wildem Gehölz bewachsen, besonders mit immergrünen Eichen und Korkbäumen; einige arme Fischerfamilien sind ihre einzigen Bewohner. Die von den Inseln, welche in der Mitte liegt, heißt *Port-Cros*; auch diese hat eine Zitadelle, ist fruchtbarer, aber noch weniger bewohnt als Porquerolles. Die dritte Insel liegt vom Lande am entferntesten; sie ist ganz öde und unbewohnt, nur die Algierer Schiffer landen zuweilen auf ihr, um sich mit frischem Wasser an einer kleinen Quelle zu versehen, die dort dem Felsen entquillt.

So hatten wir also den schönsten und weitesten Punkt unserer Reise erreicht, wir hatten Hyères gesehen. Erde und Himmel, Luft und Meer machen es zum Paradies der Welt, und doch läßt sich so wenig davon sagen wie von allem wahrhaft Schönen und Großen; man muß es selbst gesehen haben, um es sich denken zu können oder auch nur daran zu glauben. Gibt es einen Aufenthalt auf Erden, wo der Anblick der Natur ein durch bittere Erfahrungen zerrütteltes Gemüt heilen, wo milde Luft eine zerstörte Brust wieder stärken kann, so ist es Hyères. Dieser ewige Frühling, dieser reine, dunkelblaue Äther, diese Sonne, diese Düfte, diese Nachtigallenlieder müssen den zerrüttetsten Nerven wieder Spannkraft geben; in diesen Orangenhainen muß jeder herbe Schmerz zur süßen Wehmut werden, wenn es auf dieser Welt noch irgend möglich ist.

Der Ort ist zur Aufnahme von Fremden eingerichtet, deren in Friedenszeiten sich immer viele einfinden; dann gibt es auch Bälle, Konzerte, Gesellschaften wie überall. Kranke, wie wir sie meinen, würden wohl wenig Freude daran finden; uns selbst, in der Fülle der Gesundheit, schien der Gedanke unerträglich, das unruhige Treiben der großen Welt oder vollends eines Brunnenortes hier im schönsten Tempel der Natur sehen zu müssen, wo jeder Schritt, jeder Blick den Geist erhebt und Genüsse bietet, die sich mit jenem lärmenden Wesen nicht vereinen können.

Mit Tagesanbruch machten wir uns den Morgen nach unserer Rückkunft in Toulon auf den Weg, um noch den Abend Marseille zu erreichen. Miß Lucy hatte in Hyères diesen Plan vortrefflich gefunden, aber sowie sie die Orangenhaine nicht mehr sah, kehrte sie auch wieder zu ihrem gewohnten Wesen zurück. Sie ließ uns sagen, sie müsse durchaus bis zehn Uhr im Bett bleiben und dann noch hartgekochte Eier essen, ehe sie sich neuen Ermüdungen aussetzten könne, daher möchten wir ihr nur jemanden zum Schutz dalassen und selbst für uns nach unserem Willen handeln. Das taten wir denn auch und sahen sie wirklich erst den andern Abend in Marseille anlangen. Die armen Pferde hatten am meisten dabei gelitten, weil ihre Herrin beide Tage erst um elf Uhr ausfuhr, also gerade in den heißesten Stunden unterwegs gewesen war; und John fluchte nach Herzenslust über die Provence, wo die Sonne so ungemein heiß ist, und pries das milde Klima von Alt-England.

Unsere Rückreise von Toulon nach Marseille fiel gerade auf einen Feiertag; die ganze Gegend, durch welche wir kamen, glich einem großen, ländlichen Fest, überall ertönte die lustige Pfeife und das Tamburin, nur im dunklen Tal von Olliules war alles öde und still. Das junge, provençalische Volk tanzte im Freien, umgeben von einem großen Kreis von Zuschauern, die allem Ansehen nach längst ausgetanzt hatten. Die bunten Tücher flatterten von den Locken der sehr hübschen Mädchen, andere trugen weiße Mützen oder runde schwarze Hüte, alle waren im Sonntagsschmuck, bewegten sich recht grazienhaft zum Takte des Rondelay und sahen allerliebst aus mit ihren großen schwarzen Augen; viele waren sogar recht weiß von Farbe; alles blüht, alles gedeiht unter diesem schönen Himmel. Wir bedauerten Miß Lucy, daß sie dies allgemeine Fest nicht sah; das war denn doch einmal ihres Yoricks: *„Viva la joya, fi donc la tristessa!“**

Wenige Tage nach unserer Rückkunft in Marseille mußten wir leider zur Abreise Anstalt machen. Ungern verließen wir die schöne Stadt, ihre herrlichen Umgebungen, in denen es uns so wohl gewesen war, den kleinen, freundlichen, geistreichen Kreis, der uns gastlich aufnahm und uns zum einzigen Zufluchtsort gegen die übrige, so wenig zusagende Gesellschaft in Marseille ward. Den südlichsten Punkt unserer Reise hatten wir erreicht,

* Es lebe die Freude, nieder mit der Traurigkeit!

die Deichsel unseres Wagens ward wieder dem Norden zugewendet; wir sahen dies nicht ohne ein trübes Gefühl, obgleich wir wohl wußten, daß unserer noch viel Schönes harrte, ehe wir die Heimat wieder erreichten.

Wenige Tage vor unserer Abreise weckte uns um drei Uhr des Morgens ein gewaltiges Hin- und Herlaufen und Streiten vieler Stimmen im Hause. Der Lärm näherte sich unseren Zimmern, wir hörten unsere Bedienten wecken und vernahmen durch die Türe: die Polizei sei da, um unsere Papiere zu sehen. Die Pässe waren ihr schon zweimal vorgezeigt, die konnte sie doch wohl nicht wieder verlangen; und was sie mit unserem unschuldigen Tagebuch und unseren Briefen anfangen wollte, war uns unbegreiflich; doch nahmen wir im stillen unsere Maßregeln, sie ihren Späherblicken zu entziehen, und bereiteten uns, die Türe zu öffnen, sobald es verlangt würde. In einem großen Gasthof uns gegenüber war auch alles in Bewegung, wir sahen Lichter in allen Zimmern und emsiges Hin- und Wiederlaufen vieler Leute. Der Lärm entfernte sich indes von unserer Türe, währte aber im Hause noch lange fort; alle Türen wurden geöffnet, selbst die der unbewohnten Zimmer über uns, nur wir, Miß Lucy und eine kranke deutsche Dame blieben von allen im Hause Wohnenden allein verschont, weil der Wirt sich verbürgt hatte, daß wir am Morgen noch dort zu finden sein würden.

Beim Frühstück erfuhren wir denn, daß zur nämlichen Stunde in allen Gasthöfen der Stadt eine allgemeine Haussuchung von Polizei wegen vorgenommen worden war. Gott weiß, wen die Herren suchten und auch wohl fanden: denn alle Diligencen nach Paris waren an diesem Tag wieder mit Gefangenen und ihren Wächtern besetzt. Aus dem Gasthof uns gegenüber wurden mehrere Fremde mitgenommen, aus unserem wollte man doch auch nicht ganz leer gehen und bemächtigte sich daher eines ganz frisch ausgeflogenen jungen Straßburgers, der bei der Ankunft vergessen hatte, seinen Paß der Polizei zu präsentieren, und es sich nun dafür gefallen lassen mußte, den Rest der Nacht auf der Hauptwache zu verschlafen. Doch wurde er in Marseille zurückgelassen, und der Wirt hoffte, ihm seine Freiheit bald wieder auszuwirken. Zu uns kam die Polizei, sowie wir außer dem Bett waren; stillschweigend legten wir ihr unsern Paß hin, stillschweigend sah sie ihn an und ging wieder; nach anderen Papieren ward weder bei uns noch den übrigen Fremden gefragt. Diese an sich unbedeutende Begebenheit trug aber doch dazu bei, uns den Abschied von Marseille zu erleichtern, und machte auch auf die übrigen Fremden einen so unangenehmen Eindruck, daß die meisten bald abreisten wie wir.

Reise von Marseille nach Lyon

Bis *Orgon* blieb der Weg der nämliche, den wir gekommen waren; hinter Orgon wird das Land ebener, die Felsen weichen zurück, die Olivenbäume verschwinden allmählich, und große Maulbeerbäume nehmen ihre Stelle ein. Diese sind sehr schön und würden herrlichen Schatten gewähren, wenn man sie nicht ihrer jungen Blätter beraubte, um Seidenwürmer damit zu ernähren, die hier in unendlicher Anzahl gepflegt werden. So sind sie oft ganz kahl und traurig anzusehen, ein Bild des Winters mitten im Sommer, und es nimmt sich sonderbar aus, wenn Bäume der nämlichen Gattung, zum Teil frisch belaubt, zum Teil mit ganz entblätterten Zweigen, dicht nebeneinander stehen. Weiterhin kamen wir durch ein höchst fruchtbares, bebautes Land, in welchem Wein und Korn im Überfluß wächst. Nur die Zypressen, die Feigen- und Maulbeerbäume, die warme, südliche Luft und der dunkelblaue, reine Himmel erinnerten uns daran, daß wir nicht in Deutschland waren; denn viele, am Ufer lustiger Bäche üppig wachsende, himmelhohe Buchen, Linden, Pappeln und flüsternde Weidenbäume begrüßten uns recht heimatlich, wie mitten im Vaterlande. Wir kamen durch den kleinen, ganz unscheinbaren Flecken *Noves*, in welchem dem göttlichen Sänger Petrarca die Sonne seines Dichterlebens aufging: denn hier ward Laura geboren. In der Ferne erheben sich die düsteren Kalkfelsen des durch seine Lieder und seine Liebesklagen berühmt gewordenen *Vaucluse*. Näher um Avignon wird die Gegend immer lieblicher; nicht fern von der Stadt mußten wir in einer Fähre über die *Durance* setzen. Sie ist nicht breit, aber ein tückischer, reißender Bergstrom, der oft, wenn der Schnee in den piemontesischen Alpen schmilzt, viel Unheil anrichtet, das Land umher überschwemmt und durch sein fürchterliches Toben oft viele Tage lang die Überfahrt gefährlich macht. Jetzt war er ziemlich artig, aber doch dabei unbändig genug, so daß wir herzlich froh waren, wie wir aus unserem mächtig hin- und herschwankenden Schifflein am andern Ufer ausstiegen.

Der erste Anblick von *Avignon* entzückte uns; wir fuhren durch den Cours, einer sehr reizenden Promenade, die zwischen dem Ufer der Rhône und der Außenseite der nicht bedeutenden, aber zierlich gehaltenen Wälle rings um die Stadt führt. Es war Sonntag nachmittags; die Einwohner von Avignon erfüllten die Pflicht jedes rechtlichen Franzosen an diesem Tag und spazierten im besten Putz gar gemütlich im Schatten der dreifachen Reihen hoher Platanen. Lustig hin- und herkreuzende Boote belebten die silberne Fläche des breiten Stromes, den hier drei große waldige Inseln verschönern; ferne blaue Berge kränzen den Horizont des entgegengesetzten, reichen Ufers.

Lange erfreuten wir uns des ungemein reizenden Anblicks: denn unser Postillion fuhr uns fast um die ganze Stadt herum; desto abschreckender aber erschien uns diese, als wir durch ein dunkles Tor hineinfuhren. Schmutziger, enger und düsterer kann keine erdacht werden. Zwar erblickten wir hin und wieder einige große palastähnliche Gebäude, Überbleibsel aus den Zeiten, wo die Päpste in Avignon residierten; aber sie sehen verfallen und unbewohnt aus, von elenden dunklen Häusern umgeben. Auch der ehemalige päpstliche Palast ist jetzt nicht viel mehr als eine große Ruine, deren viele Türmchen, große Portale und mit zackigen Zinnen gekrönte Mauern sich indessen recht malerisch ausnehmen. Überhaupt trägt alles in Avignon ein unheimliches, zerstörtes Ansehen. Die wilden Gesichtszüge des Volkes, seine heftige, einem ewigen Zürnen ähnliche Sprache und Gebärde haben etwas unbeschreiblich Widerwärtiges. Alles erinnerte nur zu lebhaft daran, welch ein Schauplatz jeder möglichen Laster und Greueltaten diese Stadt sowohl früher zu den Zeiten der Päpste als auch später während der Revolution war. In den letzten furchtbaren Schreckenstagen derselben stieg die Wut des Volkes hier aufs höchste; alle Einwohner schienen in blutdürstige

Tiere verwandelt und mordeten und raubten ohne Scheu und Schonung selbst das dem Menschen Heiligste.

Nichts konnte uns sonach zu einem längeren Aufenthalt in Avignon reizen, als nur nötig war, um auszuruhen. Doch überlegten wir den Abend, ob wir nicht am folgenden Morgen zur Quelle von Vaucluse wallfahrten wollten. Reisende, die dort gewesen waren, versicherten uns, daß nur Petrarcas Name der Gegend einigen Reiz verleihen könne; der Wasserfall sei als solcher unbedeutend, besonders in dieser trockenen Jahreszeit, und das Tal gleiche vollkommen der öden Steinwüste von Olliules. Unser Gastwirt, den wir zu Rate zogen, machte eine höchst abschreckende Beschreibung von dem entsetzlichen, in fünf Stunden kaum zu fahrenden Weg; dennoch versprach er, uns am folgenden frühen Morgen einen guten Wagen mit zwei Pferden zu verschaffen, weil wir mit dem unsrigen dort nicht fahren könnten. Wir nahmen seinen Vorschlag an und sahen am andern Tage nach langem Warten einen elenden zweirädrigen Karren ankommen, dem man die Ehre antat, ein Cabriolet zu nennen, bespannt mit einem blinden Karrengaul und einem lebenssatten Maulesel; der Führer, ein großer, sehr wild aussehender Kerl, wollte zu Fuß nebenher gehen. Nur zwei von uns hätten auf dem schönen Fuhrwerk zur Not Platz gehabt; und gerade den beiden, die des Schutzes am bedürftigsten waren, lag am meisten daran, den Quell von Vaucluse zu sehen. So ganz allein, ohne einen Bedienten mitnehmen zu können, uns diesem Menschen, dessen Sprache wir nicht verstanden, anzuvertrauen, zehn Stunden lang von dem elenden Gespann uns durch eine wilde Gegend schleppen zu lassen, deren Einwohner allgemein für Räuber gelten, und dabei vor der Nacht nicht wieder zurückkommen zu können, vielleicht gar erst am andern Tage, schien uns dennoch nicht ratsam. Über das Hin- und Herreden war wieder viel Zeit verstrichen; ein anderes Fuhrwerk war, den Versicherungen des Wirtes zufolge, nicht zu haben. Alles dieses bewog uns, obgleich mit schwerem Herzen, den ganzen Plan aufzugeben, und so verließen wir Avignon, ohne die Quelle von Vaucluse gesehen zu haben, nachdem wir noch die Stadt in näheren Augenschein genommen hatten.

An den schönen Ufern der Rhône vergaßen wir bald unsere getäuschte Erwartung. In *Sorgues*, dem ersten Orte, wo wir die Pferde wechselten, trat ein Mann an unseren Wagen, um uns seine Dienste anzubieten, welcher jetzt bei der neuen Mode des um die Wette Gehens in England reich werden könnte: denn als Botengänger gibt es in Hinsicht auf Schnelligkeit und Ausdauer vielleicht nicht seinesgleichen. Er überreichte uns seine gedruckte Adresse, die ihn als einen bekannten Einwohner von Avignon bezeichnete und viele Zeugnisse seiner Treue und Ehrlichkeit, von bekannten und bedeutenden Männern unterzeichnet, die sich seiner bedient und ihm ansehnliche Summen anvertraut hatten. Es war ein langer, hagerer Mann von sehr rechtlichem Ansehen, der in gutem Französisch recht vernünftig sprach. Wir bedauerten, ihn nicht am Morgen bei uns gehabt zu haben: denn unter seinem Schutze hätten wir das gefahrvolle Abenteuer von Vaucluse wohl bestanden. Seine Schnelligkeit übertrifft auf die Dauer bei weitem die eines Pferdes: denn von Avignon bis Marseille, ja bis Toulon geht er in vierundzwanzig Stunden, bis Montpellier in zwei Tagen, bis Pairs in sechs; und überall ist er bekannt. Sein Sohn, damals ein Knabe von neun Jahren, ging sogar schon zwei deutsche Meilen in einer Stunde; so sehr kann frühe Gewöhnung jede körperliche Kraft stärken und ausbilden. Mit mehr als tausend Louisdoren in Gold belastet dieser Bote sich nie, weil er dann noch einen Karabiner und Pistolen mitnimmt, um sich im Notfall seiner Haut zu wehren; auch zieht er sich dann ganz schlecht an, um der Aufmerksamkeit der Räuber zu entgehen, von denen, seiner Aussage nach, diese Gegenden nicht frei sind.

Zwischen Sorgues und Courthézon bedeckt eine ungeheure Menge von Maulbeerbäumen das ganze Land; dazwischen erblickten wir wieder unsere lieben Olivenbäume und atmeten balsamischen Kräuterduft der Provence. Eine am Wagen nötig gewordene Reparatur hielt uns in *Courthézon* eine kleine Stunde* auf, während der wir uns auf einer wunderschönen Wiese im Schatten großer Maulbeerbäume ergingen. Eine freundliche Frau, die auch gut Französisch sprach, redete uns an; sie trug ein

* *Eine kleine Stunde* – veraltet für: ungefähr eine Stunde, nicht ganz eine Stunde.

allerliebstes Mädchen von zwei Jahren auf dem Arm, und einige zwanzig Kinder, die ihrer Obhut vertraut schienen, spielten lustig um sie her im blumigen Grase. Allen diesen Kindern waren eben die Schutzblattern eingeimpft, und das geschieht alle Jahre in der ganzen Gegend auf Befehl der Regierung: hier, wo noch vor wenigen Jahren der Aberglaube in dieser wohltätigen Vorsichtsmaßregel einen Eingriff in die Rechte Gottes sah und eine Todsünde damit zu begehen glaubte. Die Frau erzählte uns viel von der Pflege der Seidenwürmer, wieviel Sorgfalt diese erforderte, wie sorgsam die Blätter gewählt werden müssen, daß sie nicht zu alt, nicht zu jung und ja nicht feucht oder welk sind, aber auch von der Einträglichkeit des Seidenbaues, der die Bewohner dieser Gegend, die sich hauptsächlich damit beschäftigen, alle wohlhabend macht. „*Touchez là*"*, sagte die Frau, da der Wagen fertig war, und schüttelte uns recht treuherzig die Hand; wir erwiderten gern diese echt deutsche Begrüßung und rollten dann fröhlich fort durch ganze Wälder von Maulbeerbäumen, bis wir zum Städtchen *Orange* gelangten.

Orange

Unter dem Namen *Arausio* war dieser Ort einst zu den Zeiten der römischen Herrschaft eine beträchtliche, schöne Stadt, jetzt ist er ein so schmutziges, winkeliges Nest, als nur irgend ein Städtchen im südlichen Frankreich es sein kann. Doch finden sich darin noch hin und wieder Spuren antiker Herrlichkeit in verstümmelten Inschriften, Basreliefs und Ornamenten an Mauern und Häusern, die, ohne Wahl, ohne einige Rücksicht auf ihren Wert und ihre Bedeutung, gleich gewöhnlichen Mauersteinen bei Erbauung derselben benutzt wurden. Die Überreste eines römischen Theaters verbergen jetzt zum Teil die dunklen Mauern eines Gefängnisses für gemeine Verbrecher, teils liegen sie versteckt zwischen ekelhaft schmutzigen Hütten. Nur große Vorliebe für die Geschichte der Kunst könnte einen Antiquar bewegen, sich in diese widerlichen Labyrinthe ihretwegen zu wagen. Wir entsagten ihrem Anblick

* *Touchez là* (franz.) – Schlagen Sie ein, Hand drauf.

und begnügten uns mit dem des einzigen Wohlerhaltenen, des Triumphbogens des Marius, der sich ganz nahe vor der Stadt auf einer Ebene stolz erhebt, und, obgleich hin und wieder verfallen und dem Untergang sich nahend, dennoch einen höchst imposanten Effekt schon aus der Ferne macht.

Das ganze Prachtgebäude ist sechsundsechzig Fuß lang, sechzig Fuß hoch und bildet dicht nebeneinanderstehende Bögen von denen der mittlere beträchtlich größer ist als die beiden ihm zur Seite. Das Innere des Gewölbes bedecken bei allen dreien in höchst zierlichen Mustern zusammengesetzte Rosetten von Bildhauerarbeit, und Gewinde von Efeu, Trauben, Blumen und Früchten umfassen die Öffnungen der Bögen; alles daran ist mit bewundernswürdigem Fleiß gearbeitet und höchst vollendet. Die der Stadt zugekehrte Seite des Gebäudes hat am wenigsten von der Zeit und der Witterung gelitten, vier korinthische Säulen schmücken sie, zwei davon an den Ecken und zwei in dem Zwischenraum, welcher den größeren Bogen von den kleineren trennt. Diese beiden Säulen unterstützen einen dreieckigen Giebel, welcher sich über dem mittleren Bogen erhebt. Eine mit einem schönen Gesims und einem Basrelief reich geschmückte Attika ragt über den Giebel und krönt das ganze Gebäude. Das Basrelief über dem mittleren Bogen stellt ein sehr wildes Gefecht zwischen Reitern und Fußvolk vor; an der einen Seite desselben sind einige alte Opfergeräte abgebildet, die Mauer an der anderen Seite ist ganz eingefallen. Über den beiden kleineren Bögen, unter der Attika neben dem Giebel, sind aus Schiffsschnäbeln, Ankern, Dreizacken, Rudern und anderen die Schiffahrt bezeichnenden Attributen zusammengesetzte Trophäen angebracht und darunter, dicht über dem Bogen zwischen den Säulen, andere Trophäen von Fahnen, Helmen, Schilden und Schwertern.

Die der Stadt abgewandte Seite des Gebäudes gleicht der eben beschriebenen, nur haben Wind und Wetter sie weit mehr zerstört. Von den vier korinthischen Säulen stehen nur noch zwei, und die Basreliefs sind zum Teil ganz vernichtet, zum Teil fast unkenntlich geworden. Das große Basrelief in der Mitte ist ziemlich wohlerhalten, es stellt, wie das auf der anderen Seite, ein Gefecht vor. Von der einen Trophäe neben dem Giebel sind nur wenige Spuren noch sichtbar, die darunter über dem kleinen Bogen fehlt ganz, hingegen ist die über dem zweiten beinahe unverletzt geblieben. Auf einem der Schilde, die mit mehreren Waffenstücken sie bilden, lasen wir das Wort „*Mario*" ganz deutlich, auch auf noch mehreren Schilden in den Trophäen sind Namen eingegraben, die aber so verwittert dastehen, daß es uns unmöglich war, sie zu erkennen.

Die Verzierungen der einen schmalen Seite des Gebäudes sind gänzlich zerstört, die andere schmücken vier kannelierte Säulen und teilen sie in drei gleich große Zwischenräume; in jedem derselben sind Trophäen von Fahnen, Kürassen*, Schilden, Helmen und anderen Waffenstücken angebracht, und unter jeder von diesen zwei fast unkenntlich gewordene Figuren, die uns wie gebundene Kriegsgefangene vorkamen. Auf einem Fries über den Säulen ist eine Reihe nebeneinander stehender Fechter abgebildet. Über die beiden mittelsten Säulen erhebt sich ebenfalls ein dreieckiger Giebel, in dessen Mitte befindet sich ein halber Kreis, in welchem eine Figur sichtbar ist, die uns wie ein altes Heiligenbild erschien, wahrscheinlich also neueren Ursprungs ist als das übrige Gebäude. Auf jeder Seite des Halbkreises, noch innerhalb des Giebelraums, ist ein fast unkenntlich gewordenes Füllhorn angebracht, und zwei Nereiden lehnen sich an die oben spitz zusammenlaufenden Seiten des Dreiecks, so er bildet; die über ihn sich erhebende Attika schmückt ein zierliches Fries.

Nach langem und vielem Streiten sind die Altertumskenner übereingekommen, dem Marius die Ehre dieses Triumphbogens zuzuschreiben, weil er in dieser Gegend einen großen Sieg über die Kimbern und Teutonen erfochten hat.

Mag der Held auch übrigens ein anderer gewesen sein, dessen Andenken dies Prachtgebäude verewigen soll, uns genügte die hohe Schönheit seines Anblicks, ohne weiteres Grübeln über die Geschichte desselben, und doch fuhren wir mit Schaudern zurück, als wir vernahmen, daß gerade an dieser Stelle das Blut vieler hundert Unglücklicher vor wenigen Jahren vergossen ward. Mit ausgesuchter Grausamkeit hatten die Tiger von Avig-

* *Küraß* – Brustharnisch, Brustpanzer.

non die Guillotine neben diesem Bogen errichtet; die angesehensten, achtenswertesten Einwohner jener Stadt wurden den langen Weg hierher unter bitterer Verhöhnung geschleppt und fanden nur Ruhe unter dem mörderischen Beil. So bezeichnen die schrecklichsten Untaten fast jeden Schritt in diesem vom Himmel mit allem, was der Mensch zum ruhigen Glück bedarf, reich ausgestatteten Lande.

Rasch ging es nun vorwärts, längs den schönen Ufern der Rhône, durch ein sehr kultiviertes Land. Im Städtchen *Donzère* begegneten wir einer Prozession.

Die Nacht blieben wir in dem ziemlich großen Landstädtchen *Montélimart*. Die Lage dieses Ortes ist himmlisch schön; dicht vor den Mauern desselben vereinen sich zwei kleine Flüsse und strömen dann, lustig eilend, der mächtigen Rhône zu. Auch am folgenden Morgen kamen wir durch ein herrliches Land, denn die *Dauphiné* ist eine der schönsten Provinzen Frankreichs; nirgends sahen wir reichere Kornfelder und eine üppigere Vegetation. Allmählich verschwinden die Oliven- und Feigenbäume der Pronvence, auch die Maulbeerbäume werden seltener, aber unzählige große Walnußbäume treten an ihre Stelle, aus deren Früchten man sehr gutes Öl preßt, welches in diesen Gegenden, wie das Olivenöl in der Provence, im Haushalt allgemein benutzt wird. Die schneebedeckten Häupter ferner hoher Gebirge leuchteten zu uns vom fernsten Horizont herüber, die Luft war Wohlgeruch, und tausend Nachtigallenlieder ertönten freudig aus jedem Busch, jedem Baume, an denen wir vorüberkamen.

Wir sahen manches freundliche Dorf, manches artige Städtchen an diesem Tag. Alle sind weit reinlicher und heller als im eigentlichen Süden von Frankreich. Häuser und Mauern baut man in diesen Gegenden häufig von Pisai*, so nennt man hier die aus gestampfter Erde geformten Quadern. Schon in dem nahe an Paris gelegenen Charenton hatten wir Gelegenheit gehabt, diese Bauaurt näher kennenzulernen. Die zu diesem Zwecke von Natur dienliche oder durch Kunst dazu bereitete Erde wird, beinahe

---

* *Pisai – Piseebau*: alte Bauweise, bei der die Mauern aus festgestampftem Lehm, festgestampfter Erde o. ä. (dem *Pisee*) bestehen.

trocken, in hölzernen Formen von der Größe beträchtlicher Quadersteine festgestampft. In einem Tage trocknen diese künstlichen Steine genug, so daß man sie, von der Form befreit, umwenden kann; in ein paar Tagen sind sie ganz hart und können wie andere Steine mit Mörtel vermauert werden. Nur den Grund solcher Gebäude baut man auf gewöhnliche Weise aus Ziegeln oder Steinen; mit Kalk beworfen sahen sie wie andere Häuser aus, auch kann man darauf mit Leimfarben malen, wie auf jede andere Mauer. Die Wände in den Zimmern erscheinen ungewöhnlich stark, das gibt einen kleinen Übelstand, übrigens aber sind diese Häuser sehr trocken und warm, man kann sie zwei, auch wohl drei Stockwerk hoch bauen und sie kosten nur etwa den achten Teil dessen, was ein auf gewöhnliche Art ausgeführtes Gebäude von der nämlichen Größe kosten würde. Zur Umfassung von Gärten, Weinbergen und anderen großen Plätzen, die einer Ringmauer bedürfen, ist diese Art von Mauern als zweckmäßig und wohlfeil besonders zu empfehlen. In Charenton machte man aus der Bereitung der dazu brauchbaren Erde ein Geheimnis, in der Dauphiné aber würde man sie leicht erfahren, da dort der größte Teil der neueren Gebäude aus Pisai ausgeführt wird.

In der ziemlich beträchtlichen Fabrikstadt *Valence* fanden wir unsere Miß Lucy wieder; zwar war sie ein paar Tage früher von Marseille weggereist, aber mit eigenen Pferden geht die Reise weit langsamer als mit französischer Extrapost*, besonders wenn man nicht früh genug aufstehen kann. Wir freuten uns gegenseitig über dies Wiedersehen und nahmen Abrede, in Lyon wieder zusammenzutreffen. Nicht weit hinter Valence setzten wir in einer Fähre über die *Isère*. Sie ist, wie die Durance, nicht breit, aber ein wilder, tückischer Bergstrom, der oft weit umher das Land durch Überschwemmungen verwüstet. Dennoch sind die Umgebungen dieses Gewässers höchst reizend und mannigfaltig, sowohl in der Nähe als in der Ferne, aus welcher hohe, blaue Berge auf die das Ufer kränzenden Rebenhügel und blühenden Gärten herüberblicken.

---

* *Extrapost* – Transportmöglichkeit, bei der die Post gegen Entrichtung des Postgeldes entweder nur Pferde oder auch den Wagen zur Verfügung stellte; die Fahrt zwischen den Poststationen konnte zu frei gewählter Zeit stattfinden.

Nicht lange währte es, so waren wir wieder ganz nahe der uns so lieb gewordenen Rhône. Wir kamen durch das freundliche, von ihren Wellen bespülte Städtchen *Tain*; es liegt zwischen dem Strome und hohen malerischen Felsen, die sich dicht dahinter erheben, wie eingeklemmt mitten in Reben und Blüten. Am andern Ende des Städtchens windet sich der Weg durch ein wunderschönes Tal, immer längs dem Strom bis St. Vallier; die Felsenreihe, an deren Fuß es hinführt, heißt mit Recht *Côte rôtie*, den ganzen Tag erglüht sie im Strahl der Sonne, die hier den berühmten Emeritage-Wein* kocht und ihm seine ihn vor allen französischen Weinen auszeichnende feurige Kraft gibt; auch ranken sich die Reben in üppigem Gedeihen bis zu den höchsten Felsengipfeln hinauf.

St. Vallier liegt fast noch schöner als Tain. Wir blieben die Nacht im Posthaus und weilten in dem dazugehörigen kleinen Garten, bis uns tiefere Dunkelheit und das Geschnatter einiger Komödiantinnen, die eben mit ihren Verehrern auf der Diligence angelangt waren, daraus vertrieben. Alle Nachtigallen der ganzen Gegend schienen auf diesem lieblichen Fleck versammelt; dumpf brauste der Strom in ihre Lieder, und die milde Abendluft wehte uns den Duft aller Blüten und Kräuter zu, welche die malerischen, einem Garten gleich angebauten Felsenufer begrenzen.

Am andern Morgen langten wir ziemlich früh in *Vienne* an. Die Rhône blieb uns auf auf dem Weg dahin immer zur Seite und durchströmt ein paradiesisches Land. Gegen Vienne zu erheben sich höhere Felsen, wir mußten über Berg und Tal; aber Getreidefelder, herrliche Bäume, blühende Wiesen und Gärten kleiden die fruchtbaren Felsen bis hoch zum Gipfel hinauf; überall ist das Land angebaut, wie in England oder den schönsten Gegenden des fruchtbaren Holsteins.

Vienne

Diese zu den Zeiten der Römer bedeutende Stadt, deren Ursprung sich in das graueste Altertum verliert, ist jetzt ein enges

* *Emeritage-Wein* – gemeint ist der Wein des *Hermitage-Weinberges*, ein Teil des Weinbaugebietes Côte du Rhône.

schmutziges Nest, ein wahrer Knäuel von dunklen, verworren durcheinander sich windenden, schmalen Straßen; doch bringen viele Tuchfabriken, Drahtziehereien, Seidenspinnereien und Kupferhämmer einiges Leben und anscheinenden Wohlstand unter die Bewohner. Ein kleiner Bergstrom, die *Gère*, setzt viele Hundert dazu gehöriger Räder in Bewegung, teils in der Stadt selbst, teils dicht vor ihren Toren. Die Gère entspringt auf einem nahen Felsen, an dessen Abhang mehrere künstlich angelegte Kaskaden sie zu verweilen und dem Menschen bei seiner Arbeit zu helfen zwingen. Nach so vollbrachtem Tagwerk eilt sie dann der an den Mauern der Stadt vorüberströmenden Rhône zu, die sich nicht zwingen läßt, und setzt mit ihr vereint den fröhlichen Lauf weiter fort. In Vienne bemerkten wir wieder viele aus Pisai erbaute, recht hübsche Häuser, doch sind alle im Verhältnis niedriger als die sonst in Frankreich gewöhnlichen Häuserkolosse von sieben bis acht Stockwerken; es scheint, als ob man es nicht wage, viel höher als etwa dreißig Fuß aus Pisai zu bauen.

Wie Nismes könnte auch Vienne auf viele wohlerhaltene Denkmäler vergangener Pracht und Herrlichkeit stolz sein, wenn nicht die Barbarei späterer Jahrhunderte hier noch vernichtender gewaltet hätte. Schon beim Hereinfahren zog ein altes römisches Grabmal unsere Aufmerksamkeit an, nicht unähnlich dem von St. Rémy. Auf einer Wiese, ganz nahe vor der Stadt, erhebt es sich in Pyramidenform, etwa gegen siebzig Fuß hoch. Das Fußgestell bildet ein großes viereckiges Gebäude, an den Ecken mit vier angelehnten Säulen geschmückt; die Seitenwände desselben haben große, bogenförmige Öffnungen wie Tore, die den freien Eingang in das Gebäude verstatten, so daß man darin unter dem platten Dach, womit es bedeckt ist, wie in einem kleinen, offenen Tempel herumgehen kann. Auf diesem platten Dach steht die aus Quadersteinen erbaute Pyramide; merkwürdig schien es uns, daß sie ganz allein auf der Bedachung des eben beschriebenen Piedestals ruht, ohne die Seitenwände desselben zu berühren, weil ihre Basis nach allen Seiten beträchtlich kleiner ist als das Viereck, welches jenes bildet. Keine Inschrift, kein Bildwerk ziert dieses Monument, aber die schlank in den blauen Äther sich erhebende, edle, schmucklose Gestalt desselben macht bei aller Einfachheit einen sehr imposanten und schönen Effekt. Leider bemerkt man bei genauerer Betrachtung viele Spuren früher und später daran verübter Gewalttaten. In den Zeiten der Revolution ließ das entartete Volk auch an dieser Pyramide seinen zerstörenden Mutwillen aus, und beinahe wäre sie gänzlich vom Eigner des Feldes, auf welchem sie steht, vernichtet worden; zum Glück verhinderte ihn noch ein Verbot der Polizei beizeiten daran, diesen Vorsatz auszuführen.

Wem zu Ehren diese Pyramide errichtet ward, ist schwer auszumitteln, da keine Spur einer Inschrift hier zum Leitfaden dient. Altertumskenner weihen sie dem Kaiser August, das Volk aber nennt sie *l'Aiguille,* die Nadel, und glaubt steif und fest, Pontius Pilatus liege darunter begraben. Dieser alte Landpfleger spukt in diesen Gegenden noch immer herum und spielt eine große Rolle in den hiesigen Volkssagen. Nahe an Vienne stehen am Ufer der Rhône noch die Trümmer eines alten, wahrscheinlich von den Römern erbauten Turms, den das Volk auch den Pilatus-Turm nennt, weil, wie behauptet wird, der Kaiser Caligula den Pilatus dort einsperren ließ; aus Verzweiflung erhängte sich dieser im Turm, sein Körper ward in die Rhône geworfen, und diese wirbelt und schäumt noch immer an der Stelle, wo dies geschah, obgleich der Tote wieder herausgezogen und von einem hohen, nahen Berge, der auch seinen Namen trägt, in einen tiefen Abgrund gestürzt ward, wo er noch immer in furchtbarer Geistergestalt umhergeht. Viele aber glauben, er sei unter der Aiguille ehrenvoll begraben, finde indessen doch keine Ruhe.

In allen Straßen der Stadt sind noch alte Inschriften, Überbleibsel antiker Grabmäler, Trümmer von Säulen und Basreliefs in den Mauern dunkler, schmutziger Gebäude und Ställe. Schlechte steinerne Bänke vor elenden Hütten werden von schönen antiken Kapitälern getragen, überall ist die gegenwärtige Zeit mit der längst vergangenen im grellsten Kontrast. In einer der schmutzigsten Straßen steht ein alter Triumphbogen eingemauert, an dessen innerer Wölbung noch Spuren zerstörter Ornamente von Bildhauerarbeit sichtbar sind. Die Trümmer eines großen Amphitheaters liegen jetzt fast ganz zerstört mitten in Weinbergen dicht an der Stadt, und auf einem hohen Berg sieht man alte Mauern, welche der Sage nach einst zu einem römischen Kastell gehörten. Die sehr große Hitze des

Tages verhinderte uns, diesen Berg zu ersteigen; die Aussicht oben wird aber als entzückend schön gepriesen und ist es gewiß auch.

Ein Tempel des Augustus ist das einzige leidlich erhaltene Gebäude in Vienne; so viel man noch davon urteilen kann, muß er der *Maison Carrée* in Nismes sehr ähnlich gewesen sein. Er bildet wie jenes ein längliches Viereck, und Säulen korinthischer Ordnung umgeben ihn an allen Seiten. Mehrere von diesen sind noch beinahe unverletzt und zeichnen sich durch trefflich gearbeitete Kapitäler aus, nur die Riesen in den Säulenschäften, welche ihnen ein so elegantes Ansehen geben, sind fast durchgängig mutwilliger Weise zerstört. Der Tempel war in seiner ursprünglichen Schönheit ringsum offen, bis auf die schmälere Hinterwand; die schlanken Säulen trugen das mit einem Giebel und trefflich gearbeiteten zierlichen Gesimsen und Friesen geschmückte Dach. Mönchische Unwissenheit führte Mauern zwischen den Säulen auf und machte aus dem Göttertempel einen geschmacklosen viereckigen Kasten, um ihn als Kapelle der Verehrung irgendeines Heiligen zu weihen. Durch dieses, allen Kunstsinn empörende Verfahren sind die Säulen weit über die Hälfte in dicken Mauern versteckt, kaum daß man noch erraten kann, was der Tempel ehemals gewesen sein muß.

Wir bekennen, es ward uns beim Anblick dieser in einem barbarischen Zeitalter vom Aberglauben verübten Versündigung gegen das Schöne ganz heidnisch zumute, und Schillers Götter Griechenlands wollten uns gar nicht aus dem Sinne. Der Tempel ist übrigens keine Kapelle mehr, aber etwas noch Ärgeres, eine Gerichtsstube.

Nur von einem Mietbedienten begleitet, gingen wir, das Museum zu besehen, und fanden einen sehr unterrichteten Mann an dem Aufseher desselben, der zugleich Lehrer der Zeichenkunst in einer damit verbundenen öffentlichen Erziehungsanstalt ist. Obgleich wir ohne alle Empfehlung zu ihm kamen, empfing er uns dennoch sehr freundlich und zeigte uns mit unermüdlicher Gefälligkeit sowohl die im Museum als in seiner eigenen Wohnung aufbewahrten beträchtlichen Sammlungen von Altertümern. Von Geburt ist er ein Deutscher, mit Namen Schneyder, hat aber während seines vieljährigen Aufenthalts in Frankreich die Leichtigkeit verloren, sich in seiner Muttersprache gut auszudrücken oder auch sie schnell im Gespräch zu verstehen. Seit einer langen Reihe von Jahren macht er es sich zum Hauptgeschäft, alles zusammenzutragen und zu retten, was er von Überresten alter Kunst in Vienne und der umliegenden Gegend habhaft werden kann. In den nahen Weinbergen, besonders in dem, der das alte Amphitheater umschließt, auch in Feldern und Gärten finden die Landleute täglich mitunter recht schöne Fragmente von Statuen, Basreliefs und Säulen, sobald sie etwas tiefer graben; auch Mosaikpflaster, Lampen, Münzen, Urnen, architektonische Verzierungen und kleine Haushaltsgeräte und Schmuck der Alten. Herr Schneyder hat die Leute so zu gewinnen gewußt, daß sie ihm von jedem Fund dieser Art sogleich Nachricht geben; kann er ihn dann für Geld und gute Worte habhaft werden, so versäumt er die Gelegenheit nicht; was sich nicht transportieren läßt, zeichnet er wenigstens ab, und erwirbt sich so ganz in der Stille ein unsterbliches Verdienst um die Altertumskunde. Die Freude daran ist die einzige seines Lebens und auch die einzige Belohnung seiner unbeschreiblichen Mühe und Geduld. Seine Bekanntschaft machte uns großes Vergnügen; glückliche Menschen zu sehen ist der erfreulichste Anblick, und es gibt vielleicht in der Welt keine glücklicheren als diese Sammler, besonders wenn sie an einem Orte wie Vienne leben, wo ihnen täglich neue Ausbeute wird, die ohne sie spurlos verschwände. Es wäre sehr zu wünschen, daß in allen den vielen, in dieser Hinsicht merkwürdigen Städten des südlichen Frankreichs solche Herren Schneyder lebten, noch besser, wenn alle die zerstörenden Jahrhunderte hindurch dort immer solche Männer gelebt hätten.

Die Sammlung, welche Herr Schneyder auf diese Weise zusammengebracht hat, ist unglaublich groß, wenn man den kleinen Kreis betrachtet, auf den er sich beschränken mußte; leider aber besteht sie fast nur aus Fragmenten. Mehrere große Stücke antiker Fußböden von Mosaik zogen uns besonders an, da sie historische Darstellungen enthalten, wie wir sie bis jetzt noch nicht gesehen hatten. Die fast unzählbaren Zeichnungen, welche Herr Schneyder in großen Mappen aufbewahrt, sind alle von seiner eigenen Hand bis ins kleinste Detail höchst sauber und zierlich ausgeführt. Was sich an Mauern, in Häusern, in Kirchen, in Ställen, ja in den abgelegensten Winkeln in und um Vienne von römischen Altertümern noch erhalten hat, griff er mit kunstreicher Hand auf und bewahrte wenigstens den Schatten davon vor gänzlichem Untergange. Nur sah er dabei zu viel in die Vergangenheit und suchte die Zerstörungen der Zeit durch seine Phantasie zu ersetzen. Wohl mag alles noch weit herrlicher gewesen sein, als er es darstellt, aber im gegenwärtigen Zustand hätten wir viele seiner Originale in der Zeichnung nicht wiedererkannt. Die Barbarei des Fanatismus, die hier so viel Schönes vernichtete, teils durch mißverstandene Heiligung entheiligte, ist sein größter Kummer. Schmerzlich beklagte er eine schöne Säule von *Verde antico**, die vernichtet ward, um den Altar einer Kirche mit dem kostbaren Material zu bekleiden; dann ein prächtig gearbeitetes Kapitäl einer korinthischen Säule, das jetzt, ausgehöhlt, zum Taufbecken dienen muß, und unzählige Inschriften und Basreliefs, die von den Marmortafeln heruntergehauen wurden, damit diese hernach zu Leichensteinen verbraucht werden könnten.

Bei einer armen Bauersfrau nahe an der Stadt, zu welcher Herr Schneyder uns wies, sahen wir die lieblichste Kindergruppe von Marmor, die man sich nur erdenken kann, und dazu bis auf einige unbedeutende Kleinigkeiten ganz vollkommen wohl erhalten; was um so mehr zu bewundern ist, da die Frau sie vor etwa anderthalb Jahren beim Graben in ihrem Weinberg kaum zwei Fuß tief unter der Erde fand. Sehr bereitwillig holte sie ihre Engelein, wie sie sie nannte, aus ihrem Kasten hervor, wo sie, in grünen Flor gewickelt, auf ihren Sonntagskleidern recht weich gebettet lagen. Die Gruppe stellt ein paar Knaben von ein- bis zweijährigem Alter fast in Lebensgröße vor; der ältere hält mit der linken Hand einen Vogel fest an die Brust gedrückt und wehrt mit vorgehaltenem Arm den kleinen Bruder ab, der ihm den Vogel entreißen will und, da er dessen nicht habhaft werden kann, ihn in kindischem Grimme in den Arm beißt. Der ältere Knabe scheint bei dem Bisse des schwachen Säuglings keinen Schmerz zu fühlen, sondern sieht, halb lächelnd, dem ohnmächtigen Zürnen zu; die Körperchen, die Köpfchen, Ausdruck und

* *Verde antico* (ital.) – grüner, im Altertum wie Marmor verwendeter Stein.

Stellung kann man sich nicht lieblich genug vorstellen. Ein Baumstamm steht jedem der Kinder zur Seite; neben dem älteren windet eine Schlange sich daran hinauf, neben dem kleineren kriecht eine Eidechse in die Höhe, welche nach einem Schmetterling schnappt. Nur der eine Flügel des Vogels und ein Finger des kleineren Knaben fehlen diesem unbeschreiblich reizenden antiken Kunstwerk, übrigens ist es ganz unversehrt.

Mehrere, welche diese Gruppe sahen, haben allerlei Allegorien darin finden wollen; Herr Schneyder hält sie, wahrscheinlich mit Recht, für Porträts zweier Kinder irgendeines reichen, vornehmen Römers, der sie vielleicht zufällig in dieser Stellung sah und sie so von einer Meisterhand abbilden ließ; die Schlange, die Eidechse, den Schmetterling erklärt er für unbeutende willkürliche Verzierungen des Künstlers. Die Eignerin dieser Gruppe sah mit einigem Wohlbehagen unserer Freude darüber zu, dann küßte sie ihre Engelein, wickelte sie wieder in den grünen Schleier und legte sie sorgsam in ihr Bett. Arm wie sie ist, will sie sie jetzt doch nicht verkaufen, obgleich der Präfekt ihr eine für sie bedeutende Summe dafür geboten hat, um sie nach Paris ins Museum zu schicken. Wenn einmal die *Mylords Anglois* mit großen Beuteln voll Guineen wieder ins Land kämen, dann, meinte sie, könnte sie sich vielleicht entschließen, ihre Engelein wegzugeben, obgleich es ihr sehr schwer fallen würde; sogar von Reisenden und auch von uns etwas für die Mühe des Vorzeigens anzunehmen, weigerte sie sich, und es kostete wirklich Überredung, sie dazu zu bewegen.

Nachdem wir uns in Vienne lang genug bei den Überresten des Heidentums aufgehalten hatten, besuchten wir auch die große alte Kirche *St. Maurice*, eine der schönsten in Frankreich. Schon die Höhe, auf welcher diese prächtige Kirche steht, gibt ihr ein imposantes und feierliches Ansehen; achtundzwanzig breite steinerne Stufen führen zu ihr hinauf. Die reichen Verzierungen des Portals, die Statuen, welche die Fassade schmückten, wurden in der Revolution zerstört und verstümmelt, ohne daß der majestätisch große Eindruck des Ganzen darunter litt. Lange ward sie als Fourage-Magazin* mißbraucht; jetzt war man eifrig damit be-

* *Fourage-Magazin* – Lager für Lebensmittel und für Pferdefutter.

schäftigt, sie wenigstes im Inneren wieder herzustellen, um sie aufs neue zum Gottesdienst weihen zu können. Die prächtigen gemalten Fenster, einige Altäre, vieles schön gearbeitetes, altes Schnitzwerk und einige Monumente sind wie durch ein Wunder dem allgemein herrschenden Zerstörungsgeist entgangen. Das marmorne Denkmal, welches hier zu Anfang des vorigen Jahrhunderts dem Kardinal Armand de Montmorin errichtet ward, gehört gewiß zu den besten plastischen Kunstwerken jener Zeit und steht fast unverletzt da. Es ist die Arbeit des berühmen Renatus Michael Slodts*, eines Sohnes des ebenfalls rühmlich bekannten Bildhauers Sebastian Slodts, der gegen das Ende des siebzehnten Jahrhunderts von Antwerpen, seiner Vaterstadt, nach Paris zog, wo er in Kirchen und anderen öffentlichen Gebäuden manches bedeutende Denkmal seiner Kunst hinterließ.

Der Sohn übertraf indessen seinen Vater bei weitem. Er brachte eine lange Reihe von Jahren in Italien, namentlich in Rom zu, wo man ihn für einen der ersten Künstler seiner Zeit anerkannte. Dort steht noch in der Peterskirche die Statue des heiligen Bruno von seiner Hand. Er stellte den Heiligen in dem Moment dar, in welchem dieser die ihm angetragene Bischofswürde ausschlägt, und sein Werk wird noch immer, seines seltenen Kunstwertes wegen, als ein Meisterstück jener Zeit betrachtet und bewundert. Slodts wußte mit echt niederländischem Kunstfleiß, und dennoch fern von aller Ängstlichkeit, den Marmor mit unendlicher Sauberkeit zu behandeln und ihm Geist und Wahrheit zu verleihen; er war ein trefflicher Zeichner; seine Gestalten, vor allem seine Gewänder zeichnen durch ungesuchte Grazie und treues Nachahmen der Natur sich aus, und seine Zeitgenossen hielten ihn so hoch, daß sie ihn sogar den zweiten Michelangelo nannten.

Auch dieses Denkmal des Kardinals Armand von Montmorin vollendete der Meister noch während seines Aufenthalts in Rom, von wo er aber bald darauf nach Paris sich wandte, um dort bis an das Ende seines Lebens zu bleiben. Der Kardinal ruht in halb liegender Stellung, im vollen priesterlichen Ornat; mit der Linken

---

* *Slodts* – eigentlich: *Slodtz:* französische Künstlerfamilie flämischen Ursprungs; ihr bedeutendstes Mitglied war der Bildhauer *Réne-Michel,* genannt *Michel-Ange* (1705 bis 1764).

hält er die Rechte seines neben ihm stehenden Nachfolgers, der dieses Monument errichten ließ, mit der Rechten deutet er auf den Bischofsstab und die Mitra, welche beide neben dem Sarkophag auf einem Kissen ruhen; ein Genius hält das Wappenschild des Nachfolgers, das des Hauses Montmorin ist an dem Sarkophag angebracht. Die Köpfe der beiden Kardinäle sind edel und ausdrucksvoll, besonders der des Sterbenden; die Ausführung des Ganzen höchst vollendet, vorzüglich in den gut gehaltenen Draperien. Die Spitzenkanten unten an den Chorröcken sind fast bis zur Täuschung fein gearbeitet.

Gegen Abend verließen wir Vienne, um die wenigen Meilen bis Lyon vollends zurückzulegen. Zuerst empfing uns ein von der Rhône durchströmtes Felsental, dann kamen wir an reichen Kornfeldern, blumigen Wiesen und schönen Weinbergen vorüber, bald nahe, bald entfernter vom breiten, mit grünen waldigen Inseln geschmückten Strome, bald über die Felsenreihen am Ufer, bald tief unten in schattigen Tälern, bis wir noch vor gänzlichem Einbruch der Nacht die große, einst vor allen anderen blühende Stadt erreichten, deren gänzliche Vernichtung in den Tagen der Schreckenszeit gesetzlich ausgesprochen ward und die jetzt anfing, sich vom überstandenen Elend langsam zu erholen.

Lyon

Lyon ist eine der häßlichsten, der schönsten, der größten Städte in Frankreich, auch wohl in Europa, wenn man einige Residenzen abrechnet. Dicht vor ihren Mauern vereinigen sich zwei große schiffbare Ströme, und die günstige Lage bestimmt sie zur bedeutenden Handelsstadt. Die *Saône* strömt mitten durch die Stadt und trennt den älteren Teil derselben von dem neueren, der auf einer Halbinsel oder vielmehr Erdzunge zwischen ihr und der Rhône erbaut ist. Diese begrenzt die Stadt von der Mittagsseite, an dem anderen Ufer derselben liegt eine später erbaute kleine Vorstadt. Mit schönen großen Gebäuden besetzte, breite Quais schmücken die Ufer beider Ströme und bilden den schönsten und volkreichsten Teil der Stadt. Beide wurden eben mit Reihen von jungen Bäumen besetzt, weil die, welche sonst hier reichen Schatten gaben, in der Revolution gefällt wurden.

Die Straßen mitten in der Stadt sind beinahe alle sehr eng, schmal, winkelig und krumm, doch sieht man in ihnen viele schöne, oft sieben bis acht Stockwerk hohe Häuser; auch gibt es hier mehrere freie Plätze, zum Teil mit ansehnlichen Gebäuden umgeben, diese aber tragen besonders die Spuren teils absichtlicher, teils in der fürchterlichen Belagerung der Stadt entstandener Verwüstung.

Wir wohnten im *Hôtel de l'Europe* am großen Platz *Bellecour,* dem schönsten der Stadt, der zugleich ein Lieblingsspaziergang der Einwohner war, als die vielen Reihen prächtiger Bäume hier noch standen, die eben in der Revolution fielen und an deren Stelle man jetzt anfing, neue zu pflanzen. Mehr als zwanzig, vor wenigen Jahren noch große, prächtige Häuser lagen jetzt hier völlig zerstört als Schutthaufen da, sie wurden in der Schreckenszeit demoliert, als die Majestät des Volks, Lyon spurlos zu vertilgen, förmlich dekretierte, weil diese Stadt allein dem Schwarme der wütenden Republikaner widerstand und der alten Ordnung sowie dem König treu bleiben wollte. Jetzt fing man an, auf Befehl des Kaisers die Häuser ganz langsam wieder aufzubauen, die in wenigen Tagen vernichtet worden waren. Auch im übrigen Teil der Stadt, besonders an großen Plätzen, ist die Anzahl der auf diese Weise niedergerissenen Häuser nicht klein, aber noch größer die Zerstörung, welche die Kugeln der Carmagnolen während der Belagerung anrichteten; überall findet man noch traurige Spuren davon, besonders an dem Quai längs der Rhône. Hier liegt das sehr große, prächtige *Hôtel Dieu;* es gleicht von außen mehr einem fürstlichen Palast als einem Hospital. Zweitausend Kranke und schwache Arme werden in dieser der Wohltätigkeit geweihten Anstalt größtenteils von barmherzigen Schwestern verpflegt, aber leider stimmt die innere Einrichtung derselben nicht zu dem prachtvollen Äußeren und macht noch manche Verbesserung wünschenswert. Auf Erhaltung der Reinlichkeit der Luft wird wenig darin gesehen, hundertweise liegen die Kranken in großen Sälen zusammen, oft zwei in einem Bette, Sterbende und Genesende, und jeder muß neben seinem eigenen Jammer auch noch den der anderen ertragen.

Auf dieses Gebäude richteten die Republikaner mit tigerartiger Grausamkeit recht absichtlich ihre mörderischen Feuerschlünde und beschossen es mit glühenden Kugeln; die schöne Fassade trägt noch die Spuren davon. Sie wollten die Verwundeten, die hier hereingebracht wurden, vollends töten, und leider wurden auch viele das Opfer ihres unerstättlichen Blutdurstes.

Eine lange, mit schönen Pappeln besetzte Allee endet den Quai und geht längs der Erdzunge bis zu dem schönsten und interessantesten Punkt in Lyon, da, wo die Saône sich mit der Rhône vereinigt. Die große Wassermasse beider Ströme, der Anblick der Stadt, die mit schönen Landhäusern geschmückten, hohen, malerischen Felsenufer der Saône, die reich bebauten, hier flacheren Ufer der Rhône, die Vorstadt auf diesen, alles bildet hier eine entzückend mannigfaltige Aussicht, die sich mit keiner anderen vergleichen läßt.

Der jenseits der Saône auf einer beträchtlichen Anhöhe erbaute ältere Teil der Stadt verdankt seine erste Entstehung den Römern, die hier das alte *Lugdunum* gründeten, eine reiche, herrlich blühende Pflanzstadt zu einer Zeit, wo das jetzige Paris noch als Lutetia in seinen Sümpfen halb begraben lag. Sehr zerstörte Trümmer eines Aquädukts in der Nähe, Grundmauern eines Theaters, einiger Paläste und Tempel zeigen dem Altertumskenner noch Spuren versunkener Herrlichkeit, können aber auch nur ihn interessieren, denn kaum läßt sich aus hin und wieder zwischen elenden Hütten verstecktem altem Gemäuer die ehemalige Gestalt der einst hier stehenden Gebäude einigermaßen erraten. Der Weg zu ihnen ist höchst beschwerlich, und ihr Ablick im jetzigen Zustand nicht lohnend für den, welcher ohne anderen Zweck als den der Schaulust sie aufsucht.

Jetzt ist dieser unbeschreiblich schmutzige und dunkle Teil von Lyon der Wohnplatz seiner ärmsten Bewohner. Hier, wie in allen Fabrikstädten, stieg das Elend und die Anzahl der Armen zu großer Höhe, obgleich die Wohltätigkeit der Reichen viel für sie tut. An öffentlichen Anstalten zu ihrer Verpflegung mangelt es nicht, auch für Findelkinder und Waisen ist gesorgt, doch kann dem Übel dadurch nicht gesteuert werden, denn die immer kümmerliche Existenz dieser sehr fleißigen, arbeitsamen Menschen hängt hier mehr als irgendwo vom Gedeihen des Seidenbaus ab, und vor allem von den ewig schwankenden Gesetzen der Mode. Letztere waren ihnen seit längerer Zeit bei der allgemeineren Einführung baumwollener Zeuge nicht günstig, und das Unheil, welches die Revolution stiftete, zerstörte in Frankreich vollends allen bürgerlichen Wohlstand. Neues Erblühen des Handels und der Gewerbe können nur allmählich die Wunden alle heilen, die eine lange Reihe unglücklicher Jahre schlug. Napoleon suchte freilich durch große Bestellungen für seine ungemessene Prachtliebe die Fabriken wieder zu beleben, aber auch diese konnten doch verhältnismäßig nur wenigen Brot und Beschäftigung geben.

Die wohltätigen Stiftungen, einige Kirchen und öffentliche Gebäude ausgenommen findet der Fremde in Lyon wenig sogenannte Sehenswürdigkeiten. Bedeutende Kunstsammlungen existieren hier nicht; die Stadtbibliothek war sonst, als die zahlreichste in Frankreich, nächst der in Paris sehr merkwürdig, aber die Carmagnolen quartierten nach der Einnahme der Stadt eine große Anzahl Soldaten in dem Gebäude ein, welche sechs Monate hindurch die Bücher zum Einheizen benutzten. In welchem Zustand also diese Büchersammlung jetzt ist, läßt sich denken.

Das dermalige* Lyzeum war sonst ein großes prächtiges Jesuitenkloster, liegt am Quai der Rhône, hat aber auch während der Belagerung viel gelitten. Die Aussicht aus den Fenstern desselben auf den Strom und den gewühlvollen Quai ist wunderschön, am schönsten aber von der Terrasse, welche das Lyzeum mit dem dazugehörigen Bibliotheksgebäude verbindet. Die reiche Fassade des Rathauses, eines der schönsten Gebäude in Lyon, steht jetzt ebenfalls verwüstet da und zeigt nur noch Spuren ihrer ehemaligen Schönheit; denn die sie schmückenden Statuen und Verzierungen wurden alle heruntergerissen oder verstümmelt. Der Hof eines nahe am Rathaus liegenden ehemaligen Nonnenklosters ist jetzt als Börse der Versammlungsort der Kaufleute. Ob die frommen Schwestern, die sonst hier hausten, es im Grabe ruhig ansehen, daß so viele Männer an dem heiligen Ort jetzt Handel und Wandel treiben, und nicht zuweilen gespenstisch dazwischenfahren, wissen wir nicht, wohl aber, daß der große

* *dermalig* – veraltet für jetzig.

Raum und die ihn umgebenden, oben bedeckten Säulengänge ihrer jetzigen Bestimmung recht angemessen sind.

Die nahe an der Börse auf einer Anhöhe erbaute große alte Johanniskirche besuchten wir auch. Das Äußere derselben ist schmuckloser und weniger imposant als das der Moritzkirche in Vienne, aber der Eintritt in das Innere machte auf uns einen höchst feierlichen Eindruck. Ein rötliches Dämmerlicht erfüllte das hohe, wunderbar ineinander verschlungene Gewölbe; die hohen, gemalten Fenster erglänzten wie farbige Juwelen im Strahl der gemildert durch sie hindurchschimmernden Sonne und bildeten wunderbare Reflexe an den kühn emporstrebenden Pfeilern, welche das Gewölbe unterstützten. Überall herrschte feierliche Stille in dem großen, der Andacht geweihten Tempel.

Ein sehr künstliches Uhrwerk in dieser Kirche war sonst berühmt; es zeigte nicht nur Tage, Stunden, Minuten und Sekunden, auch die hohen Festtage, den Mondwechsel, die Jahreszahl und alles, was auf die Zeit Bezug hat, in der man eben lebt. Die Dreifaltigkeit, die heilige Jungfrau, alle Apostel, viele Heilige, selbst der Hahn des Petrus spazierten zu bestimmten Stunden heraus und hinein und machten allerhand Künste. In der Belagerug ward auch dies Kunsstück verdorben und wird wohl schwerlich wieder in den vorigen Zustand versetzt werden können.

Vom Turm der Kirche, den wir bestiegen, überblickten wir die ganze große Stadt zu unsern Füßen und ihre, von zwei großen Flüssen durchströmte, wunderschöne Umgegend. Am fernen Horizont schimmerten die schneebedeckten Alpen der Schweiz und Savoyens uns entgegen; ein weißliches, glänzendes Wölkchen in der fernsten Ferne ward uns als der Montblanc bezeichnet, den wir hier voll froher Erwartung zum ersten Mal begrüßten.

Lyons Umgebungen

Miß Lucy hatte sich, ihrem Versprechen gemäß, wenige Tage nach unserer Ankunft wieder bei uns eingefunden und war uns eine recht liebe Begleiterin bei allen unseren kleinen Exkursionen, indem Yorick hier wenig zur Sprache kommen konnte und auch weder von frühem Aufstehen noch bösen Wegen die Rede war. Die von England so ganz verschiedene und doch so schöne Gegend um Lyon entzückte sie besonders; auch ist deren erster Anblick wahrhaft bezaubernd, besonders an den Ufern der Saône. Hohe, dicht aneinandergereihte Felsen umgeben hier den Strom an beiden Seiten, und freundliche, mitunter sehr ansehnliche Landsitze der reichen Bewohner Lyons liegen in langen Reihen am Abhang der bis oben hinauf mit Reben und Gesträuch bedeckten Berge, aus deren reichem Blätterschmuck nur an einzelnen Stellen eine Felsenspitze schroff und kahl in malerisch gezackter Form emporsteigt. Still und silbern fließt der breite, von Booten lebendige Strom, und nur die sehr schöne Chaussee trennt ihn von den Gärten, welche die Landhäuser an beiden Ufern rings umgeben.

Wie ein Smaragd in Silber gefaßt liegt, nicht sehr entfernt von der Stadt, die Insel *Barbe* mitten in der sich an dieser Stelle sehr ausbreitenden Saône. Sie ist der Lieblingsort der Lyonaiser, welche keine eigenen Landhäuser besitzen, das heißt fast aller aus dem Mittelstande, denn hier hat nicht jeder Schuster oder Schneider seine Bastide wie in Marseille. Sonntags und an den Feiertagen wimmelt es auf der Insel von fröhlichen Menschen, die dort alles finden, was besonders dem Franzosen zum Leben untenbehrlich ist; dahin gehört ein hübscher Garten an dem wohleingerichteten Gasthof, vorzüglich Musik, Tanz, Erfrischungen und vor allem Gelegenheit zu schwatzen, zu sehen und gesehen zu werden.

Das Landhaus und der Garten, welche man für die schönsten um Lyon hält, gehören einem sehr angesehenen Kaufmann, dem wir adressiert waren. Der Eigner hatte die Güte, uns selbst in seiner schönen Besitzung herumzuführen; dabei erwähnte er wiederholt und mit großem Behagen, daß das Haus genau nach dem Plan des Schlosses zu Versailles erbaut und dabei hier auf jeden dortigen Fuß ein Zoll* gerechnet sei. Einem Franzosen ist bekanntlich Versailles das erste Wunder der Welt, wir aber konnten nur die Idee etwas wunderlich finden, ein solches großes Modell zum bürgerlichen Wohnhause zu machen. Unerachtet des sehr kleinen Maßstabes hat dieses Gebäude noch immer ein schloßartiges, grandioses Ansehen, aber ihm mangelt die zierli-

* *1 Zoll* – zwischen 2,3 und 3 cm.

che, häusliche Bequemlichkeit, die bei einem ländlichen Aufenthalt uns vor allem wünschenswert erscheint und welche den kleineren englischen Landhäusern einen so unbeschreiblichen Reiz gibt. Ein hübsches Blumenparterre vor dem Haus mit zwei ziemlich hohen Springbrunnen, und an beiden Seiten mit schattenden Alleen umgeben, kam uns zwar auch ein wenig *à la mode de Versailles* vor, ist aber doch recht angenehm. Auch sind hier ein paar Kaskaden, die indessen nur bei festlichen Gelegenheiten angelassen werden und dann, vom Felsen herabströmend, sich recht hübsch machen. Dicht hinter dem Haus erhebt sich ein steiler, mit Bäumen und Gesträuch bewachsener Fels; mannigfaltige, oft etwas unbequeme Fußwege schlängeln sich dort durch die dichten Schatten und gewähren an einzelnen Stellen sehr reizende Aussichten auf den Strom, auf das entgegengesetzte Ufer und auf die Insel Barbe. Diesem Teil der Anlagen erzeigt man die Ehre, ihn einen englischen Park zu nennen; denn die Franzosen haben, wie auch hin und wieder die Deutschen, gar sonderbare Begriffe von dem, was ein solcher Park eigentlich ist.

Die übrigen Landsitze um Lyon sind, bei weniger Prätention, von minder vornehmem Ansehen, mitunter aber auch recht groß und schön. Alle haben eine herrliche Lage und köstliche Umgebungen, aus denen sich viel Schönes machen ließe; doch konnten wir nun einmal den kleineren französischen Gärten im neueren Stil wenig Geschmack abgewinnen, da wir die englischen kannten, wo man bei beschränktem Raum es selten versucht, etwas Großes machen zu wollen, sondern sich mit einem einfachen, mit Blumen geschmückten Grasplatz und einigen von blühendem Gesträuch umgebenen, schattenden Baumgruppen gern begnügt.

Die großen altfranzösischen Gartenanlagen, welche in altertümlicher Pracht die königlichen Schlösser umgeben, sind in ihrer Art wahrhaft schön und imponierend, solange sie bleiben, was sie sein sollen, eine Fortsetzung der großen Galerien und Säle des Palastes, wo sich der stattlich geschmückte Hof im Freien ergehen kann. Sowie sich dieses Volk aber der Natur nähern will, wird es kleinlich und manieriert, und in seinen ländlich sein sollenden Gärten mußten wir immer bei jedem Schritt an die in rosa Atlas gekleideten, zierliche Schäferstäbe in den Händen haltenden Schäfer und Schäferinnen seiner Bühnen und seiner Idyllen denken als die einzige zu diesen Landschaften passende Staffage.

So reizend uns die Lage aller dieser Landhäuser an der Saône auf den ersten Anblick erschien, so fühlten wir doch, daß diese Gegend uns auf die Länge zu einförmig erscheinen würde. Den Aussichten mangelt nämlich alle Ferne, aller Mittelgrund; man sieht ewig nur den Strom, die Insel, das gegenüberliegende, freilich herrlich bebaute Ufer und seine waldbekrönten Felsen. Wer nicht wie eine Gemse klettern kann oder mag, ist einzig auf das lange, schmale Tal beschränkt, hat keinen anderen Spaziergang als den längs dem Ufer des Stromes auf der Heerstraße und muß immer wieder umkehren, um denselben Weg zurückzugehen, den er hinwärts nahm. An den Ufern der Rhône ist es hier ebenso; diese sind indessen weniger mit Gartenhäusern angebaut, weil sie weniger schön und flacher sind, und werden deshalb seltener besucht.

Lyoner Fabriken

Unzählige Bedürfnisse des Luxus und der Mode, die nirgends besser und wohlfeiler als in Lyon befriedigt werden können, machen diese Stadt merkwürdig und berühmt. Unmöglich ist es, nur alle die einzelnen Artikel aufzuzählen, welche fleißige Hände hier in großer Menge hervorbringen; sie kleiden und putzen halb Europa. Alles wird hier gewoben und gearbeitet. Seidene Stoffe, Bänder, Stickereien, die schönsten, die man sich nur denken kann, in Gold, Seide und Baumwolle, goldene und silberne Tressen und Verzierungen aller Art, Knöpfe, Petinet,* Gaze, Samt. Das lange Register von allem, was hier in den vielen Manufakturen entsteht, würde leicht ermüdend und doch nie vollständig werden, weil jeder Tag neue Erfindungen hervorbringt. Wir wünschten sehr, die Entstehung einiger Hauptfabrikate vom Anfang an zu sehen, aber das ist in Lyon unmöglich. Die nach englischer Art eingerichteten Maschinen, auf welchen die Seide gesponnen wird, sind alle teils auf dem Lande, teils in kleineren Städten, und die Seide selbst wird daher schon zum Weben

* *Petinet* – Stoffart mit regelmäßig verteilten Durchbrechungen.

bereitet eingeführt. Die Arbeiter der Fabriken betreiben ihr Geschäft einzeln in ihren Wohnungen; das rohe Material wird ihnen vom Fabrikherrn geliefert, das Muster vorgeschrieben und die Arbeit nach dem Stabe bezahlt. Daher muß man einen in Lyon wohlbewanderten Führer haben, wie wir ihn auch glücklicherweise gefunden hatten, der die einzelnen Wohnungen der vorzüglichsten Arbeiter kennt, wenn man nur etwas davon sehen will. Dennoch ist der Anblick bei weitem nicht so belehrend und interessant als der, welchen die großen Fabriken in England gewähren, wo alle Arbeiter, in einem großen Gebäude versammelt, einander in die Hand arbeiten, und jeder einzelne nur den Teil des Ganzen liefert, den er in größter Vollkommenheit hervorzubringen versteht.

Unangenehm ist es zwar, in den schmutzig-engen Straßen oft sieben bis acht Treppen hochzusteigen bis zur ärmlichen Wohnung einer fleißigen Familie, welcher der unerwartete Besuch oft störend erscheint; dennoch machten wir mehrere solche Besuche. Wir erstaunten bei jedem über die bewundernswerte Geschicklichkeit und Geschwindigkeit, mit der hier das Schönste und anscheinend Schwierigste hervorgebracht wird, während uns die augenscheinlich große Armut dieser fleißigen, durchgängig rechtlichen Menschen mit stiller Wehmut ergriff. Nichts kann schneidender kontrastieren, als ihre kümmerliche, fast nur auf das Unentbehrlichste beschränkte Existenz mit der Pracht der unter ihren Händen entstehenden, glänzenden Stoffe. Alles, womit wir unser Dasein schmücken, entspringt leider in den Hütten der Armen, oft unter Seufzern und bitteren Tränen; wir denken in unserer Freude nicht daran und dürfen es auch nicht, wenn wir nicht jeden Genuß uns zwecklos verbittern wollen; aber doch ist es uns gut, wenn wir in einzelnen Momenten daran erinnert werden, und das wurden wir hier. Die große Anzahl von Arbeitern, bei verhältnismäßig wenig bedeutenden Bestellungen, hat den Preis ihrer Arbeit so herabgesetzt, daß sie mit aller Anstrengung kaum das Notdürftigste erwerben können. So fanden wir eines Tages in einem reinlichen, aber ärmlichen Zimmer eine ganze Familie bei ihrem kargen Mittagsbrote vereint; nur die älteste Tochter, ein schönes blasses Mädchen von achtzehn Jahren, saß am Webstuhl und arbeitete emsig an einem reichen Stoff mit wunderschönen Blumen, der in *St. Cloud* die Zimmer der Kaiserin zu schmücken bestimmt war; sie webte, während ihr Vater aß, damit die Arbeit ununterbrochen fortgesetzt würde und der einzige Webstuhl, den sie besaßen, keine Minute ruhe, selbst in den Stunden des Schlafes wechselte sie so mit dem Vater; und doch sahen wir deutlich, daß dieser angestrengte Fleiß die noch aus der Mutter und ein paar kleinen Kindern bestehende Familie nur dürftig ernähre, obgleich dieser Arbeiter gewiß einer der vorzüglichsten war, da man ihm die Ausführung einer so bedeutenden Bestellung anvertraut hatte.

Also trafen wir es durchgehends bei mehreren ähnlichen Besuchen, überall Armut, und dennoch knattert der Webstuhl in allen diesen Wohnungen beinahe Tag und Nacht. Die Farbenpracht, die Schönheit der geschmackvollen Muster, welche auf ihm entstehen, übertreffen in dieser Hinsicht oft selbst die Zaubereien des Pinsels. Auch die Stickerinnen betreiben hier ihre Arbeit fabrikmäßig; sie wirken Wunder mit ihrer Nadel, müssen aber leider fast immer diese mühsam erworbene Kunst mit dem früheren Verlust ihrer Sehkraft bezahlen.

Das Samtweben interessierte uns besonders, weil wir es nie vorher gesehen hatten. Die anderen Stoffe werden doch immer wie Leinwand gewoben; und das Hervorbringen der Muster hat die größte Ähnlichkeit mit dem Weben des damastenen Tischzeuges; anders ist es mit dem Samt. Eine platte, messingene Nadel, oben mit einem feinen, fast unsichtbaren Einschnitt der Länge nach versehen, wird blitzschnell zwischen die doppelten Fäden des Einschlags geschoben und dann mit einem Faden festgewebt; jedem Faden folgt eine Nadel, jeder Nadel ein Faden, bis der Webstuhl angefüllt ist. Mit einem eigenen, haarscharfen Instrument von Stahl, das genau in den Einschnitt der Nadel paßt, schneidet der Weber zuletzt die die Nadel bedeckenden Fäden auf, und das geschieht mit so unbegreiflicher Schnelle und Sicherheit, daß wir kaum mit den Augen folgen konnten. Beim ungerissenen Samt werden die Nadeln nur herausgezogen, und das Schneiden unterbleibt.

Die übrigen Fabriken übergehen wir mit Stillschweigen, um nicht zu weitläufig zu erscheinen; alle beschäftigten mehrere tausend fleißige Hände; selbst das Erfinden und Ausmalen der Muster ist ein Haupterwerb für viele, die in besseren Verhältnissen vielleicht bedeutende Künstler geworden wären.

Abb. 13: Die Insel Barbe.

Die Bewohner von Lyon und ihr geselliges Leben

Aus allem diesen geht hervor, daß das Lyoner Volk sehr arbeitsam und fleißig ist, und diese Tugend ist bei ihm der Quell vieler anderen, besonders im häuslichen Leben, die man im übrigen Frankreich weit seltener antrifft. Ihre treue Anhänglichkeit an den König, an ihren Glauben, an die Gesetze mußten die Lyonaiser mit Strömen des edelsten Blutes, mit fast gänzlicher Zerstörung ihres ehemaligen Wohlstandes büßen; und daß nicht die ganze Stadt von der Erde vertilgt ward, rechnete man ihnen noch obendrein als unverdiente Gnade an. Achttausend der geachtetsten Einwohner wurden nach dem endlichen Einrücken der Carmagnolen in dieser Stadt hingerichtet; die Frauen fielen unter dem Mordbeil der Guillotine; die Männer wurden in Masse dicht vor der Stadt erschossen, weil das Guillotinieren den Mördern zu langsam dünkte. Die Kanonen, mit denen man sie mordete, waren mit gehacktem Eisen geladen; nach mehreren Schüssen, als alle niedergesunken waren, rief man den nur Verwundeten zu, sich aufzurichten, weil man sie begnadigen wolle; viele folgten dem Ruf und wurden im nämlichen Moment von neuen Schüssen zu Boden gestreckt. Niemand durfte den Sterbenden nahen, alle lagen hilflos verlassen, bis der Tod ihrer Qual ein Ende machte.

Der Sohn eines dieser Ermordeten erzählte uns diese grauenvolle Geschichte an dem Orte, wo sie geschah, auf einer großen Wiese vor dem Tor; er selbst war damals noch nicht dem Knabenalter entwachsen gewesen, nur seine Jugend hatte ihn vor einem ähnlichen Schicksal bewahrt. Es lebt keine angesehene Familie in Lyon, die nicht an diesem verhängnisvollen Tage durch den Verlust naher Verwandter und Freunde in tiefe Trauer versetzt ward; der größte Teil dieser Schlachtopfer waren Hausväter, die sonst in Ehre und Ansehen lebten, alle ausgezeichnet rechtliche Männer aus dem Bürgerstande.

Unfern der Wiese, auf welcher die Väter langsam verbluteten, fielen wenige Tage vorher ihre Söhne in einer Pappelallee, dreitausend blühende Jünglinge, fast alle aus den ersten Familien der

Stadt, die sich mutig den eindringenden Tigern entgegenstellten und nicht wankten und wichen bis in den Tod. Sie waren die Glücklichen, sie starben mit dem Degen in der Hand im gerechten Kampfe, vor ihrer Eltern schmachvoller Ermordung, deren Anblick ihr ehrenvoller Tod ihnen ersparte.

Wenn wir alle diese blutigen Greuel hier auf dem Schauplatz derselben von Augenzeugen erzählen hörten, von jungen Männern, deren Väter, deren Freunde und Verwandte zum Opfer wurden, so staunten wir, daß hier noch ein Mensch in Lyon fröhlich sein oder gar lachen kann. Wir begriffen die Möglichkeit nicht, hier zu leben, davon sprechen zu können, ohne vor Schmerz zu vergehen. Die vielen Blumen auf der unseligen Wiese sahen wir, mit Blut befleckt, blühen; die hohen Pappeln flüsterten uns schauerlich wie Seufzer der unschuldig Gemordeten; aber der diesem Volke angeborene Leichtsinn weiß nichts von alledem. Daß die Franzosen keine Sehnsucht kennen, ist ebenso bekannt, als daß ihre arme Sprache kein Wort für dieses Gefühl hat; indessen, auch Erinnerung scheint ihnen zu mangeln; sie haben es nicht nötig, ein unglückliches Geschick allmählich zu verschmerzen, sie vergessen es, sowie es überstanden ist. Das Geschichtliche davon bleibt ihnen zwar, aber der Eindruck davon verfliegt. Wie wäre es sonst möglich, daß wir hierhergeführt wurden als zu einer Merkwürdigkeit?

Der Charakter der Bewohner von Lyon ist jedoch ernster, sittlicher, als es in Frankreich sonst gewöhnlich der Fall ist. Fast möchten wir sagen, sie haben etwas Deutsches in ihrer Art zu sein, was wohl aus ihrem tätigen, arbeitsamen Leben entspringt, vielleicht auch mit der Nähe der Schweiz zusammenhängt. Sie tanzen, sie singen zwar auch, und während der Carnavalszeit geht es ebenfalls in Lyon unter Armen und Reichen gar lustig her; aber ihre Freude ist geregelter als in anderen französischen großen Städten und artet seltener in niedere Ausschweifung aus. Der Luxus ist geringer, und die alles verwüstende Spielsucht ein hier fast unbekanntes Laster, das wenig Gelegenheit zur Befriedigung findet. Der ehemalige Wohlstand, welchen der sonst blühende Handel in dieser großen Stadt verbreitete, ist mit seiner Quelle in der Schreckensperiode ganz gesunken. Zwar fängt man an, sich allmählich zu erholen, und die großen Manufakturen und Handelshäuser erheben ihre Häupter wieder, aber die ärmere Klasse wird noch lange mühselig arbeiten müssen, ehe ihr die vergangenen guten Zeiten wiederkehren.

Den geselligen Ton in den Häusern bedeutender Kaufleute fanden wir sehr angenehm; es liegt etwas Herzliches, etwas Familienhaftes darin, das uns oft an unser Deutschland mahnte. In den Häusern herrscht Ordnung und Reinlichkeit, aber wenig Prunk, und alles deutet darin auf freundliche, ruhige Häuslichkeit, auf trauliches Zusammenleben der Mitglieder der Familie unter sich, bei sehr zuvorkommender Gastlichkeit gegen Fremde. In Lyon fällt es niemandem ein, ein zweites Paris daraus zu machen, obgleich die Stadt nicht minder groß und volkreich ist als Bordeaux und Marseille. Kleidung und Sitte der Frauen sind bescheiden; den Tag über gehen die Männer ihren Geschäften nach, später suchen sie Erholung im Kreise ihrer Familie und ihrer Freunde. Das Visitenwesen wird weniger eifrig betrieben, aber abends um sieben oder acht Uhr versammeln sich gute Bekannte ungeladen bald in diesem, bald in jenem Hause. Der ältere Teil der Gesellschaft spielt ein sehr niedriges Spiel, die jüngere Welt belustigt sich auf ihre Weise, oft mit Musik und Tanz, zuletzt wird ohne viel Umstände ein leichtes Abendessen aufgetragen, wie es eben vorhanden ist. Denn da man hier durchgängig zwischen zwei und drei Uhr zu Mittag ißt, so gibt es auch einen Nachmittag und Abend; und die gute, alte, fröhliche Sitte, miteinander zu Abend zu essen, ist nicht in Lyon, wie sonst fast überall, verschwunden.

Bei größeren dazu eingeladenen Gesellschaften, deren es viele gibt, sind diese Abendessen recht gewählt und reichlich und ohne Überfluß; doch bleibt auch bei ihnen der Ton der Gesellschaft leicht und fröhlich. Hohes Spiel sahen wir nie, selten eine Bouillotte, und nirgends hört man, wie in Bordeaux, das ewige Klappern der Würfel.

Ins Theater, zu öffentlichen Konzerten und Bällen darf jede rechtliche Frau ihre erwachsenen Töchter führen, ohne Furcht, sie in schlechte Gesellschaft zu bringen; denn das Laster wandelt hier nicht öffentlich mit frecher Stirn wie in Marseille. Das Schauspielhaus ist weder von innen noch außen elegant und steht in dieser Hinsicht weit hinter denen anderer großer Städte zurück, aber die Truppe gehört zu den besten in Frankreich; auch wird das Theater fleißig besucht, und wir wohnten mehreren Vorstellungen, besonders von Lustspielen, bei, die bei vollem aufmerksamen Hause recht vorzüglich gut gegeben wurden. Ballette fehlten noch jetzt, doch sprach man davon, daß auch diese für die Zukunft eingerichtet werden sollten. Von kleinen Nebenschauspielhäusern vernahmen wir nichts, diese mußten also hier wenigstens nicht vorzüglich sein; auch hat die minder begüterte Klasse wohl schwerlich viel Zeit oder Geld darauf zu verwenden übrig.

Alle Gebräuche der katholischen Kirche werden von den Einwohnern Lyons streng beobachtet, und niemand versäumt leicht die Messe. Wir sahen eine große Prozession durch alle Straßen ziehen, von mehreren Tausenden der Einwohner begleitet, welche den Himmel um gedeihliches Wetter für die Seidenwürmer anflehte. Die vielen Priester, welche sie anführten, waren fast alle hochbejahrte Greise, die während der Schreckenszeit, welche ihnen den Tod drohte, von den Frommen mit eigener Lebensgefahr geborgen wurden.

Der Tag unseres Abschiedes von Lyon war auch der von Miß Lucy, die nun mit schnelleren Schritten ihrem Vater in Verdun zuzueilen beschloß; und so wandten wir uns auf verschiedenen Wegen voneinander, wahrscheinlich für immer.

Reise von Lyon nach Genf

Noch eine gute Strecke weit begleitete uns die Rhône durch eine entzückende Gegend; die hohen Alpen Savoyens und der Schweiz winkten uns aus der Ferne, jede Krümmung des breiten, wildbrausenden Stroms gewährte eine neue lachende Aussicht, und sowie wir weiter kamen, schien uns immer die, welche eben vor uns lag, noch schöner als die, welche wir eben bewundernd verlassen hatten. Hinter der ersten Station verloren wir die Rhône aus dem Gesicht, aber die Gegend blieb sich gleich an mannigfaltigem Reichtum. Bald kamen wir an großen Kornfeldern vorbei, bald an Weingärten, an grünenden Höhen und großen schattenden Baumgruppen. In mannigfaltigen Krümmungen windet sich der nicht breite, silberklare Strom *Ain* durch ein blühendes Tal, das uns lebhaft an das schöne Tal Richmond bei London erinnerte. Die prächtigen Villen, die dort die Ufer der reichen Themse verschönen, fehlen hier freilich, aber deren Stelle ersetzen rebenumschattete Bauernhäuser und freundliche Dörfer, deren Bauart und Reinlichkeit schon die Nähe der Schweiz verkünden. Alles hat hier ein wohlhabendes ländliches Ansehen.

Vier große Poststraßen stoßen in *Pont d'Ain* zusammen, daher wimmelt es in dem kleinen Ort immer von Fremden aus allen Gegenden. Das Posthaus ist hier der einzige gute Gasthof; auch diesmal waren beinahe alle Zimmer darin besetzt, und wir mußten uns glücklich preisen, noch leidlich für die Nacht unterkommen zu können. Am folgenden Morgen fuhren wir schon um fünf Uhr ab. Wir hatten freilich nur noch zwölf Posten oder deutsche Meilen vor uns, die man sonst auf den herrlichen Chausseen in acht oder zehn Stunden bequem zurücklegen kann, aber die vielen Berge sind hier dem schnellen Fahren nicht günstig. Gleich hinter Pont d'Ain geht es schon bergauf; und bald waren wir mitten im Gebirge, aber im schönsten, freundlichsten der Welt. Selbst die höchsten Felsen schmückt das herrlichste Grün, jedes der Kultur fähige Fleckchen ist sorgältig benutzt; und selbst in England sahen wir kein besser angebautes Land. Alle Nachtigallen aus Hyères schienen uns hierher gefolgt zu sein, und die frische Morgenluft umwehte uns mit dem Duft der blühenden Hecken und tausend würziger Bergkräuter.

Hinter *Cerdon* gelangten wir an den höchsten Berg, den wir für heute zu übersteigen hatten; er heißt *Mont Cerdon* und gehört schon zu der großen Bergkette des Jura, welche Savoyen von Frankreich scheidet. Hin und wieder ist der Weg ziemlich steil, aber die breite vortreffliche Kunststraße und die an diese Berge gewöhnten Pferde ließen keinen Gedanken an Gefahr aufkommen, obgleich der Abgrund zur Seite uns oft fürchterlich genug angähnte. Denn in dieser sonst so schönen Straße fehlen die steinernen Brustwehren, welche man in England an jedem Abhange und hin und wieder auch in der Provence trifft. Wir kamen jetzt durch eine der romantisch-schönsten Gegenden, die wir kennen. Bald fuhren wir hoch auf den Bergen, dann tief unten in einem von Bergströmen durchrauschten Tale, dann am Ufer eines stillen Sees, immer im Schatten duftender Wälder, umgeben von malerischen, reich bewachsenen Felsen. Rosen blühen in den Gärtchen, welche die freundlichen Hütten des Landmannes umgeben; und von den Bergen schimmern Wiesen und Kornfelder ins Tal herab, die aus der Tiefe wie einzelne Gartenbeete sich ausnehmen. An einer der schönsten Stellen dieses romantischen Weges stehen auf zwei hohen, aus einer tief zwischen ihnen liegenden engen Kluft senkrecht steil emporsteigenden Felsengipfeln die grauen Ruinen zweier uralter Schlösser einander gegenüber. Brausend und schäumend stürzt sich ein wilder Waldstrom dicht daneben hinunter ins tiefe Tal, und nur sein Tosen und das Singen der Vögel im Walde unterbricht die feierliche Stille dieser herrlichen Einsamkeit.

Im kleinen Dörfchen *Bellegarde,* das mitten in einer wilden Felsengegend einsam liegt, verließen wir unseren Wagen, um uns zur *perte du Rhône* führen zu lassen, während die Pferde gewechselt wurden. Wir stiegen hinab in ein nahes, von hohen waldigen Felsen eingeschlosses, enges Tal. Unten in ihrem Felsenbett eingepreßt brauste, zürnender als je, die hier sehr schmale, aber unergründlich tiefe Rhône. Bald standen wir an der Brücke, welche die mächtige Natur über sie aus Felsen wölbte. Donnernd stürzt der Fluß hinab in einen unsichtbaren Abgrund, dessen Tiefe noch niemand ermessen konnte, und verschwindet. Die Felsendecke, welche den Strom völlig verbirgt, indem sie sich über ihn wölbt, ist hohl und gedoppelt, wie die Einwohner der Gegend behaupten. Man kann, freilich wohl mit Lebensgefahr, hinabsteigen, unter ihr wie in einer Höhle trockenen Fußes eine ziemliche Strecke fortgehen und hört das Brausen der Rhône noch weit tiefer unter der Erde. Etwa fünfzig Schritte vom Fall dringt der Strom aus seinem dunklen Gefängnis wieder an das Sonnenlicht hervor und setzt, immer noch wild aufgeregt, seinen stürmischen Lauf über große Felsenblöcke schäumend fort. Wir standen lange auf einer schwankenden hölzernen Brücke nahe am Fall und sahen dem Tosen der widerstrebend in das Innere der Erde stürzenden Wassermasse zu. Die Wellen brechen sich an den Seitenwänden des Abgrundes und sprühen schäumend hoch empor, als scheuten sie die furchtbare ewige Nacht da unten; sie überströmen beim Zurückprallen einen Teil der Felsendecke, die dadurch weit kleiner erscheint, als sie wirklich ist. Die Umgebungen dieses furchtbar schönen Schauspiels sind von hoher romantischer Schönheit, aber die gar nicht zu befriedigende Zudringlichkeit einer Unzahl von Bettlern, die mit unerträglichem Geschrei allen Genuß zerstören, vertrieb uns nur zu bald. Sie müssen eigene Wachen aufstellen, die sie von der Ankunft der Fremden gleich benachrichtigen: denn aus allen Klüften, über alle Felsenwege strömten sie herbei, und keine Gabe konnte uns von ihrer widrigen Gegenwart befreien.

Von Bellegard aus wird das Gebirge immer wilder. Das kleine pittoreske *Fort d'Ecluse* liegt hinter dem Städtchen *Collonges* auf einem steilen Felsen wie ein Schwalbennest. Dort mußten wir noch einmal unseren Paß visieren lassen; während dies geschah, ergötzten wir uns an der romantisch wilden Umgegend, die wir von dieser Höhe übersehen konnten. Tief im Tal fließt die hier einem Mühlbach ähnliche Rhône; jenseits derselben beschränken die Savoyer Berge die Aussicht, und in der Ferne kränzen die schneeigen Gipfel des Jura den Horizont. Alles funkelte im Strahl der sinkenden Abendsonne wie in einem Goldmeer; der Anblick war in dieser Beleuchtung bezaubernd schön, und wir mußten in laute Bewunderung desselben ausbrechen. Ein kleiner, kaum zwanzigjähriger Unteroffizier, der unser Entzücken belauschte, riß uns aus der Begeisterung mit der Versicherung: Ecluse sei ein ganz erbärmliches Nest, in welchem er nächtens aus purer Langeweile verscheiden müsse; wir möchten uns nur einmal ein paar Wochen darin aufhalten, „dann", meinte er, „würde unsere Bewunderung der schönen Gegend wohl von selbst sich geben." Wir lachten zwar über den tragikomischen Eifer, bei welchem dem armen jungen Menschen fast die Tränen in die Augen traten; doch konnten wir nicht umhin, ihm Recht zu geben; wir wünschten ihm Geduld und baldige Ablösung, und fuhren dann mit dem zum letzten Mal in Frankreich unterzeichneten Paß weiter, auf jetzt ganz ebenem Wege.

Die Gebirge des Jura vermischten sich bald mit den Wolkengebilden, die sich nebelig und grau erhoben; bald wich die Dämmerung der Nacht; in der Dunkelheit konnten wir es nur erraten, daß wir zwischen blütenreichen Gärten hinfuhren, deren Balsamduft nach diesem heißen, ermüdenden Tage uns erquickend umwehte.

Genf

Diese Stadt machte auf uns den angenehmsten Eindruck, als wir sie am folgenden Morgen bei hellem Sonnenlicht durchstreiften. Bei Reisenden, die aus Deutschland hierher gelangten, mag der Fall vielleicht umgekehrt sein; doch uns, die wir von Frankreich kamen, wurde in Genf ganz heimatlich zumute. Die allgemein übliche Sprache blieb zwar immer noch die französische, obgleich wir in den Straßen auch mitunter Schweizerdeutsch reden hörten; doch alles übrige erinnerte uns recht freundlich an das lang entbehrte Vaterland, die Physiognomien der Einwohner, ihr Gang, ihre Art sich zu kleiden und sich zu bewegen, und vor allem die große Reinlichkeit der Häuser und Straßen, die hellen gewaschenen Fenster; eine Erscheinung, deren wir in Frankreich ganz ungewohnt worden waren.

Die Stadt Genf ist nicht groß, aber sie hat meistens gerade, ziemlich breite Straßen und viele recht ansehnliche, oft vier bis fünf Stockwerk hohe steinerne Häuser, nur werden letztere zum Teil durch ein über der Haustür angebrachtes hölzernes Vordach entstellt. Auch die langen Reihen kleiner Krambuden konnten wir nicht schön finden, die man in deutschen Städten wohl zur Zeit des Jahrmarktes sieht, die aber hier das ganze Jahr hindurch ihren Platz behaupten. Man findet sie dicht aneinandergereiht in den schönsten, breitesten Straßen, den Häusern, zu welchen sie gehören, gegenüber, und die Straße selbst wird durch sie der Länge nach in zwei ungleiche Hälften geteilt.

Es schien uns überhaupt, als ob die Einwohner von Genf ihre hübsche Stadt absichtich zu verunstalten suchten: denn in anderen Straßen erblickten wir eine sehr seltsame Vorrichtung, die Fußgänger gegen den Regen zu schützen, die durchaus nicht zur Verschönerung beitrug. Den Regen scheinen die Schweizer überhaupt sehr zu fürchten: denn auf unserer weiteren Reise durch ihr Land fanden wir überall die ernstlichsten Maßregeln gegen das Naßwerden getroffen. Alle Brücken haben hölzerne Bedachungen; in vielen Städten laufen Bogengänge unter den Häusern hin, wo man gemächlich im Trockenen wandeln kann; und in Schwyz sahen wir sogar Gänsemädchen und Kuhhirten, zwar barfuß, aber dennoch mit Regenschirmen versehen, hinter ihren Zöglingen einherschreiten.

In den Straßen von Genf, von welchen hier die Rede ist, war längs den oberen Etagen der sehr hohen Häuser ein etwas gewölbtes hölzernes Dach angebaut; starke Balken unterstützten es nach der Straße zu, und da keine dieser Stützen die Höhe der Häuser erreichen konnte, so waren wieder Querbalken angebracht, auf welchen jene ruhten. Diese wurden wieder durch andere aufrecht stehende Balken unterstützt, so daß das Ganze dadurch das Ansehen eines längs der Straße hinlaufenden plumpen Baugerüstes erhielt, das einen großen Übelstand verursachte. Der Raum unter dieser wunderlichen Bedeckung wurde als eine Art Markt zum Verkauf von Obst, Gemüse und einer Menge kleiner Gegenstände benutzt; und der Verkehr schien sowohl von seiten der Käufer als der Verkäufer sehr lebhaft betrieben zu werden.

Bei alledem aber mangelt es nicht an Gebäuden und ganzen Reihen von Häusern, die auch größeren Städten zum Schmucke dienen könnten. Der höchste Vorzug von Genf bleibt immer dessen unvergleichlich schöne Lage, hart am Ufer des Sees, in einer weiten, fruchtbaren, von herrlichen Bergen umreihten Ebene.

Wir hörten einst sagen: der alte Ozean habe vor grauen Jahrtausenden im Sinne gehabt, sich mit der Schweiz zu vermählen, und ihr deshalb nach Art großer Herren diesen See als sein Miniaturbild übersendet. Er muß damals wenigstens sehr sanftmütig gesinnt gewesen sein, als er den Genfer See sich zum Abbilde erkor: denn ruhiger, stiller läßt sich nichts erdenken als diese weite, nur selten von kleinen hüpfenden Wellchen gekräuselte Spiegelfäche, auf welcher auch dem Furchtsamsten kein Gedanke von Gefahr anwandeln kann.

Vom Walliserlande kommend, wo sie entspringt, nimmt unsere alte Freundin, die Rhône, ihren raschen Lauf gerade durch den Genfer See hindurch; ihre wilden, tobenden Wellen mögen sich aber mit dieser ruhigen Flut nicht vereinen: der Schiffer erkennt ihren eilenden Gang mitten im See, und auch dem Auge des am Ufer Stehenden bleibt er bemerkbar. Dicht vor Genf geht die Rhône, in zwei Arme geteilt, wieder aus dem freundlichen See heraus, setzt den reißend eilenden Lauf durch die Stadt fort, um jenseits derselben tobend dem schönen Frankreich zuzuströmen, wo wir in ihrem tiefsten Fall und ihrer höchsten Glorie sie sahen, bis sie zuletzt mit der Saône vereint im Mittelländischen Meer sich verliert. Die Lage von Genf ist so glücklich gewählt, daß dessen Bewohner das Schöne dicht vor ihren Toren finden, ohne es in ermüdender Ferne aussuchen zu müssen. Nahe vor der Stadt, sogar im Bezirk derselben, bieten sich überall die herrlichsten Aussichten auf den See und auf die nahen und entfernteren Gebirge dar; die köstlichsten Spaziergänge laden den Freund der Natur überall ein.

Viele hundert fröhlicher Menschen sahen wir an einem heiteren Sonntag abends auf einer Wiese dicht vor einem der Tore versammelt. Zartes kurzes Gras schmückte die Wiese gleich einem Teppich von grünem Samt; rechts begrenzte die lange Kette des nahen Juragebirges drohend und finster den Blick, die höchsten Gipfel desselben bedeckte noch Schnee, im wunderbaren Kontrast mit dem blühenden Frühling um uns her; doch in den wärmsten Sommermonaten muß auch er den glühenden Sonnenstrahlen weichen. Zur Linken der Wiese erheben der große und der kleine *Mont Salève* in nicht weiter Entfernung die mit Bäumen geschmückten Felsenscheitel; weiter zurück ragt die steile schneeige Spitze des *Mole* empor, und ganz in der Ferne ziehen am Horizont blau und dämmernd die Berge bei Collonges sich hin, an denen wir auch vorübergekommen waren. Bei ganz hellem Wetter erblickt man von dieser Wiese selbst den Montblanc und seine riesigen Nachbarn, wie sie aus ihrem ewigen Winter strahlend herüberglänzen; doch bleiben sie auch oft wochenlang von Nebel und Wolken dicht verschleiert, so daß man ihr Dasein nicht ahnen kann, und dieses war leider auch an jenem übrigens sonnigen Tage der Fall.

Die ehemaligen Wälle der Stadt sind zum Teil zu reizenden Spaziergängen umgeschaffen; so sahen wir auf einem etwas niedrig liegenden Platz eine Menge der schattigsten wilden Kastanienbäume, die eben in vollem Schmuck ihrer schönsten Blüten prangten. Dieser Platz war ehemals eine Bastei und wird auch noch so genannt; in der Mitte seiner dunklen Schatten glänzt die kolossale Büste eines der unglücklichsten Menschen, des großen Rousseau, auf einem sehr hohen Piedestal. Sie besitzt, wie man behauptet, das Verdienst treffender Ähnlichkeit und ward mitten in den Zeiten der Revolution, bei einem dazu veranstalteten allgemeinen Kinderfeste, dem Freund und Beschützer der Jugend hier errichtet. Bis jetzt hatten wir nur Spuren gewaltsamer wilder Zerstörung, als den Denkmälern jener traurigen Tage, begegnet, und dieses war das erste, aus welchem ein freundlicherer Geist uns ansprach. Rousseau erschien uns dabei wie ein milder Genius, dessen Name selbst jenem verwilderten Haufen ein besseres Gefühl einzuflößen wußte. Vielleicht war unter der rohen Menge mancher einzelne, der in seiner Kindheit den wohltätigen Einfluß des Weisen von Genf an sich selbst erfahren haben mochte und dessen eingedenk war, als nichts anderes ihm mehr heilig und ehrwürdig blieb. Der Platz, auf welchem diese Büste steht, gewährt indessen keine Aussicht auf die Umgegend; im heißesten Sommer mögen seine dichten Schatten viel Angenehmes und Erquickliches haben, doch in dieser milderen Jahreszeit schien er uns sogar etwas feucht und dumpfig zu sein.

Dicht an dieser Bastei erheben sich zwei viel höher liegende Terrassen, zum Teil mit schönen Häusern eingefaßt, die eine weite, erfreuliche Aussicht über den See und die Gebirge bieten. An einer derselben liegt das recht hübsche Theater, dessen Fassade wir aber nur von außen bewunderten: denn hier sich bei Lampenlicht in der Stickluft eines Schauspielhauses einzusperren und den herrlichen Sonnenuntergang draußen ungenossen zu lassen, schien uns bei der Kürze unseres Aufenthaltes in Genf eine unverzeihliche Versündigung an uns selbst und an der Natur.

Noch schöner als die Aussicht von diesen Terrassen ist die von der nahe am Theater liegenden Promenade *la Treille*. Unabsehbar lag hier vor unseren entzückten Augen die weite dunkelblaue Fläche des Sees, von keinem Lüftchen gekräuselt, umgeben von reichen, mit tausend Landhäusern besäten Ufern, so still, so ruhig und ganz das Bild des reinsten Glückes auf Erden, in ländlicher Zurückgezogenheit, daß der Wunsch, hier auch einst seine Hütte bauen zu können, wenigstens momentan rege werden muß, wenn auch der eigentümliche Gang jedes Lebens ihn nach und nach wieder zum Schweigen bringt.

Es kann in der Welt kaum ein reicher angebautes Fleckchen Erde geben, als die Ufer des ruhigen, silbernen Genfer Sees es hier sind. Schon gleich am Tor von Genf reihen sich Gärten, mit fruchtbaren Weinbergen untermischt. Aus allem leuchtet Wohlhabenheit und häusliches Glück auf das freudigste hervor, aus den wohlgebauten reinlichen Hütten des Landmanns wie aus den zum Teil sehr schönen Landhäusern, in welchen die Bürger von Genf während der besseren Jahreszeit sich in einem milden Klima der Anmut ihrer herrlichen Natur erfreuen. Mehrere Dörfer, unter diesen auch das Dorf *Coligny*, bestehen fast nur aus solchen zierlichen Wohnungen. Nahe an letzerem führte man uns zu einem auf einer Wiese hart am See liegenden Ziehbrunnen, um bis nach Lausanne uns die weite Wasserfläche desselben von dort aus übersehen zu lassen.

Im Glanze der Abendsonne schimmerte diese Stadt, viele andere Städtchen und Dörfer neben Tausenden vereinzelt liegenden Häusern über den See hin uns entgegen. Diese Häuser glichen weißen leuchtenden Punkten, auf einem Felde von Smaragd verstreut, so sehr verkleinerte sie uns die weite Ferne; aber der heitere Himmel und die Abendbeleuchung ließen uns dennoch jeden einzelnen Gegenstand deutlich erkennen. Der Anblick über den See hin war unbeschreiblich schön, doch noch Höheres sollte uns diesmal zuteil werden: denn als wir von hier wieder nach Genf uns wandten, erblickten wir plötzlich mit unaussprechlicher Freude den mächtigen Montblanc, von Rosenlicht umflossen, so nahe, so deutlich in dieser Beleuchtung, daß das getäuschte Auge auf dem reinen ewigen Schnee beinahe Spuren menschlicher Tritte zu entdecken glaubte. Und doch waren wir noch viele Meilen weit von dem Fuße der hohen, göttergleichen Riesengestalt entfernt.

In einem Garten näher an Genf, welcher ehemals einem Bruder des berühmten Herrn von Necker gehört hatte, erfreuten wir uns nochmals dieses unbeschreiblich majestätischen Anblicks und zugleich einer anderen, nicht minder reizenden Ansicht des Sees: seiner uns gegenüberliegenden Ufer und der Stadt Genf, über welche der finstere Jura emporstieg. Der Garten selbst, zu welchem der jetzige freundliche Besitzer desselben den Fremden gern den Zutritt erlaubt, erschien uns wie ein kleines Paradies, so ländlich einfach er auch angelegt war. Denn die ausgesucht schöne Lage desselben am Ufer des Sees, im Angesichte des Montblanc, macht allen Schmuck überflüssig, den die Kunst ihm zu geben vermöchte, und erhebt ihn zu einem Kleinod von unschätzbarem Wert, das keiner kostbaren Fassung bedarf, um zu glänzen.

Einen andern lieblichen Abend genossen wir in einem von Genf nicht weit entfernten Garten, welcher ehemals dem berühmten Arzt Tronchin angehörte. Der jetzige Besitzer desselben hat mit vielem Geschmack und bedeutendem Aufwand ihn zu einem der größten und schönsten in dieser Gegend umgewandelt, doch in Hinsicht auf seine Lage muß er jenem viel kleineren und einfacheren weit nachstehen, obgleich dieser an jedem anderen Ort für einen der schönsten anerkannt werden würde. Sowie wir diesen Garten betraten, glaubten wir uns durch einen Zauberschlag plötzlich wieder nach England in einen der dortigen schönen Landsitze zurückversetzt, und zwar war die Täuschung um so vollkommener, da man im Garten selbst wenig vom See und von den Gebirgen gar nichts erblickt. Das von dem jetzigen Besitzer im italienischen Geschmack erbaute große Wohnhaus mit seinen doppelten Reihen auf Säulen ruhender Arkaden in der Front gleicht völlig dem Landhause eines reichen oder vornehmen Briten, und auch der Garten paßt auf das vollkommenste zu dem Gebäude. Er bildet, wie die englischen, eine liebliche Landschaft im Kleinen, mit zierlich gehaltenen Kieswegen, die über sanfte, mit feinem kurzen Gras bekleidete Anhöhen führen. Malerische Gruppen herrlicher alter Bäume, ein hübscher Teich, ein artiges Häuschen in diesem, zur Wohnung für die Schwäne, die das stille Wasser durchschiffen, ein lieblich sich schlängelnder Bach, der ringsumher Leben und Frische verbreitet, vollenden das freundliche Bild und verleihen diesem lieblichen Platze die vollkommenste Ähnlichkeit mit den gepriesensten *Pleasure-Grounds* jener Insel.

Daß wir es uns nicht versagten, auch auf der Silberfläche des Sees selbst uns in einem Nachen schaukeln zu lassen; daß die Ansichten der reichen Ufer desselben, von diesem Standpunkt aus gesehen, einen neuen eigentümlichen Reiz gewinnen, bedarf wohl keiner besonderen Erwähnung. Doch alles dieses gehört zu den Dingen, bei deren Beschreibung man sich selbst nie genügen kann, viel weniger anderen. Die Erinnerung vermag zwar ein treues Bild der unaussprechlichen Heiterkeit und Anmut dieser Gegenden treu zu bewahren, und wer einmal sie sah, wird nie sie vergessen; doch Feder und Pinsel können mit befriedigendem Gelingen dieses Bild nicht außer uns darstellen. Es ist damit wie mit dem Leben eines wahrhaft Glücklichen, von dem sich, eben weil es so glücklich ist, wenig erzählen läßt.

Stiller Frieden, unaussprechliche Anmut, reiche Fülle an allem, was zu einer ruhigen, frohen Existenz gehört, charakterisieren diese Gegenden, wie eben auch ein solches Leben, und machen beide zu dem was sie sind. Der Genuß dieser Güter wird nie ermüden, wohl aber zu vieles Reden und Schreiben darüber; und wie sehr letzteres der Fall sein kann, haben wir wohl alle schon zur Genüge erfahren. Es wäre zu anmaßend, nach einem Aufenthalt von wenigen Tagen, die obendrein auf so vielfache Weise in Anspruch genommen wurden, hier über das gesellige und häusliche Leben der Einwohner von Genf etwas Entscheidendes aussprechen zu wollen. Im ganzen haben wir ein sehr freundliches Bild davon in unserem Gedächtnis aufbewahrt. Unter der arbeitenden Bürgerklasse begegneten wir überall ruhigen, heiteren Gesichtern; emsigem, aber nicht mühseligem Fleiß und jener Mäßigkeit im Genuß nach getaner Arbeit, die den glücklichen Mittelweg zwischen eitlem Prunken, schädlichem Übermaß und ängstlicher Beschränkung genau zu treffen weiß. Der in dieser Stadt einheimische Kunstfleiß ist allbekannt. Nichts kann zierlicher und geschmackvoller sein als die Art, mit der man hier das Gold in tausendfältige Form zum Schmuck verarbeitet; nichts wohlfeiler als die Uhren, deren in Genf alle Jahre unzählige fabrikmäßig verfertigt werden. In allen Straßen sieht man die fleißigen Arbeiter vom Morgen bis zum Abend in ihren Läden damit beschäftigt; und es kam uns vor, als ob diese feinen Arbeiten auch auf die Feinheit der Sitten unter dem Volke einen nicht zu verkennenden Einfluß übten.

Die reicheren und vornehmeren Einwohner von Genf empfingen uns durchgängig mit freundlicher Zuvorkommenheit und jener gemütlichen Höflichkeit, die so wohltätig wirkt.

Sie sind es gewohnt, Reisende von allen Nationen, aus allen Ständen oft jahrelang in ihrer Mitte wohnen zu sehen, und spielen dabei die Rolle eines freundlichen Hausherrn, der fremde Gäste gern bei sich aufnimmt, es ihnen in seinem Eigentum wohl sein läßt, ohne jedoch in der inneren Einrichtung desselben um ihretwillen etwas abzuändern, alten, ihm liebgewordenen Gewohnheiten zu entsagen oder gar seine eigene Überzeugung vom Rechten und Schicklichen nach den ihrigen ummodeln zu wollen.

Seit wir den Montblanc aus der Ferne gesehen hatten, war der Wunsch, ihn in seiner undenkbaren Majestät und Größe in der Nähe zu bewundern bis zum Unwiderstehlichen in uns aufgeregt und bewog uns, unseren Aufenthalt in Genf wenige Tage abzukürzen, welche wir zu einer Reise nach Chamouny* bedurften. Zwar ließ sich aus dem Munde von Freunden und Bekannten manche Stimme hören, welche von diesem Versuch abriet; uns versicherte, daß es jetzt zu Ende des Monats Mai noch um mehrere Wochen zu früh wäre, um diese Reise zu unternehmen; daß man dazu wenigstens die Mitte des Monats Juni abwarten müsse; wir aber meinten, die Leute hätten gut reden, die das ganze Jahr hindurch in der Nähe jener hohen Wunder leben und ihre Zeit zu einem Besuch derselben nach Belieben wählen können, während uns der Weg zu ihnen vielleicht auf ewig verschlossen bliebe, wenn wir diese Gelegenheit, ihnen zu nahen, uns entschlüpfen ließen. Wir dachten mit Reue an die Quelle von Vaucluse, die wir aus ähnlichen Rücksichten unbesucht gelassen hatten, beschlossen dieses Mal wenigstens den Besuch zu wagen und nahmen uns fest vor, nicht verdrießlich darüber zu werden, wenn unüberwindliche Schwierigkeiten sich uns entgegenstellen sollten, die uns zwängen, wieder umzukehren, ohne das gewünschte Ziel erreicht zu haben.

Reise nach Chamouny

Froher, lauter Jubel der Natur begrüßte uns am sonnigsten, mildesten Frühlingsmorgen vor den Toren von Genf. Die Lerche sang aus hoher, blauer Luft, ein Heer von Nachtigallen antwortete ihr

* *Chamouny* – veraltete Schreibweise für *Chamonix*.

aus Blütenhecken; Bienen schwärmten in einem Meer von Duft; Käfer summten fröhlich im blumenreichen Grase, alles schien sich mit uns freuen zu wollen, während wir im Schatten mächtiger Nußbäume durch diesen weiten, segensreichen Garten der Natur dem lange ersehnten Ziel zurollten. Vor allem ergötzten wir uns an der für uns ganz neuen Art, wie hier in der Ebene der Weinstock gepflanzt wird, die aber auch in der Lombardei üblich sein soll. Man behauptet zwar, der auf diese Weise gewonnene Wein verlöre dadurch an Güte; doch nichts kann ergötzlicher für das Auge sein als diese Art, ihn anzubauen. Die Reben stehen nicht an kleinen Pfählen, kurz beschnitten, sorgsam aufgebunden und nahe aneinandergepflanzt, wie am Rhein und in anderen Weinländern. Ihre Ranken laufen festonartig von einem der hohen, weit auseinandergestellten Weinpfähle zu dem andern, und oft versieht auch ein Obstbaum die Stelle der letzteren. Sie bilden die vollsten, herrlichsten Kränze; ein blumenreicher Wiesenteppich breitet sich unter ihnen hin; der ganze Raum, den sie einnehmen, sieht aus, als wäre er zu einem Feste geschmückt und erwarte nur die Hirten und Schäferinnen, die zum fröhlichen Tanze sich versammeln sollen.

Bis *Sallanches* hatte man uns geraten, unsern eigenen bequemen Wagen zu behalten, denn der Weg ist ziemlich eben und gut; lange führte er durch diese paradiesische Ebene, dann zog er zu einer bedeutenden Anhöhe sich hinauf, die in vielen anderen Ländern schon für einen hohen Berg gelten würde. Von allen Seiten umgaben uns nun hohe grüne Berge, alle auf das sorgfältigste angebaut, mit Wiesen, Kornfeldern und Gärten bis hoch hinauf im lieblichsten Wechsel bedeckt. In weiterer Entfernung hoben noch höhere Felsen das kahle, zum Teil noch mit Schnee bedeckte Haupt dem blauen Himmel zu; doch in unserer Nähe herrschte der Frühling in unaussprechlicher Anmut.

Ohne es gewahr zu werden, kamen wir so über die Grenze der französischen Schweiz hinaus. Die Felsen zogen sich näher zusammen, das Tal ward enger, der Weg führte fast in einem fort aufwärts, und wir erklommen ihn im langsamsten Schneckenschritte; denn Posten gibt es hier nicht, und ein Schweizer Fuhrmann übereilt sich nicht leicht. Doch der Garten von Genf war noch nicht zu Ende; Obstbäume beschatteten noch immer unseren Weg, und die Gegend war zu schön, als daß wir hätten wünschen können, sie in ungestümer Eile zu durchfliegen.

Endlich war *Bonneville*, das erste savoyische Städtchen, erreicht, wo wir der Pferde wegen ein paar Stunden verweilen mußten. Die Leute im Gasthof waren über unsere Ankunft ebenso erstaunt als verlegen über die Aufgabe, uns den Mittag bewirten zu müssen. Im hohen Sommer wimmelt es von Reisenden aus allen Ecken von Europa, doch so früh im Jahr hatten sie noch niemanden erwartet und gestanden ganz offen, durchaus nicht zu unserem Empfange eingerichtet zu sein. Wir suchten sie indessen mit Versicherungen von der Mäßigkeit unserer Forderungen zu beruhigen; sie verhießen ihrerseits, das Mögliche und Unmögliche für uns tun zu wollen; und nach zwei Stunden schieden wir in gegenseitiger Zufriedenheit von einander.

Hinter Bonneville zog sich das Tal immer enger zusammen. Die Felsen wurden höher, doch die nahen Berge und das Tal an ihrem Fuße blieben, wie auf dem ganzen Wege bisher, blühend in üppiger Frühlingspracht. Unsere geliebten schottischen Berge, die höchsten, die wir bis dahin gekannt hatten, sanken vor den gewaltigen Felsenmassen, die immer näher und näher uns traten, gar sehr zusammen. Mit ewigem Schnee und Eis bedeckte Gebirge leuchteten zwischen jenen öden, kahlen Felsen, deren braune Scheitel nur noch eine Krone vom Schnee trugen, überall hervor. Niedrigere, mit Tannenwäldern geschmückte Berge drückten an jene Felsen sich an; das dunkle, nie welkende Grün ihrer Bäume schien mit dem ebenso unvergänglichen Schnee wetteifern zu wollen, indem es den lieblichsten Kontrast mit ihm bildete. Hart an den Tannen beginnen schon die Kornfelder, die herrlich grünen Wiesen in schwindelnder Höhe, so daß es unbegreiflich scheint, wie der Landmann dort hinauf gelangt, um seinen Acker zu bauen. Der ganze Abhang der Berge ist auf das sorgfältigste benutzt bis tief hinab, wo wir, immerfort im Schatten der Obstbäume, das Ufer der *Arve* bald erreichten, die in ungebändigter Wildheit dieses reiche Felsental durchbraust.

Hoch am Gipfel der Berge sahen wir, eine Stunde hinter Bonneville, einen zweiten Waldstrom, den *Giffre*, über Felsenblöcke hinab der Arve zueilen, um mit ihr vereint tobend und schäumend durch diesen großen Park der Natur hinzuströmen, der alles weit hinter sich zurückläßt, was das Gold der Reichen und Großen jemals mit Hilfe der Gärtnerkunst entstehen ließ, und dessen malerische Schönheit die von einer Felsenspitze herab drohenden Ruinen des Schlosses *Massel* noch erhöhen.

Hinter dem kleinen Dörfchen *Cluses* eröffnete sich uns das Tal von *Magland;* hier sahen wir den blühenden Frühling im siegreichen Kampfe mit dem Graus früherer Zerstörung. Ungeheure Felsenblöcke, zwischen denen der Weg sich hindurchwindet, liegen hier ringsumher zerstreut; im Jahre 1776 waren sie von einem der höchsten benachbarten Berge mit gewaltigem Krachen in das Tal gestürzt; ähnliche Felsenmassen schwebten drohend über unseren Häuptern, doch sie hatten schon viele Jahre so dagehangen, und unser von hoher Freude und Bewunderung erfülltes Gemüt hatte in diesem Augenblick keinen Raum für bange Besorgnis.

Beim Eintritt in dieses Tal erblickten wir in der Höhe von 1.200 Fuß über demselben den malerischen Eingang zu der Höhle von Balma, deren Inneres aber zu wenig Merkwürdiges enthält, um oft von Reisenden besucht zu werden. Noch an dem Dorf Magland eilten einige Bewohner desselben herbei, um mit lautem Rufen das Echo zu wecken, dessen Geisterstimme in seltener Klarheit und Deutlichkeit dieses einsame Tal durchhallt. Weiterhin kamen wir an den *Nant d'Arpenas. Nant* heißt hierzulande jeder bedeutende Felsbach, wie *Ben* jeder großer Berg in Schottland. Von einer Höhe von 800 Fuß, folglich nur um hundert Fuß niedriger als der Staubbach, stürzt der *Nant d'Arpenas* hier ganz nahe am Wege, in einen Regen von Diamanten verwandelt, senkrecht herab, um, völlig zu Schaum aufgelöst, durch das Tal hinzubrausen. Unfern von diesem begegneten wir einem zweiten Wasserfall von ganz eigentümlicher Schönheit, dessen Namen wir aber nicht erfahren konnten und der, so mächtig er jetzt auch schien, vielleicht in den heißeren Sommermonaten versiegt.

So folgt auf dem an sich kurzen Wege von etwa acht französischen Meilen* zwischen Bonneville und Sallanches eine herrliche

---

* *französische Meile* oder *Lieue* – altes französisches Wegemaß von unterschiedlicher Länge: die *Lieue commune* betrug rund 4,4 km, die *Lieue de poste* rund 3,9 km.

Erscheinung der andern. Vor uns mitten in aller Frühlingsherrlichkeit leuchtete der Montblanc gleich einer Erscheinung aus einer anderen Welt, und um ihn her die höchsten Gletscher und Schneegebirge von Savoyen, über die er das königliche Haupt stolz erhebt. Er schien so nahe vor uns zu liegen, als ob wir in einer halben Stunde ihn erreichen könnten. Die allmählich sinkende Sonne kleidete ihn in bleiches Rosenrot, das allmählich zu dunklerem Purpur erglühte, und leichte, amethystähnliche Sommerwölkchen umflatterten spielend seinen hoch über sie emporragenden Gipfel.

Uns war, als befänden wir uns in einem Zauberlande, bei dieser nie geahnten Pracht der Natur. Schweigend saßen wir da und hatten keine Worte und fühlten keinen Wunsch, als den: alle, die uns lieb sind, in diesem Augenblick um uns versammeln zu können, damit auch sie mit uns der schönen Welt sich freuten, auf der es uns vergönnt ist, eine kurze Zeit zu leben und zu wandeln.

Nun lag das Städtchen *Sallanches* vor uns in seinem lieblichen Tale, von fruchtbaren Bergen umgeben, um welche jene hohen, in ewigen Schnee verhüllten Gestalten einen feierlichen Halbkreis schließen. Eine kleine Viertelstunde von dem Städtchen stiegen wir in *St. Martin* ab, wo wir einen recht gut eingerichteten Gasthof und freundliche Wirtsleute fanden, die es über sich nahmen, für unsere fernere Reise nach Chamouny alles auf das beste einzurichten. Lange sahen wir noch den Montblanc im Rosenlichte glühen, als tiefe Nacht schon längst das Tal bedeckte, und später im Silberglanze des aufgehenden Mondes strahlen. Er leuchtete hell und schimmernd zu uns auf unsere Ruhestätte herüber, bis unser von den Herrlichkeiten des verflossenen Tages ermüdetes Auge sich ungern dem Schlummer hingab, der es schloß.

Am folgenden Morgen war es unser erstes Geschäft, die zu unserer ferneren Reise getroffenen Anstalten zu betrachten: denn von Sallanches aus konnten wir unseres Wagens uns nicht weiter bedienen. Sie sahen ziemlich abenteuerlich aus, und wir stutzten ein wenig bei ihrem Anblick: denn so etwas war uns noch nicht vorgekommen. Mit einem Pferd und einem gewaltig großen Maultier vor einander bespannt, stand ein wundersames Fuhrwerk bereit, dem man die Ehre antat, es einen *Char-à-banc** zu nennen. Es bestand aus vier sehr niedrigen Rädern, über welche ein nicht sehr breites Brett gelegt war, lang genug, um in dem Raume zwischen den Rädern drei Personen aufzunehmen; auf dem hinten über die Räder hervorragenden Ende desselben konnte allenfalls noch eine vierte aufhocken. Ein zweites Brett diente zur Rückenlehne, und ein drittes, ganz schmales, das vor dem Sitz in Ketten schwebte, zum Fußtritt; ein Stück von grober Sackleinwand, an vier Stangen befestigt, bildete eine Art Baldachin zum Schutz gegen die Sonne und vollendete das prachtvolle Ansehen des Ganzen. Auf dem Pferd saß ein rüstiger Savoyarde als Postillion, bereit, über Stock und Stein mit uns davonzufahren; und ein etwas ältlicher Mann, in ein braunes, kapuzenartiges Gewand gehüllt, mit einem langen Stock bewaffnet, an dessen unterem Ende eine eiserne Pieke angebracht war, präsentierte sich uns als bestellter Führer, dessen wir, nach des Wirtes Erklärung, unterwegs nötig bedürfen würden. Er hieß Alexis, wurde aber auch der Kapuziner genannt, weil er vor der Revolution zu der Gesellschaft dieser ehrwürdigen Väter gehört hatte.

Dem älteren Teil unserer Reisegesellschaft kamen diese Anstalten doch so bedenklich und unbequem vor, daß er nach kurzem Beraten sich entschloß, mit unserm Wagen wieder nach Genf zurückzukehren; wir Jüngeren aber blieben mutig dabei, das Weitergehen wenigstens zu versuchen**. Wir konnten es ohne Bedenken: denn hier war es nicht wie in Avignon, wo die Unsicherheit der Gegend und das räuberartige Ansehen der Bewohner uns von der Fahrt nach Vaucluse zurückgeschreckt hatten. In keinem Lande ist für die Sicherheit der Reisenden besser gesorgt als in der Schweiz und den savoyischen Alpen. Überall finden sich bekannte Führer, die bis in die kleinsten Details der Gegend und des Weges kundig sind und für die Reisenden, welche sich ihnen anvertrauen, alles

* *Char-à-banc* – leichter, modischer Wagen zur Personenbeförderung, mit Sitzreihen an den beiden Längsseiten oder auch entlang den Schmalseiten des Wagens.

** Johanna Schopenhauer setzte mit ihrem Sohn Arthur die Reise fort, mit *dem älteren Teil der Reisegesellschaft* ist ihr Gatte Heinrich Floris gemeint, der bereits 57 Jahre alt war.

tun, was man von guten, treuen, dabei rüstigen und gescheiten Männern erwarten kann. Ihre Sorgfalt ist unermüdlich und sie finden im Sommer täglich Gelegenheit, sie zu üben.

Fröhlichen Mutes traten wir auf unserm *Char-à-banc* jetzt die Reise an. Indem wir uns zurechtsetzten, empfanden wir schon im voraus alle die unbarmherzigen Stöße, die er uns auf dem mit Steinen besäten Weg versetzen würde, den wir vor uns sahen, aber wir hatten uns geirrt; wahrscheinlich schützte uns davor das in der Schwebe hängende Brett, auf dem unsere Füße ruhten. Überdies war es sehr tröstlich, daß der Wagen so nah am Erdboden hinging, daß selbst ein Kind bei dem mindesten Anschein von Gefahr von ihm hinunterspringen konnte.

Solange wir im Tal von Sallanches blieben, ging es vortrefflich auf ziemlich ebenem Wege; der Morgen war schön, die Sonne schien warm, ohne durch zu große Hitze drückend zu werden. Alexis ging neben unserm Fuhrwerk her, und die bestimmte und doch bescheidene Art gefiel uns wohl, mit der er über alles, was uns unterwegs auffiel, Auskunft zu geben wußte.

Das freundliche Tal von Sallanches lag jetzt hinter uns, und Alexis führte uns einen Fußpfad, auf dem wir seitwärts zwischen hohen Felsen über grüne Matten hinaufstiegen, während unser Wagen unten weiterfuhr. Ein bezaubernd schöner Anblick überraschte uns, als wir endlich die Höhe erreicht hatten; wir standen von hohen waldbewachsenen Bergen umgeben, über welche die hohen Schneegebirge emporragten, und vor uns stürzte von einer hohen, mit Tannen bewachsenen Felsenwand mit lautem Brausen über Felsentrümmer ein wilder Bach, die *Chêde*, in einen Abgrund, aus dem er, in Millionen Tropfen aufgelöst, wieder aufwallte. Die Sonne spiegelte in diesem die herrlichsten Regenbogen, und Felsen und Kräuter glänzten wie im Zauberglanze verklärt. Der Fall der Chêde ist weit minder tief als der des Nant d'Arpenas, den wir tags zuvor gesehen hatten, aber er ist viel wasserreicher und die Umgebungen sind malerischer. Wildschäumend eilt der Bach dem Tale zu; betäubt, entzückt von dem ganz unerwarteten Anblick, den wir genossen hatten, folgten wir seinem eilenden Laufe, der unserem Fuhrwerk uns wieder zuführte.

Der Weg begann jetzt merklich höher zu steigen; nach einer Weile verließen wir abermals den Wagen, um unserem Führer auf steilem Felsenpfade zu dem kleinen, aber unbeschreiblich schönen See von Chêde zu folgen. Beschattet von grünen waldigen Bergen, ruht er im holdesten Dämmerlichte in lautloser Abgeschiedenheit, das Bild der friedlichsten Ruhe. Er gleicht einem Spiegel und ist eigentlich auch einer, denn der Montblanc blickt aus seiner strahlenden Glorie zu ihm herüber, und wir sahen aus der Tiefe des durchsichtig klaren, stillen Gewässers dessen blendendes Abbild, vom dunkelblauen Himmel erhoben, uns entgegenleuchten. Mühsam rissen wir uns von dem lieblichen Plätzchen los, doch die eilende Zeit trieb uns vorwärts.

Auf steilem Pfade wandelten wir den Berg von einer anderen Seite hinab, dann ging es wieder aufwärts, immer von der wilden romantischen Pracht des Gebirges umgeben, im Angesicht des Montblanc. Ein Tosen, wie wenn die Windsbraut mit mächtigem Flügel das Gebirge durchrase, traf unser Ohr, und plötzlich standen wir vor einem Schauspiel, das mit Grausen, hoher Bewunderung und stiller Andacht uns erfüllte. Keine Feder vermag die wilde Pracht und Erhabenheit der Einöde zu beschreiben, in die wir jetzt uns versetzt fanden. Wir standen hoch auf dem Rücken eines weit sich erstreckenden Berges, und unter uns, gerade unter unseren Füßen, im tiefsten Abgrunde eines Abgrundes, brüllte, raste, tobte ein schäumender Katarakt über mächtige Felsentrümmer hin. Die Felsen rings um uns schienen vor seinem Toben in ihren Grundfesten zu erbeben. Es war kein Wasserfall, es waren tausend Wasserfälle ineinandergedrängt. Die wilden Fluten, ganz zu Schaum zerschlagen, stürmte die Arve in ihrem ziemlich breiten, ganz abschüssig schrägen Bette über Felsenmassen mit so reißender Gewalt, daß das Auge ihrem rasenden Laufe nicht zu folgen vermochte.

Lange saßen wir auf einem Felsenstück und starrten in die jedem atmenden Wesen Zerstörung kündende Tiefe, bis uns fast die Sinne vergingen; dann führte Alexis einen sehr steilen, beschwerlichen Pfad uns hinab, unserm Wagen zu. Von nun an ging es immer aufwärts, einen für jedes andere Fuhrwerk unfahrbaren, mit Steinen besäten steilen Weg, der tobenden Arve zur Seite, oft dicht neben fürchterlichen Abgründen hin. Die alles beachtende treue Aufmerksamkeit unseres unermüdlichen Führers ließ indessen keinen Gedanken an drohende Gefahr in uns aufkommen, ungestört überließen wir uns der hohen Freude, die uns beseelte, und dachten und fühlten nichts als sie.

Alle Gewässer waren rege im Gebirge, der Frühling hatte sie alle geweckt. Die kleinsten Quellen waren vom geschmolzenen Schnee zu Bergströmen angewachsen und warfen sich mehrere Male wild brausend uns über den Weg. Alexis trug mich dann auf seinen Armen durch sie durch, und meine Begleiter ritten auf dem Maultier und dem Pferd, denn die Fluten überströmten oft den niedrigen *Char-à-banc*. Ein paar Savoyarden hatten sich uns inzwischen auf dem Wege zugesellt und boten überall hilfreich die Hand. Sie hatten in zwölf Tagen den weiten Weg von Paris bis hierher zu Fuß zurückgelegt. Kümmerlich hatten sie dort ein paar Jahre unter saurer Arbeit sich fortgeholfen, jetzt kehrten sie beinahe so arm, als sie ausgegangen, in die geliebte Heimat zurück. Trunken vor Freude über das Wiedersehen ihrer Berge, jubelten sie laut, indem sie jeden Fels, jeden Stein am Wege als geliebte Jugendbekannte begrüßten.

Jetzt aber kamen wir an eine Stelle, die jeden Gedanken an Weiterfahren ernstlich zu verbieten schien. Das ganze schmale Tal war mit ungeheuren Felsenstücken angefüllt, die wie von Titanenhänden umhergeschleudert dalagen, und mitten durch diesen Graus von Zerstörung bahnte der *Nant noir*, einer der gewaltigsten Bergströme, sich schäumend den Weg. Die Felsenstücke waren die Ruinen eines hohen Berges, der im Jahre 1751 hier zusammenstürzte. Der Staub, den sein Fall erregte, verfinsterte damals meilenweit die Luft, der Tag ward zur Nacht, das donnernde Getöse der zusammenstürzenden Felsen währte mehrere Tage lang. Die Grundfesten der Erde schienen erschüttert, und die erschrockenen Bewohner der Dörfer ringsumher entflohen voller Angst und wagten es wochenlang nicht, ihre armen Hütten wieder aufzusuchen.

Jetzt noch, nachdem eine so lange Reihe von Jahren über diese Ruinen hingeglitten war, ergriff der Anblick dieser Verwüstung uns grauenhaft; wir fürchteten umkehren zu müssen, denn wir sahen keine Möglichkeit, über diese Felsen durch das tobende Gewässer hindurchzukommen.

Alexis aber wußte Rat; er bat mich, ihm zu vertrauen und trug durch alle diese Schrecken mich hindurch, ohne daß nur der Saum meines Kleides naß geworden wäre, obgleich er selbst einigemale bis über die Knie im Wasser watete. Zuweilen setzte er auf einen Felsenblock mich hin, um Atem zu schöpfen, dann schritt er mit mir weiter; er schien jeden Stein, auf dem er fußen konnte, zu kennen, so fest und sicher war sein Tritt. Meine Gefährten kamen auf den beiden Tieren mit seiner Hilfe ebenfalls hindurch, und als wir besorgt nach unserem *Char-à-banc* uns umsahen, hatten die beiden Savoyarden ihn zum Teil auseinandergenommen und trugen ihn herüber.

Das leichte Fuhrwerk war schnell wieder zusammengesetzt, und der jetzt ebenere Weg führte uns bald in ein liebliches, fruchtbar angebautes Tal, in dessen Mitte das Dörfchen *Servoz* liegt, wo wir für den Mittag anhalten sollten. Nahe bei demselben erblickten wir ein einfaches, pyramidenförmiges Denkmal von grauem Marmor, von dem Alexis uns sagte, daß alle Führer in dieser Gegend ihre Reisenden auf Befehl der Regierung darauf aufmerksam machen müßten, und so traten denn auch wir näher hinzu. Es bedeckt die zerschmetterten Gebeine eines beklagenswerten Opfers jugendlicher Unvorsichtigkeit, des armen jungen Escher, den ich mit einem sehr wehmütigen Gefühl mich erinnerte, in Hamburg mehrere Male gesehen zu haben, als er voll froher Erwartung im Begriff stand, die Reise hierher anzutreten. Beim Besteigen des *Buet*, einem der höchsten Berge im Tale von Chamouny, hatte der Unglückliche sich um wenige Schritte von seinen Begleitern entfernt; auf dem unübersehbaren Schneegefilde war er ihren Augen entschwunden, sie suchten ihn lange vergeblich in immer steigenderer Todesangst, bis sie seinen auf dem Schnee liegen gebliebenen Hut entdeckten. Er war in eine der fürchterlichen Eisspalten hinabgeglitten, welche die darüber hingebreitete Decke von Schnee dem Auge des mit diesen Gegenden und ihren Gefahren Unbekannten verborgen hielt. Alexis hatte geholfen, den entseelten Körper wieder ans Licht zu ziehen; es gelang nur mit unsäglicher Mühe. Sogar die Uhr, die er in der Tasche trug, war in tausend kleine Stückchen zerdrückt, so schmal war der eisige Kerker, in welchem der Bedauernswerte, hoffentlich bald, den Geist aushauchte. Nur die Enge der Eisspalte hatte in der Schwebe ihn oben gehalten, sonst wäre er in die bodenlose Tiefe versunken und nie wieder gesehen worden.

Eine Seite des seinem Andenken errichteten Denkmals enthielt eine kurze Lebensgeschichte des allgemein beklagten Jünglings, der in Eutin im Jahre 1777 geboren ward, seine Eltern und Freunde zu den schönsten Hoffnungen berechtigte und hier im Jahre 1800 den entsetzlichsten Tod fand. Die zweite enthält eine recht zweckmäßige Ermahnung an Reisende, die hier an seinem Grabe schaudernd weilen, sich in den wilden Gebirgen nie von ihren Führern zu entfernen und die Wunder der Natur, die sich ihnen hier offenbaren, mit Ernst und Ehrfurcht zu betrachten. Die Inschriften der anderen beiden Seiten sind mit der der französischen Nation eigenen Großsprecherei dem Lobe des damaligen Herrn Präfekten geweiht, unter dessen Anleitung dieses Monument errichtet wurde, und der großen Nation, die hier, ohne besonderen Anlaß dazu, als Beschützerin aller Künste und Wissenschaften hochgepriesen wird.

Servoz liegt in einem sehr freundlichen Tale von hohen Bergen umgeben, die bis zur schwindelndsten Höhe mit Äckern und Alpenmatten bedeckt sind. Zwischen diesen schweben, gleich Schwalbennestern am Felsen haftend, kleine Sennenhütten, in denen die Hirten im Sommer wohnen, während ihre Kühe hier oben weiden. Ein rauschender Bergstrom, den man uns die *Tosa* oder *Diosa* nannte, strömt durch das Tal und treibt nahe an dem für seine Lage recht guten Gasthof eine Mühle. Dicht an derselben fanden wir ein freundliches, schattiges Plätzchen, wo wir uns einstweilen niederließen, und uns dann nach den beiden Savoyarden umsahen, die uns unterwegs so freundliche Hilfe geleistet hatten; doch leider waren sie verschwunden. Sie waren hier irgendwo in der Umgegend zu Hause, und der Anblick des väterlichen Hüttendachs hatte sie wahrscheinlich bewogen, uns ohne Abschied zu verlassen und weder unseren Dank noch den wohlverdienten Lohn für ihre treuen Dienste abzuwarten.

Hier in Servoz fielen uns zuerst die entsetzlichen Kröpfe von ungeheurer Größe auf, besonders bei Frauen, die beinah alle, mehr oder minder, von diesem Übel ergriffen zu sein schienen. Indem wir diese Bemerkung machten, hörten wir zugleich, daß gerade in Servoz die unglücklichsten aller Wesen, die Kretins, einheimisch sind, die man, wenngleich in geringerer Anzahl, von hier an in allen Dörfern des Gebirges von Savoyen antrifft. In Servoz lebt fast keine Familie, die nicht ein solches bedauernswürdiges Geschöpf in ihrer Mitte zählte; doch sind die Leute weit davon entfernt, dieses für ein Unglück zu halten. Ein wohltätiger Volksglaube lehrt sie, diese Armen als ein glückverheißendes geheiligtes Wesen zu betrachten, sie nennen sie *des Innocents**. Niemand wagt, ihnen etwas zuleide zu tun oder sie zu verspotten. Der beste Platz am Feuer ist in der Hütte das Eigentum des Kretins; für seine Bedürfnisse wird zuerst so reichlich als möglich gesorgt und allen seinen Launen, seinen Eigenheiten, seinem Müßiggehen wird ohne Widerspruch nachgesehen. Man versicherte uns, mehrere Wochen nach der Geburt lasse sich der Kretin durchaus nicht von anderen Kindern unterscheiden. Erst späterhin entwickelt sich der traurigste Verfall der edleren Natur des Menschen, der diese auf unbegreifliche Weise verwahrlosten Wesen tief unter die Tierheit herabsinken läßt.

Gleich hinter Servoz wird der Weg furchtbar und verdient es kaum, eine gebahnte Straße noch genannt zu werden. Steil ging es einen hohen Berg hinan, große Felsblöcke lagen überall zerstreut, zwischen denen wir uns hindurchwinden mußten; über uns drohten noch höhere waldige Berge, über welche die Schneegebirge zu uns herüberleuchteten; hart am schmalen Wege gähnte ein furchtbar tiefer Abgrund, aus dessen tiefster Tiefe, dem Auge kaum sichtbar, die reißend wilde Arve zu uns herauf donnerte. Jenseits des Abgrundes hoben noch höhere, wildere Felsenberge das zackige Haupt den Wolken zu. Doch alles, die Tannen auf den Felsen, das harte Gestein, den Abgrund selbst hatte der Hauch des Frühlings neu belebt, jugendlich geschmückt; aus jeder Felsspalte grünte und blühte und duftete der unendliche Reichtum der verschwenderisch gütigen Natur.

Der Weg führte steil hinab, um gleich darauf noch höher zu steigen; ein Waldstrom warf sich abermals über denselben, durch den ich getragen wurde, weil Felsenstücke das Fahren unsicher

---

* *des Innocents* (franz.) – Unschuldige.

machten. So ging es fort in immerwährendem Höherklimmen, bis grünend, blühend wie ein Garten das unaussprechlich liebliche Tal von Chamouny vor uns lag mit seinen Gletschern, seinen Gärten, seinen Hütten und Dörfern. An vielen Stellen kaum eine halbe Viertelstunde breit, windet es sich vier französische *Lieues* lang zwischen den höchsten Bergen von Europa hindurch. Es ist das Land der Wunder; Sommer und Winter gehen hier Hand in Hand; Eisgletscher glänzen hier mitten in blumenreichen Wiesen; der Montblanc, der *Dôme du Goûter*, der *Buet*, die in ewigem Eise starrenden Felsenspitzen des *Dru, du Midi, du Géant* und noch viele mehr stehen ganz nah in furchtbarer Hoheit rings umher; sie senden ihre kristallenen, blitzenden Gletscher tief in das Tal hinab, und die minder hohen Berge an ihrem Fuße schmücken Wälder und Wiesen und Kornfelder im herrlichsten Gedeihen.

Im Gefühl unserer Freude, endlich am Ziele zu sein, waren wir vom Wagen gestiegen; ergriffen von Entzücken über den unbeschreiblich erhabenen Anblick, der hier uns sich bot, standen wir da in tiefer Bewunderung der unermeßlichen Größe der Natur, und gerade an dieser Stelle drängte zugleich das Bild des Menschen in seiner tiefsten Erniedrigung sich uns recht schmerzlich entgegen. Wir bemerkten in der Ferne eine sehr kleine wunderliche Gestalt, die in gerader Richtung, mit großen Sprüngen über Gräben und Hecken setzend, pfeilschnell auf uns zueilte; ehe wir uns dessen versahen, stand sie dicht vor uns. Es war ein Kretin, ein Wesen, dessen näheren Anblick unser guter Stern uns bis jetzt erspart hatte. Mit Entsetzen sahen wir das halb kindische, halb wilde Gesicht mit dem Ausdruck gräßlich überspannter Heiterkeit uns entgegengrinsen; den verzerrten Blick der übermäßig großen, weit aus ihren Höhlen hervorstehenden Augen. Das Atmen der unglücklichen Kreatur war ein erschreckliches Schnauben, viele Schritte weit hörbar; schwer und tief, in mehreren Abteilungen hing der greuliche Kropf weit über die verschobene Brust hinab. Reden konnte das arme stumme Wesen nicht, es lag etwas Gebietendes in der wilden, durchaus nicht bittenden Gebärde, mit der es ein Almosen von uns forderte. Als es erhalten hatte, was es verlangte, machte es einige wilde Freudensprünge, zeigte mit der Hand nach den Bergen und verschwand ebenso schnell als es gekommen war.

Von nie gefühltem Grauen durchschauert sahen wir wehmütig ihm nach und schritten dann über große Felsblöcke langsam vorwärts, abermals durch einen Waldstrom hindurch, der, vom Schneewasser angeschwollen, die Brücke fortgerissen hatte. Es war, als müßten gerade hier alle einander entgegengesetzten Gegenstände nachbarlich nebeneinander wohnen, denn wenige Schritte von dem Platze, wo jenes unglückliche Wesen uns verlassen hatte, trat eines der lieblichsten Geschöpfe auf uns zu, um uns einen Strauß duftender Alpenblumen zu überreichen, eine kaum sechzehnjährige Savoyardin mit einem Gesichtchen weiß und rot, blühend wie die Blumen, die sie uns brachte. Die Landestracht von grobem braunem Wollzeuge bezeichnete die anmutigsten Formen, die schwarze Haube, die alle Savoyardinnen tragen, stand ihr allerliebst, die großen schwarzen Augen mit den feingezogenen Augenbrauen darüber lachten freundlich unter dem runden, etwas schief gesetzten kleinen Strohhut hervor.

Das ganze schlanke Figürchen war ein Inbegriff von Grazie und Lieblichkeit, wie nur die Natur sie verleihen kann. Für die Blumen wollte das hübsche Kind die kleine Gabe nicht nehmen, die wir ihm boten; es war ihm einzig darum zu tun gewesen, uns fremde Leute in der Nähe zu sehen und als die ersten diesjährigen Reisenden in diesem Tale zu begrüßen.

Vollkommen durch diese anmutige Erscheinung erheitert, bestiegen wir jetzt wieder unseren *Char-à-banc* und fuhren nun erst eigentlich in das Tal von Chamouny hinein, dem kleinen Gletscher von *Taronay* vorüber.

Es war der erste, den wir erblickten. Mit Bewunderung betrachteten wir diese Eismassen mitten in dem blühenden Tale und hatten große Lust, sie näher zu sehen. Doch unser Führer vertröstete uns auf den zweiten weit beträchtlicheren Gletscher *des Bossons*, der uns auch bald darauf entgegenschimmerte. An einem aus dessen Mitte entspringenden Bache machten wir Halt, der Gletscher schien uns seitwärts vom Wege ab, auf einer sanft sich erhebenden Wiese nahe an einem kleinen Tannenhügel, am Fuße eines unabsehbar hohen Berges, in geringer Entfernung zu liegen. Wir wunderten uns daher nicht wenig, als Alexis von wenigstens zwei Stunden sprach, die wir zu diesem uns so nahe

Abb. 14: Das Montblancmassiv.

und bequem scheinenden Spaziergang brauchen würden, und noch obendrein einen zweiten Führer mitnahm, der, bewaffnet mit seinem langen Alpenstock, sich uns darbot. Auch ein paar jüngere Brüder dieses zweiten Führers, ebenfalls mit Alpenstökken versehen, liefen mit; sie meinten, wir würden auf dem Wege ihre Hilfe wohl brauchen können. Auch uns wurden solche, mit eisernen Piken beschlagene Stöcke in die Hände gegeben. Alle diese Anstalten kamen uns sehr überflüssig vor; wir unterließen nicht, unter uns allerlei lustige Bemerkungen darüber zu machen, aber wir ließen sie uns ganz gelassen gefallen und die kleine Karawane setzte sich endlich in Bewegung.

Zuerst ging es mit raschen Schritten vorwärts über die Wiese hin, auf bequemem, viel betretenem Pfade, der aber dennoch weit höher hinaufführte, als wir es uns gedacht hatten. Jetzt erst wurden wir gewahr, wie im Gebirge dem Bewohner der Ebene alles Augenmaß für Höhe und Entfernung verlorengeht; der Weg wurde sehr steil, wir stiegen höher und höher; aber dem Gletscher schienen wir noch immer nicht näher zu kommen.

Mit großen Schritten stieg ich eilends voran; Alexis unterstützte mich und ermahnte mich dabei immerwährend, langsamer zu gehen; doch ich, im Vertrauen auf meine Kraft, achtete nicht darauf, bis diese mich plötzlich verließ. Mit einem Male fühlte ich mich gelähmt, so daß es mir unmöglich schien, nur noch einen Schritt zu tun, und mit einer höchst unangenehmen Empfindung sank ich atemlos, einer Ohnmacht nahe, zu Boden. Die beiden jungen Savoyarden hatten mit unseren Mänteln und Shawls sich beladen; alles, was von diesen bei der Hand war, ward über mich hingedeckt, denn ich war sehr erhitzt, und obgleich es im Tale sehr warm war, so wehte hier doch von den Bergen eine schneidende Eisluft, kalt wie bei uns im Jänner. Nach einigen Minuten, während denen man mich ruhig liegen ließ, bewährte sich an mir die wohltätige, stärkende Kraft der hohen Gebirgsluft; ich stand auf, so wenig ermüdet, als wäre ich eben erst vom Wagen gestiegen. Unsere Führer versicherten, daß alle Reisenden, besonders Frauen, die nämliche Erfahrung machten wie ich, wenn sie zum ersten Male diese Berge bestiegen, und sich nicht entschließen könnten, bergauf sehr langsam zu gehen und zuweilen einige Sekunden stille zu stehen. Ich befolgte von nun an diesen Rat und befand mich wohl dabei; der Weg wurde sehr steil und beschwerlich; in dem Tannenwäldchen, das oben die Wiese begrenzte, hatten die abgefallenen Nadeln der Bäume ihn so glatt gemacht, daß unsere Savoyarden mit ihren Piken uns kleine Stufen graben mußten, auf denen wir einigermaßen fußen konnten; doch Alexis, der mich führte, stand mit Hilfe seines Alpenstocks und der Eissporen an seinen Schuhen fest wie ein Fels, und ich erreichte ohne weitere Beschwerde die Höhe.

Nie werde ich des zauberhaften Anblicks vergessen, als wir nun aus den Tannen hervortraten. Unzählige größere und kleinere Pyramiden von reinstem Eis, am Fuße eines Schneegebirges, mit dessen wundersam geformten Spitzen und Zacken sie sich vermischten, türmten sich vor uns auf bis zu einer unglaublichen Höhe. Die Höhlen und Spalten des klaren Eises schimmerten im reinen Saphirblau. Was wir je von kristallenen Feenschlössern gehört und geträumt hatten, schien sich hier zur Wirklichkeit gestalten zu wollen: denn große Tafeln vom reinsten, durchsichtigsten Eise lagen zwischen den Pyramiden aufgeschichtet über- und nebeneinander, als erwarteten sie nur das Zauberwort des Magiers, um zu Hallen und Säulen eines strahlenden Palastes sich zu ordnen. Nur ein breiter Gürtel von Steinen, wie man um alle Gletscher ihn findet, trennte diese blendende Pracht von dem grünen Teppich der Wiese. Der Gletscher *des Bossons* ist ein Abfluß des ewigen Eises, das den Montblanc bekleidet; die Steine, die ihn umgeben, spült alljährlich der verrinnende Schnee aus Regionen herab, die selten oder nie der Fuß eines Menschen betrat; und der Geologe findet daher in ihnen oft seltene Beiträge für seine Wissenschaft, zu denen er sonst nie gelangen könnte.

Die Pracht und Schönheit der Aussicht hier oben macht jede Beschreibung unmöglich. Über uns der Montblanc, unter uns das blühende, bewohnte Tal, von der reißenden Arve durchströmt; ringsumher die hohen Berge und Felsenspitzen, umhüllt in ewiges Eis. Wir stiegen zwischen den kristallenen Pyramiden hinauf, bis eine weite Eisfläche sich vor uns ausbreitete, über welche man gewöhnlich geht, um von der anderen Seite des Berges wieder hinab in das Tal zu gelangen. Dichter Schnee verdeckte aber noch die vielfachen

Höhlungen und Spalten des Eises, in die hinabzusinken unausbleiblicher Tod gewesen wäre; unsere Führer mochten es daher nicht wagen, uns hinübergehen zu lassen. So wanderten wir wieder auf demselben Wege hinab, den wir gekommen waren und langten drittehalb* Stunden, nachdem wir ihn verlassen hatten, wieder bei unserem uns erwartenden Wagen an.

Beleuchtet von den letzten Strahlen der sinkenden Sonne rollten wir auf ganz ebenem Wege durch das reich angebaute, wundervolle Tal, in welchem sechs Gletscher sich tief zu den blühenden Matten herabsenken.

Das Tal von Chamouny umschließt eine Menge einzelner zerstreut liegender Hütten, nebst drei oder vier Dörfer, die aber alle sehr klein sind. Wir stiegen in *le Prieuré,* dem größten dieser Dörfer, bei Pierre Teinaz ab. Das patriarchalische Ansehen unseres Hauswirts, die gemütliche Treuherzigkeit, mit der er uns willkommen hieß, nahmen uns gleich für ihn ein; seine Kinder und Enkel besorgten allein die Bedienung des netten reinlichen Hauses und beeiferten sich um die Wette, alles herbeizuschaffen, was zu unserer Erholung und Bequemlichkeit dienen konnte.

Überhaupt wurden die guten armen Savoyarden hier in dem Gebirge uns immer lieber, je mehr wir sie kennenlernten. Treue, Gutmütigkeit, strenge Sittlichkeit sprachen in ihrem Betragen wie in ihren Zügen uns auf das erfreulichste an, besonders im Tal von Chamouny. Das anständige Benehmen sowohl als die verständigen Bemerkungen der drei jungen Savoyarden, die uns am Eingang in dasselbe zu dem Gletscher *des Bossons* geleitet hatten, bildete mit ihrer armseligen Kleidung von brauner Wolle einen fast ebenso auffallenden Abstand als der Gletscher selbst mit den grünen Tannen, die er berührt; und auch in Hinsicht der edleren, höheren Gestalt unterscheiden die Einwohner von Chamouny sich auffallend von denen der übrigen Täler in diesem Gebirge. Der Kretins gibt es nur wenige hier; auch die Kröpfe sind seltener, was um so mehr uns wunderte, da auch hier alle Quellen Schneewasser mit sich führen und das Tal weit höher liegt als alle anderen.

---

* *drittehalb* – zweieinhalb; diese veraltete Verwendung von *halb* in Verbindung mit einer Ordnungszahl drückt aus, daß die in der Ordnungszahl angezeigte letzte Stufe der Summe erst halb erreicht ist.

Wir begegneten nur wenigen und meistens nur alten Frauen, die durch Kröpfe entstellt waren, aber vielen Mädchen von auffallender Schönheit. Die Männer sind meistens groß und rüstig; die Gemsenjagd, der sie eifrig nachgehen, lehrt sie körperliche Gewandtheit mit großer Geistesgegenwart verbinden, die sie nicht leicht in Gefahren untergehen läßt. Vor allem aber erfreute uns ihre unverstellte herzliche Zufriedenheit bei wirklich großer Armut und ihre neidlose Gutmütigkeit. Mehrere Einwohner des Orts kamen bald nach unserer Ankunft zu uns, um Alpenpflanzen, Gemsenhörner, Kristallstufen und seltene Steine uns zum Verkauf anzubieten, doch keiner schien unzufrieden, wenn wir seinem Nachbar mehr abkauften als ihm; alle bestrebten sich im Gegenteil, unsere Aufmerksamkeit mehr auf das zu richten, was andere uns boten, als auf das, was sie selbst uns gebracht hatten. Am rührendsten aber war mir die Antwort eines jungen Mädchens auf meine Frage: ob in ihrem Dorfe viele ganz arme Leute lebten, die von Almosen sich nähren müßten? Sie sah mich eine Weile groß an, als könne sie nicht begreifen, was ich wohl meinen möge. „Arm sind wir alle", sprach sie endlich mit freundlichem Lächeln, „aber Unglückliche gibt es nicht unter uns."

Wirklich haben wir in Chamouny keinem Bettler begegnet; ein Hirtenknabe, der einen unzugänglich scheinenden Felsen erkletterte, um mir ein paar schöne Blumen zu holen, schämte sich sogar so, daß er über und über rot wurde, als ich für seine Mühe ihm Geld geben wollte, und ließ sich durchaus nicht bewegen, es zu nehmen. In der eigentlichen Schweiz fanden wir das späterhin anders.

Ein paar Stunden nach unserer Ankunft stellten sich bei uns mehrere der erfahrensten Führer aus dieser Gegend ein, die von unserem Vorsatz gehört hatten, am folgenden Morgen den *Montenvers* zu besteigen; sie hielten einen großen Rat unter sich, zu dem auch Alexis gezogen wurde, und entschieden endlich, daß wir der frühen Jahreszeit wegen diesen Gedanken aufgeben müßten. Der Gipfel des Berges, sagten sie uns, sei noch mit tiefem Schnee bedeckt, und noch immer sänken Lawinen auf ihm nieder, denen ein erfahrener Führer zwar ausweichen könne, aber doch ohne Not es nicht wagen dürfe, sich und seine Reisenden der Gefahr auszusetzen, unter ihnen lebendig begraben zu werden. Alle rieten uns einstimmig, einen niedrigeren Berg, den *Chapeau*, anstatt des Montenvers zu wählen, von welchem wir ebenfalls, wie auf letzterem, einen großen Teil des zwischen beiden sich hinziehenden Eismeers übersehen könnten, sowie auch die Kette der höchsten Schneegebirge. Auch riet man uns, bei der Rückkehr von jenem Berg noch die Quelle des *Arveiron* zu besuchen. Wir nahmen diesen Rat an und ergaben uns um so getrösteter den anständigen Gründen dieser erfahrenen Männer, da sie uns obendrein die Versicherung gaben, daß wir bei dem Tausch an Genuß weniger verlören, als wir wohl denken möchten, und dennoch vielleicht bedeutenden Gefahren, gewiß aber großer Mühseligkeit aus dem Wege gingen.

Das Rauschen der nahe am Hause vorüberströmenden Arve wiegte uns in tiefen, erquickenden Schlaf, nachdem wir von unserm Fenster aus bis spät in die Nacht hinein uns am hell leuchtenden Montblanc und der unbeschreiblichen, vom Mondschein verklärten Aussicht erfreut hatten. Frühmorgens stand unser *Char-à-banc* wieder bereit, neben ihm ein Sohn unseres Hauswirtes, Victor Teinaz, der unser Führer sein sollte, ein junger, rüstiger Gemsenjäger von riesenhaftem Ansehen, dessen Anblick allein schon Mut machen mußte, die gefährlichsten Abenteuer unter seinem Schutze zu wagen. Alexis schritt dem Zuge voran. Mit dem langen Alpenstock und einem ledernen Knappsack* auf dem Rücken, in welchem Wein und Lebensmittel waren, sah die etwas ältliche, ein wenig gedrückte Figur einem Berggeiste nicht unähnlich. So ging es fort, das liebliche Tal hinauf, das jetzt im Morgenlichte uns noch schöner erschien, als am vergangenen Abend.

Nach einer kleinen Stunde mußten wir absteigen und der *Char-à-banc* blieb zurück. Unsere beiden Tiere wurden nun gesattelt; für mich hatte Victor einen recht guten Damensattel mitgebracht, der auf das Maultier gelegt wurde. Da saß ich denn, zum ersten Mal in meinem Leben, hoch oben auf dem großen Tier; es mochte wohl seine eigenen Gedanken von seiner Reiterin hegen, wenigstens bewegte es in einem fort die langen Ohren recht bedenklich. Doch die Reiterei ging besser vonstatten, als ich es erwartet hatte; ich sah von

* *Knappsack* – Proviantsack, Ranzen, Reisesack.

aufmerksamen, rüstigen Männern mich umgeben und wurde im Vertrauen auf sie selbst dann nicht mutlos, als der Weg immer höher, zuletzt fast senkrecht bergauf führte und mein Tier immerfort darauf bestand, hart am Rande der Abgründe zu gehen, die schwarz und fürchterlich zur Seite des Weges uns drohten.

Victor Teinaz ging neben mir her, und sein treuherziges Gespräch, seine Erzählungen von der Gemsenjagd unterhielten mich sehr. Endlich fragte er mich sehr ernstlich: ob es denn wirklich ein Land gebe, das Holland hieße, wo weit und breit kein Wald, kein Gletscher, nicht einmal ein Berg zu sehen wäre, nur lauter grüne Matten, in denen die Kühe bis an den Hals in hohem Grase weideten, und ganz stille stehende Gewässer, glatt wie ein Spiegel? Diese lebhafte Erinnerung an jenes flache Land mitten in diesem Gebirge ergriff mich selbst auf eine ganz seltsame Weise; indessen beantwortete ich Victors Fragen und suchte dabei, so gut es anging, seine Begriffe von jenem Lande zu vervollständigen. Mein Gemsenjäger hörte mir zu, wie wir einem Weitgereisten zuhören würden, der vom Chimborasso oder vom Falle des Niagara, den er gesehen, uns erzählte; seine Verwunderung steigerte sich immer höher, seine Phantasie arbeitete sichtbar, die Bilder, die ich ihr vorlegte, aufzufassen; endlich meinte er: Holland müsse doch das herrlichste und wunderbarste Land sein, und sein sehnlichster Wunsch wäre, nur einmal es zu sehen. Vergebens suchte ich, ihn eines anderen zu überzeugen; er blieb dabei und meinte nur, es wäre traurig, daß es dort nicht auch Gemsen geben könne. So verändert der Standpunkt, auf dem wir stehen, unsere Ansichten wie unsere Wünsche.

Wir waren etwa eine Stunde lang immer bergauf geritten, als der Weg so steil wurde, daß wir uns genötigt sahen abzusteigen, unsere Tiere zurückzulassen und den Berg vollends zu Fuß zu erklimmen. Bis wir dem höchsten Gipfel desselben uns nahten, war er mit einzelnen Tannen bedeckt, zwischen denen ein grüner Teppich, mit den schönsten Alpenblumen prangend, sich ausbreitete. Schon im Tale hatten wir die reiche Vegetation desselben in einer Höhe von dreitausendeinhundertachtundsechzig Fuß über dem Meer bewundert, die überschwenglich große Menge und Schönheit der wilden Blumen, die vielen, uns zum Teil bis jetzt unbekannt gebliebenen, blühenden Gesträuche, den ganzen Reichtum der Natur, ihre unendliche Pracht in den kleinsten wie in den erhabensten Gegenständen rings um uns her.

Im Höhersteigen kamen wir an einer vom Felsen herabstürzenden Quelle vorüber, und weiterhin bedeckte eine hier kürzlich gefallene Lawine eine ziemliche Strecke unseres Weges mit tiefem, lockerem Schnee, durch den wir nicht ohne Beschwerde uns Bahn machen mußten. Die höchsten Gebirge, in ihrem blendend weißen, ewigen Wintergewande standen rings umher, uns ganz nahe; Lawinen fielen in den wilden, mit nie zerrinnendem Schnee bedeckten Tälern; mächtige Eisblöcke sanken von den höchsten Gebirgen in nie von einem menschlichen Fuße betretene Klüfte herab; wir sahen sie nicht, aber wir hörten das erschütternde Krachen in verborgenen Tälern von Eis, und der Widerhall im Gebirge wiederholte den Schall so, daß es lautem Donner gleich von einem Berg zum anderen feierlich ertönte.

Von unserm hohen Standpunkte aus erblickten wir unter uns mitten in dieser starren Pracht eine kleine grüne Alpenwiese auf dem Gipfel eines steilen, nicht unbeträchtlichen Felsens und einen Hirtenknaben mit seinem Hunde, der seine kleine Herde Schafe dort grasen ließ. Während wir mit unserm Fernrohr die liebliche Idylle betrachteten, nahte eines der Lämmer dem steilen Rande des tiefen Abgrundes und stürzte vor unseren Augen zerschmettert in die Tiefe. Wir schauderten; das Bild des Unterganges von so manchem, der in dieser Einöde den Tod fand, stieg in furchtbarer Deutlichkeit vor uns auf; mit Hilfe unseres Glases sahen wir, wie der arme Knabe, fast verzweifelnd, es umsonst versuchte, in die Tiefe hinabzuklimmen, und sein treuer Hund ängstlich um ihn her sprang. Die weite Entfernung erlaubte uns nicht, ihn durch eine Gabe zu beruhigen, nicht einmal ein tröstender Ruf konnte bis zu ihm dringen, und tief erschüttert wandten wir uns ab.

Im Weitergehen entdeckte unseres Gemsenjägers scharfer Blick eine Kristallstufe*, eine sehr seltsame Erscheinung auf einem Berg von dieser unbeträchtlichen Höhe. Vermutlich hatte sie eine Lawi-

* *Kristallstufe* – eine Gruppe gut ausgebildeter, freistehender, miteinander verbundener Kristalle.

ne vor langen Jahren vom Gipfel der höchsten Gebirge heruntergespült. Während die anderen sich geschäftig abmühten, den glänzenden Fund mit ihren Piken herauszuarbeiten, ruhte ich auf einem mit weichem Moos bedeckten Felsenstück und horchte auf das feierliche Donnern der Lawinen, das noch immer das Gebirge durchhallte. Die hohen Berge wurden strahlender, je mehr die Sonne dem Mittag sich näherte. Hoch aus tiefblauer Luft leuchteten neben dem Montblanc der rötlich schimmernde *Dru*, der hohe schlanke Obelisk *du Géant*, der *Jorasses*, der *Tacul*, der *Talèfre*, die *Aiguille du Midi*, das ganze Reich dieser mit unvergänglichem Eise umpanzerten Titanenwelt. Alexis nannte mir ihre Namen und zeigte mir die Stelle, wo vor einigen Jahren der mutige Naturforscher la Saussure* sechzehn Tage am *Col du Géant* verweilte. Mit Hilfe meines Fernrohres glaubte ich noch auf dem blendend weißen Schnee einen kleinen dunklen Punkt zu entdecken, an der Stelle, wo er in einer Höhe von zehntausendfünfhundertachtundsiebzig Fuß über dem Meer sich eine bretterne Hütte erbaut hatte. Sechzehn Führer stiegen in der Zeit abwechselnd, zum Teil mit Hilfe von Leitern und Stricken, zu ihm; doch keiner vermochte wie er, alle die langen Tage und Nächte in dieser entsetzlichen Einöde auszudauern, der schneidenden Kälte zu trotzen und den erhabensten, aber auch furchtbarsten Erscheinungen der Natur sich mutig gegenüberzustellen.

Während ich mit diesen Betrachtungen mich beschäftigte, hatten meine Begleiter die Kristallstufe glücklich zutage gefördert, und wir erstiegen nun vollends den Gipfel des Berges. Die Aussicht auf das in ewigem Eis erstarrte Gebirge gewann hier oben bedeutend an Umfang; das ebenso ewige Eismeer, von dem wir hier eine große Strecke übersahen, wand zwischen ihnen sich hin, und der ferne Donner der Lawinen unterbrach von Zeit zu Zeit das lautlose Schweigen dieses weiten starren Grabes, dieses Tempels des ewigen Schweigens, wo nie ein warmer Hauch des Lebens wohnen kann. Der Anblick dieses größten aller bekannten Gletscher, seiner ungeheuren Eisblöcke, seiner gewaltigen Pyramiden ist über alle

* Der Schweizer Naturforscher *Horace Bénédict de Saussure* (1740 bis 1799) erforschte besonders die geologischen, klimatologischen und pflanzengeographischen Verhältnisse der Alpen; 1787 gelang ihm die zweite Besteigung des Montblanc, den er als höchsten Berg Europas bestimmte.

Beschreibung erhaben und prachtvoll; Höhlen und Spalten in dem reinen blitzenden Eise prangen auch hier mit dem herrlichsten Blau; er gleicht der Form nach wirklich dem aufgeregten Meere, wie man, im wilden Kampfe durch ein Zauberwort plötzlich erstarrt und gefesselt, es sich denken könnte. Drei französische *Lieues* weit zieht das Eismeer zwischen den höchsten Gebirgen sich hin, bis es in zwei Arme sich teilt, was man vom Montenvers aus deutlich soll sehen können. Beide ziehen noch mehrere Stunden weit sich zwischen dem Gebirge hin.

Wir weilten lange dort oben, gefesselt von dem erhabenen, fast überwältigenden Anblick; die Luft war mild, unerachtet der gewaltigen Eismassen rings um uns her. Immer noch donnerten die Lawinen im fernen weiten Gebirge. Eine derselben stürzte gerade vor uns von einem der höchsten Gipfel herab; der Schnee fiel nicht in großen Massen, wie wir es uns gedacht hatten, er glich mehr einem dichten Schneegestöber, einer Kaskade von Eis, die in Flocken zerstäubt. Der Fall der Lawine war groß und mächtig genug, ein Haus wegzureißen oder auch uns alle zu begraben, wenn wir in ihrem Wege gestanden hätten, obgleich sie, zufolge der Versicherungen unserer Führer, zu den kleinsten gehörte.

Endlich stiegen wir den Chapeau wieder hinab. Wir fanden unsere Tiere noch an der Stelle, wo wir sie gelassen hatten, und ritten nun auf einer anderen Seite des Berges hinunter, der Quelle des Arveiron zu. Auf diesem Wege ward das schmale, tief verborgene kleine Tal von *Argentière* uns sichtbar. Es grenzt an das von Chamouny und liegt mit seinen Hütten, seinen Feldern und Matten, seinen blühenden Hecken, eingeklemmt zwischen hohen Bergen, gleich einem Nothafen da, in welchem ein auf den unruhigen Wogen des Lebens Müdegetriebener das einzige finden könnte, was er noch bedarf: Ruhe und einsame stille Abgeschiedenheit von der Welt.

Unser Pfad wurde allmählich sehr schmal; überall lagen große Steine, standen einzelne Tannenbäume, denen wir auf unseren Tieren nicht auszuweichen vermochten; wir stiegen also wieder ab und gingen zu Fuß. Über große Felsenblöcke weg mußten wir klettern, durch wilde Bäche mußten wir, die von den Bergen strömten; endlich langten wir, nach mancher überstandenen

Mühseligkeit, am Fuße des mächtigen Gletschers *des Bois* an, der eigentlich einen Teil des Eismeeres ausmacht, das hier in ihm sich dem Tale von Chamouny zusenkt.

Fast überwältigte uns die schauerliche Pracht der wilden, romantischen Einöde, in der wir jetzt uns befanden. Wir standen vor einem hohen Berg von reinem Eis, wunderbare Zackengebilde ragten aus ihm hervor, weite Spalten und Höhlen, alle im reinsten Blau prangend, schienen in das Innere desselben zu führen, und aus seiner Mitte quoll mit lautem donnernden Brausen der Arveiron hervor, mit schäumender, rasender Wut über große Felsblöcke hin der Arve zutobend, in die er unten im Tale nach kurzem Laufe sich stürzt. Die große Eismasse vor uns bildete einen Halbkreis, über welchem die höchsten Gebirge himmelan starrten. Fast jede Spur des Lebens war verschwunden; wir sahen nichts um uns als Schnee, Eis und öde unfruchtbare Felsen, die zum Teil, in große Massen zerstreut, umherlagen; wir hörten nichts als den donnernden Arveiron.

Wenn die Sonne am heißesten glüht, bildet sich in diesem Eisberg alljährlich eine Höhle, die wir jetzt im Beginnen sahen, die aber im hohen Sommer zu einer weiten, hohen, prachtvollen Eisgrotte sich ausdehnt. Im Spätherbst sinkt immer ein gewaltiger Eisblock von der Höhe, der mit eintretendem Frost sich so vergrößert, daß er ihren Eingang auf ewig verschließt, denn diese Höhle erscheint alle Jahre an einer anderen Stelle des Eisberges, so erzählte mir unser Führer. Diese Höhle ist der Eingang zum Eispalast des Winters; sobald es ihm gelungen ist, den schönen Sommer zu besiegen, hält er seinen Feind hier gefangen und verschließt sorgfältig den Eingang zu seiner schaurigen Wohnung; doch der junge Frühling vermag es dennoch, die starren Kristallwände zu zertrümmern, sein stärkerer Bruder hilft ihm von innen, er tritt hervor, und beide gehen dann in diesem lieblichen Tale immer ungetrennt Hand in Hand, solange die kurze Zeit währt, in der es ihnen erlaubt, hier zu weilen.

Auch hier mußten wir die Erzählung eines schaurigen Ereignisses hören, das zwei Jahre früher auf dieser nämlichen Stelle sich begab und abermals beweist, wie gefährlich es sei, ohne sachkundige Führer dieses Gebirge zu betreten. Ein junger Mann, aus Genf gebürtig, in Holland etabliert, war während eines Besuches bei seinem Vater mit diesem, seinem Oheim und einem Freund nach Chamouny gekommen. Letzterer war schon früher in diesem Tale gewesen; er führte die anderen auf dem nächsten ziemlich bequemen Wege von *le Prieuré* hierher, um ihnen die Quelle des Arveiron zu zeigen. Sie kamen auf den Einfall, hier Pistolen abzufeuern, um an dem Widerhall sich zu erfreuen; kein mit der dabei obwaltenden Gefahr Bekannter war in der Nähe, um sie davon abzuhalten. Ein ungeheurer Eisblock löste, von dem Knall erschüttert, sich los, fiel in den Arveiron und hemmte dessen tobende Fluten, so daß diese plötzlich stille standen. Die Fremden traten dicht an das Ufer, um dieses Schausspiel näher zu betrachten, in diesem Moment stürzte ein zweiter Eisblock dem ersten nach und riß den Jüngling hinab in die jetzt gewaltsamer als je wieder aufbrausende Flut. Vater und Oheim, die ihn halten wollten, blieben mit zerschmetterten Beinen am Ufer liegen, und die furchtbar entstellte Leiche des Unglücklichen ward erst tief unten im Tal in den Wellen der Arve gefunden.

Auf ziemlich ebenem Wege kehrten wir nach *le Prieuré* zurück. Wir wanderten in einiger Entfernung an dem Dörfchen *des Bois* vorüber, von welchem der Gletscher den Namen führt, und die Einwohner desselben kamen zum Teil heraus, um uns mit der den Bewohnern des Tales von Chamouny eigenen Treuherzigkeit zu begrüßen.

Unter ihnen fielen zwei Gestalten mit großen, tief ins Gesicht gedrückten Strohhüten uns auf, die weit kleiner und schmächtiger aussahen als die übrigen. Es waren zwei vollkommen farblose Albinos, weiß wie der Schnee auf den Bergen, mit starken, von Natur weißen, nicht vom Alter gebleichten Haaren, Augenbrauen und Augenwimpern und Augen rubinrot glänzend, dem Kaninchen gleich, mit welchen sie am Tage wenig sehen, aber abends, wenn die Dämmerung eintritt, auch die kleinsten Gegenstände zu unterscheiden vermochten. Ihre Erscheinung hatte durchaus nichts Widerwärtiges, wohl aber etwas sonderbar Geisterartiges. Sie begrüßten mich zu meinem Erstaunen in recht gutem Englisch, als ich mich ihnen näherte, weil sie mich für eine Engländerin halten mochten, und ich ließ mich gern in ein Gespräch mit ihnen ein. Beide hier geboren und Zwillingsbrüder, waren die Armen vom frühen Knabenalter an zuerst dreizehn Jahre lang gezwungen, dann, um für sich etwas zu erwerben, durch halb Europa gezogen, um sich für Geld sehen zu lassen. In England hatten sie am längsten sich aufgehalten; und ich erinnerte mich deutlich, sie vor mehreren Jahren auf einer früheren Reise nach jener Insel in Astley's Theater gesehen zu haben, wo sie mein Mitleid erregten, weil die helle Erleuchtung auf der Bühne ihnen sichtlich weh tat.

Bei der Schwäche ihres Gesichtes am Tage war ihnen ihr erspartes Geld mehrere Male entwendet worden, und als sie wieder eine kleine Summe zusammengebracht hatten, mit der sie in ihr Vaterland zurückzukehren gedachten, zwang sie die in Frankreich ausgebrochene Revolution, in England zu bleiben. Sie mußten ihren kleinen, mit unsäglicher Aufopferung gesammelten Schatz dort verzehren, denn zuletzt verlangte niemand mehr sie zu sehen. Endlich aber hatten sie doch den Heimweg gefunden. Unzertrennlich, bei gleich großer Armut und Zufriedenheit, lebten sie jetzt seit einigen Jahren in ihrer vom Vater ererbten Hütte, arbeiteten bei Nacht auf ihrem kleinen Feld, schliefen meistens am Tage, hatten ihr ehemaliges Elend verschmerzt und die weite Welt samt den lampenhellen Theaterbrettern fast vergessen. Alles, was sie sprachen, war verständig und bescheiden; nur ihr Äußeres unterschied sie von den übrigen Bewohnern dieses Tales, denen ihr Vater und ihre Mutter ebenfalls vollkommen ähnlich gewesen waren, wie man uns versicherte.

Nach einer Abwesenheit von beinahe zehn Stunden langten wir wieder im Hause des alten braven Pierre Teinaz an, weniger ermüdet als sonst nach einem kurzen Spaziergang von zwei Stunden in der Ebene. Wir glaubten dieses nicht nur der stärkenden Gebirgsluft verdanken zu müssen und der immer wechselnden Bewegung des Auf- und Absteigens, des Reitens und Fahrens, sondern auch der erhebenden, erfreuenden Aufregung unseres Gemüts, das in wohltätiger Wechselwirkung auch den Körper aufrecht hielt.

Später gegen Abend ließen wir uns noch in Victors Begleitung durch das freundliche Dörfchen führen, vorüber an der hübschen kleinen Kirche, neben welcher der Geistliche wohnt, der ehemals die Reisenden in seiner Hütte gastlich empfing, ehe ihre zu große Anzahl die Errichtung von drei Gasthöfen im Dorfe nötig machte, dessen bedeutendster noch immer der ist, in welchem wir unsere Wohnung aufgeschlagen hatten. Wie auf einem mit Blumen reichgestickten Teppich stiegen wir dann noch den Abhang eines Berges hinauf, über welchem Tannenwälder und hohe Felsen sich erhoben. Hier konnten wir die ganze undenkbare Höhe und Größe des Montblanc bis zum höchsten Gipfel desselben überblicken, der sonst durch eine Täuschung des Auges sich hinter dem *Dôme du Goûter* verbirgt und diesen für jenen ansehen läßt. Schon ging der Vollmond auf, als wir wieder hinab in das Tal stiegen. Im Vorübergehen besuchten wir noch in seiner Hütte den alten Führer Jacob Balma*, der in Chamouny hoch geehrt wird, weil er der erste ist, dem es nach vielen vergeblichen Versuchen gelang, im Jahre 1786 den Gipfel des Montblanc zu erreichen. Sein Begleiter war damals der Apotheker des Orts gewesen, und der unermüdliche la Saussure folgte ihnen im nächsten Jahr zuerst auf jene bis dahin unerstiegene Höhe.

Von Balmas Hütte gingen wir zu der des Michely Parcard. Dieser Savoyarde, wegen seiner Kenntnisse, seiner Erfahrung und seines vielfach bewiesenen Mutes ebenfalls bekannt und berühmt, zeigte uns seine Sammlung von seltenen Steinarten und Kristallen, die er während seiner vielfachen Wanderungen auf den höchsten Gebirgen mit großer Auswahl und vieler Sachkenntnis zusammengebracht hatte. Auch sahen wir bei ihm einige ausgestopfte Gemsen und einen Steinbock mit einem gewaltigen Hörnerpaar, den er in seiner Jugend, als rüstiger Gemsenjäger, erlegt hatte. Dieses schöne, aber sehr scheue Tier wird in diesen Gebirgen mit jedem Jahr seltener. Nur wenige Menschen können sich rühmen, von ferne eines gesehen zu haben, und bald wird es nur zu den Schöpfungen einer früheren Zeit gezählt werden und bloß in der Märchenwelt noch leben.

---

* *Jacob Balma* – eigentlich *Jacques Balmat*: ihm gelang 1786 gemeinsam mit *Michel Paccard* die Erstbesteigung des Montblanc.

Der Mond schien hell; der Montblanc leuchtete erst rosenrot, dann in Purpur gekleidet, dann silbern glänzend wie am vorigen Abend; doch schwere Wolken hingen tief in das Tal herab, als wir am Morgen gestärkt vom ruhigsten Schlummer wieder erwachten, und dichte Nebel lagen, sie verschleiernd, auf allen Bergen. Dennoch mußten wir die Rückreise nach Genf antreten, wenn wir nicht unsere zurück gebliebenen Freunde in die peinigendste Sorge um uns versetzen wollten. Kaum waren wir eine Stunde von Chamouny entfernt, als ein dichter feiner Regen fiel, der ohne große Unterbrechung den ganzen Tag über anhielt. Alle die gefährlichen, jetzt obendrein schlüpfrig gewordenen Wege, alle die tobenden Waldströme mußten wir jetzt bald zu Fuß, bald zu Pferde, bald von dem unermüdlichen Alexis getragen zurücklegen, und wenn es vortrefflich ging auf dem *Char-à-banc*, dessen niedrige Räder uns reichlich bespritzten. In sehr trauriger Gestalt, durchnäßt bis auf die Knochen, aber doch übrigens wohlbehalten und guten Mutes langten wir spätabends in Sallanches wieder an, wo unser aus Genf zurückgekehrter Wagen uns schon erwartete. Unsere auf dem *Char-à-banc* mitgenommene Garderobe war leider nicht trockener als wir selbst, doch ein gutes Kaminfeuer und die Pflege und Sorgfalt unserer verständigen Wirtin in Sallanches halfen über diese Unbequemlichkeit uns leicht hinweg. Ohne die mindesten schädlichen Folgen derselben zu empfinden, kehrten wir am nächsten Tag, vom schönsten Wetter begünstigt, wieder nach Genf zurück und setzten wenige Tage später von dort aus unsere Reise durch die Schweiz weiter fort.

Hier in Genf sei der Punkt, wo ich von dem Leser scheide, der mich freundlich bis dahin begleitete. Was von jenem wundervollen Lande, der Schweiz, geschrieben und gesagt werden kann, ist schon zu oft und zum Teil meisterhaft gesagt und geschrieben. Alles, was ich noch hinzufügen könnte, läßt in die wenigen Worte sich fassen: komm und siehe das Unbeschreibbare.

❀

„EDITION FRAUENFAHRTEN“

Ausgedehnte Reisen im 19. und zu Beginn des 20. Jahrhunderts waren mutige, oftmals sogar waghalsige Unternehmen. Umso mehr, wenn die Reisenden Frauen waren, die zäh und unerschrocken im Alleingang in Gebiete vordrangen, die bis dahin nur selten von Europäern und noch seltener von weißen Frauen erkundet wurden. In der **„Edition Frauenfahrten“** finden sich ausschließlich Originalberichte, die als Schilderungen, als Briefe an Verwandte und Freunde oder in Form von Artikeln für europäische Zeitungen, die Erlebnisse und Erfahrungen von reisenden Frauen widerspiegeln.

Reisende Frauen wurden nicht nur in fernen Gebieten mit Erstaunen, Unsicherheit und auch Mißtrauen betrachtet, sondern stießen vor allem in ihren europäischen Heimatländern an die Grenzen der Konventionen und des patriarchalen Verhaltenskodexes. Diese Reiseberichte geben daher auch Einblick in das Streben nach Unabhängigkeit und Freiheit dieser Frauen.

In der Reihe **„Edition Frauenfahrten“** sind bisher folgende Titel erschienen:

Caecilie Seler-Sachs: „Auf alten Wegen in Mexiko“
Reiseerinnerungen aus den Jahren 1895 bis 1897.

Ida Pfeiffer: „Eine Frau fährt um die Welt“
Die Reise 1846 nach Südamerika, China, Ostindien, Persien und Kleinasien.

Ida Pfeiffer: „Nordlandfahrt“
Eine Reise nach Skandinavien und Island im Jahre 1845.

Isabella Bird: „Unbetretene Pfade in Japan“
Reise in das alte Japan 1878 über die Malayische Halbinsel, Cairo und Sinai.

Ida von Hahn-Hahn: „Orientalische Briefe“
Eine Frauenfahrt 1843 in den Orient.

Gertrude Bell: „Am Ende des Lavastromes“
Durch die Wüsten und Kulturstätten Syriens.